U0523324

涵芬学人随笔

在文化的原野上

范子烨 著

商务印书馆

图书在版编目(CIP)数据

在文化的原野上/范子烨著.—北京:商务印书馆,2022
(涵芬学人随笔)
ISBN 978-7-100-20564-1

Ⅰ.①在… Ⅱ.①范… Ⅲ.①社会科学—文集 Ⅳ.①C53

中国版本图书馆 CIP 数据核字(2021)第 272003 号

权利保留,侵权必究。

在文化的原野上
范子烨 著

商 务 印 书 馆 出 版
(北京王府井大街36号 邮政编码100710)
商 务 印 书 馆 发 行
北京市白帆印务有限公司印刷
ISBN 978-7-100-20564-1

2022年5月第1版　　开本880×1230 1/32
2022年5月北京第1次印刷　印张10¾
定价:58.00元

目 录

十载耕耘：在文化的原野上（代序）／1

卷一
谁是五柳先生？／2
陶渊明缘何用了九个"不"？
　　——再谈《五柳先生传》／56
陶渊明与"种豆诗案"／68
陶渊明的服食养生与临终高态／77
"商山四皓"与"南山四皓"
　　——沈从文别解"悠然见南山"献疑／89
多声部的交响
　　——陶渊明《九日闲居并序》的互文性建构／98
"中国人宗教的精髓"
　　——《五斗米与白莲教：对陶渊明的宗教文化解读》
　　　自序／109
陶诗：没有钟声
　　——《五斗米与白莲教：对陶渊明的宗教文化解读》
　　　后记／118
《归去来与桃花源：对陶渊明的政治解读》引言／124

卷二

呼麦艺术的鼻祖：对兴隆沟红山文化陶塑人像的音乐学
    解读 / 130

曹植和鱼山梵呗 / 136

武川追怀敕勒川
    ——北方游牧民族音乐史视域下的《敕勒歌》/ 152

胡笳声与催奶调：对乾隆《咏驼》诗的蒙古音乐学解读 / 166

人类初音与民族风采：说口弦琴 / 177

"自然之至音"：中国古代的长啸艺术 / 190

辛苦·幸福·陶醉
    ——《自然的亲证：啸音与乐诗研究》后记 / 201

卷三

"机关木人"与"愚公移山" / 204

"王戎如意舞"及其他 / 230

六朝名僧与麈尾风流 / 238

"狂泉"与"贪泉"的佛典渊源 / 250

辞曹归刘的隐情
    ——重读《三国志·关羽传》/ 260

卷四

《古诗十九首》的时代与作者之谜 / 268

谁是"幽并游侠儿"？
　　——说《白马篇》：曹植的一首"政治微言诗" / 276
北国地名之南迁与中古诗人之流寓 / 284
《洛阳伽蓝记》概说 / 288
《世说新语精粹解读》导言 / 295
经典中的经典：《世说新语·言语》"过江诸人"条疏解 / 303
中国古代第一部文章总集
　　——华廙《善文》考略 / 317
江东"二俊"与邺城"三台" / 325
邺下风流与北国"六朝文学" / 329

后记：长安的我，我的长安 / 335

十载耕耘：在文化的原野上（代序）

蒙蒙晓雾初开，皓皓旭日方升。很多年以前，当我刚刚步入学术之门的时候，眼前的道路还是模模糊糊的。但是，对知识的渴望，对真理的追求，对自然的热爱，对艺术的欣赏，对真善美的皈依，对人类不幸的同情，却一直渗透于我的心灵世界，而呈现出明晰的情感底色。近二十年来，我对古典学术的演绎和对古代文化的张扬，也处处激荡着我心灵世界的天风海涛。从以《世说新语》为中心的六朝小说与中古文化研究，到以曹植、陶渊明等杰出作家为中心的中古诗歌研究和以长啸艺术为中心的文学与音乐之关系的研究，我的学术版图在不断拓展，我的心灵意绪也在不断流动，有时像海面怒起的飓风，有时像天空飘洒的甘霖，有时像深秋时节在庭院中飞舞的落叶，有时像溟漠无垠的太古……寂然凝虑，思接千载；悄焉动容，视通万里。对我来说，一切都是无限美好的，一切都是饱含诗意的，一切都是富于哲思的。其实，就个人的学术价值取向而言，我特别不喜欢千军万马过独木桥的景象——我不愿意和别人挤在一起攀爬那些被炽热的阳光灼烤着的、在滚滚的红尘中摇曳着的"问题之树"。我尤其不喜欢在由现代性的学科概念界定的某个学术小圈子里与人较短量长，而是喜欢独自一人发现问题，就一个小小的题目深挖下去，开掘出一片风光妩媚的新天地。在这样的新天地里,我或者独自欣赏着莺飞草长的春色,或者独自凝听着万叶吟秋的絮语,那种感觉真是好极了。所以,我的学术研究带有很浓的主观色彩。文学是人学,是心灵之学,我总认为对文学的研究,必须以个人的心灵意识和心灵感悟为出发点,而只有遵从法国哲学家亨利·柏格森(Henri Bergson)式的"直觉说"的文学研究,才可能是真正有趣味的通向真理之门的研究,因为学术研究的趣味与境界往往来自研究对象本身。所以,多年来我一直持续不断地寻觅着中古文学的种种奇趣、妙趣、高趣和雅趣,由其趣味而彰显那个旖旎、绚烂、迷人的历史时代的骚人墨客与名士清流们的智慧、风度和才情。我也试图在这样的探求过程中显露自己的身手,而以冷为热,以苦为乐,喜欢在孤独与寂寞中顶风冒雪,寻觅幽香,乃是我学术生涯的常态。

  学术本身植根于广阔的文化原野。在文化的原野上,可能有巍峨的高山,可能有奔腾的河流,可能有茂密的森林,可能有肥沃的土壤,可能有浩瀚的沙漠……没有一个学者能够以个体的姿态从容应对、正确解决其中的所有问题。因为任何一个现代性的学科体系,都是对文化"原生态"的切割,如果要揭示其中所蕴含的真理及其现代意义,就必须回归于文化的"原生态",就必须汲取各个学科的研究成果的养分,就必须采用正确的理论方法,否则,就成了德国哲学家奥古斯特·史雷格尔所说的"烤肉解剖学"。

我所从事的中国古典文学研究尤其需要如此。因此，多学科的贯通性研究和多维度的理论思考，成为我在学术上的自觉追求：借助历史学的视域和西方的互文性理论，我窥见了陶渊明《拟古》九首的奥秘，于是我写了《春蚕与止酒——互文性视域下的陶渊明诗》（社会科学文献出版社，2012）一书；音乐学、历史学和宗教学的视角，使我揭示了陶渊明与音乐以及佛、道二教的关系，文献学、文学史以及美学思想的考察，使我还原了陶诗经典的若干文本，于是我写了《悠然望南山：文化视域中的陶渊明》（东方出版中心，2010）和《中古文学的文化阐释》（台湾成文出版社，2011）两本书；汉唐考古的巨大收获以及相关研究的启迪，使我发现了以邺城为中心存在着"北国六朝文学"这一重要的文学史实，于是我写了《邺下风流与北国"六朝文学"》（《中国社会科学报》，2012年8月17日）一文；对民族学、民族音乐学、古典音乐学和音乐人类学的涉猎以及相关的艺术实践乃至广泛的田野调查，使我发现了中古时代佛经转读和鱼山梵呗的奥秘，也找到魏晋长啸的现代遗存，于是我写了《呼麦与胡笳：中古时代的喉音艺术——对繁钦〈与魏文帝笺〉的音乐学阐释》（《中国文化》2009年春季号）、《鱼山声明与佛经转读：中古时代善声沙门的喉音咏唱艺术》（《中国文化》2011年春季号）以及《自然的亲证——关于中国古代长啸艺术的音乐学阐释及其现代遗存的田野调查》（《故宫学刊》2013年第1期）等三篇重要论文，我的

《啸史》一书由此也粗具梗概了。

多年来，我差不多将自己全部的人生精力和生命热情都投入到对古典文学的研究工作中去了，这是我个人生活的主旋律，是我沟通大千世界的一条途径，也是我对人生、对祖国、对世界表达感情的一种方式。法国哲学家布莱士·帕斯卡尔说："人比动物伟大是因为人有思想。人只不过是大自然中的一个渺小种类，生命是那么脆弱，空气和水都足以置人于死地。但人是一种能思想的动物，即使毁灭了，也仍然比置他于死地的动物高贵得多。因为他知道自己要死亡，知道自然对他的影响，而大自然对此却一无所知。因而，人类的尊严就在于思想。"是的，生命是脆弱而短暂的，在有限的生命历程中，我苦苦追寻的是有思想的学术和有学术的思想，我希望做一根"会思考的芦苇"（帕斯卡尔语），并由此而获得尊严。因为正如帕氏所言："我乃宇宙的一分子，但由于思想的无限，我能理解全宇宙。"前路迢迢，希望下一个十年（2020—2030），自己能有更大的收获。

（本文原载《中国社会科学报》，2012年11月30日，B-07版"后海"）

在文化的原野上

卷一

谁是五柳先生？

经典是时间选择的产物。《五柳先生传》（以下简称为《五柳传》）既是一篇有声有色有味的文学杰作，也是一篇有情感有厚度有力度的不朽经典。每读此传，我们的心中都会升起一种黎明的感觉，好像自己从未读过一样。"野水多于地，春山半是云。"（宋赵师秀《薛氏瓜庐》诗）《五柳传》确实具有这样的一种诗性之美，然而斯美从何而来，则似乎总难把握。如果说《五柳传》在陶渊明的文学世界中处于核心位置的话，那么，通过对它的科学解读，或许我们可以找到进入这个世界的一把秘钥。德国哲学家伽达默尔说："对于研究者来说，在科学中具有决定意义的就是发现问题。但发现问题则意味着能够打破一直统治我们整个思考和认识的封闭的、不可穿透的、遗留下来的前见。具有这种打破能力，并以这种方式发现新问题，使新回答成为可能，这些就是研究者的任务。"[①] 在这里，笔者提出一个有关《五柳传》的基本问题：究竟谁是五柳先生？由此问题出发，本文拟深入揭示陶渊明与扬雄的关系，借以彰显扬雄的文化功业以及由此铸就的其在我国中古时代的

[①] 《诠释学Ⅱ真理与方法——补充和索引》，洪汉鼎译，商务印书馆2013年版，第65页。

神圣地位。

一、关于阐释《五柳传》的种种"前见"

先看人们普遍尊奉的传统解说以及不同于传统的种种"异说",这就是伽达默尔所说的"前见"。九年义务教育三年制初级中学教科书《语文》第三册对《五柳传》所作的"阅读提示"说:"本文是陶渊明托名五柳先生写的自传,五柳先生的形象就是陶渊明的自画像。全文不足二百字,语言朴素洗练,看似平淡却寓意深刻。"[①] 这种国人对《五柳传》的基本看法,其渊源是近一百年来文学史家们对《五柳传》的解读。如郑振铎在《插图本中国文学史》中指出:

> 东晋之末,有诗人陶渊明,他的散文和他的诗一样,全然是独立于时代的风尚以外的。貌若澹泊,而中实丰腴,和当时一般的作品,惯以彩艳来掩饰其浅陋者,恰恰立于相反的地位。他的《五柳先生传》是自叙传,是个人的自适生活的写真。

游国恩在《中国文学史》中指出:

> 他的散文都是用朴素简洁的文笔描写真实的思想感情,真切而且传神。《五柳先生传》是诗人自撰的小传。

---

① 人民教育出版社 2001 年 3 月第 1 版,第 129 页。

在不到二百字的篇幅中，以精粹的笔墨描写他的爱好、生活态度以及思想性情等各个方面，把诗人的性格形象地勾画了出来。

袁行霈在《中国文学史》中指出：

> 《五柳先生传》只有一百二十多字的本文和四十多字的赞语，却为自己留下一篇神情毕现的传记。……在陶渊明之前，司马迁写过《自序》，王充写过《自纪》，但那分别是《史记》和《论衡》的自序，带有自传性质而已。阮籍写过《大人先生传》，虽然借着大人先生表现了自己的志趣，但并不是自传。陶渊明的《五柳先生传》取正史纪传体的形式，但不重在叙述生平事迹，而重在表现生活情趣，带有自叙情怀的特点，这种写法是陶渊明的首创。此后，王绩的《五斗先生传》、白居易的《醉吟先生传》都是深受其影响的。《五柳先生传》在一百多字的篇幅中，以极其简洁的笔墨表达了不同流俗的性格，清楚地划出一条与世俗的界限，从而塑造了一个清高洒脱、怡然自得、安贫乐道的隐士形象。五柳先生遂成为寄托古代士大夫理想的人物形象。[1]

基于此种"共识"，这部文学史关于陶渊明的生平作了这

---

[1] 高等教育出版社1999年版，第二册，第83页。

样的介绍:"陶渊明(365?—427),又名潜,字元亮,号五柳先生,寻阳柴桑(今江西九江附近)人。"[1]而宇文所安在其著名的《自我的完美镜像——自传诗》一文中更是盛赞《五柳传》(Biography of Five Willows)为"first great autobiographer(第一篇伟大的自传)"[2],代表了西方学术界对这篇作品的基本看法。秘鲁著名汉学家、秘鲁天主教大学教授吉叶墨·达尼诺·里瓦托(GUILLERMO DANINO RIBATTO)的译作《五柳先生诗选》(EL MAESTRO DE LOS CINCO SAUCES)也于2005年11月在秘鲁出版[3]。事实上,从南北朝直到当代,多数人对此并无异议,我们读这些作品:

(1)肩吾居异道南,……况乃交垂五柳,若元亮之居。(庾肩吾《谢东宫赐宅启》)

(2)寻五柳之先生,琴尊雅兴。(萧统《十二月启·夹钟二月》)

(3)瞻云望鸟道,对柳忆家园。(阴铿《和侯司空登楼望乡》)

例(3),上句化用陶诗"忘云惭高鸟"(《始作镇军参军经

---

[1] 高等教育出版社1999年版,第二册,第71页。
[2] 林顺夫、宇文所安主编:《抒情之声的生命力:东汉至唐代的诗歌》,普林斯顿大学出版社1986年版,第81页。
[3] 见中华人民共和国驻秘鲁大使馆网站:http://www.fmprc.gov.cn/ce/cepe/chn/kjww/t223459.htm。

曲阿》),下句化用"宅边有五柳树",其他语句一望即知其与《五柳传》的关系。至初唐时代,史家李延寿正式将五柳情事纳入《南史》卷七十五《陶潜传》:"少有高趣,宅边有五柳树,故常著《五柳先生传》。"更为此事张目。于是,一股强劲的五柳风潮席卷了李唐与赵宋。如李白诗:"笑杀陶渊明,不饮杯中酒。浪抚一张琴,虚栽五株柳。"(《嘲王历阳不肯饮酒》)"我生君之后,相去五百年。每读五柳传,目想心拳拳。"(白居易《访陶公旧宅》)类似的诗句在唐宋人笔下俯拾即是。有趣的是,1928年胡适游庐山,在探访陶渊明故里的途中阅读《庐山志》,他看到宋人周必大《庐山后录》中有一首前人的题诗:"五字高吟酒一瓢,庐山千古想风标。至今门外青青柳,不为东风肯折腰。"①于是适之先生在《庐山游记》中写道:"我读此诗,忽起一感想:陶渊明不肯折腰,为什么却爱那最会折腰的柳树?今日从温泉回来,戏用此意作一首诗:《陶渊明同他的五柳》。"这就是他后来赠送给顾廷龙先生的墨宝,全文如下:

当年有个陶渊明,不惜性命只贪酒;骨硬不能深折腰,弃官归来空两手。瓮中无米琴无弦,老妻娇儿赤脚走。先生高歌自嘲讽,笑指门前五棵柳:看他风里尽低昂,这样腰肢我没有。宋人诗云:五字高吟酒一瓢,庐山千古想风标。至今门外青青柳,不为东风

---

① [清]厉鹗《宋诗纪事》卷九十六题作《陶公醉石》。

当年有个陶渊明，不惜性命只贪酒，骨硬不能深折腰，弃官归来空两手，瓮中无米琴无弦，老妻娇儿赤脚走，先生高歌自嘲讽，笑指门前五棵柳，看他风里尽低昂，这样腰胶我没有。

朱人诗云：五字高吟酒一瓯，庐山千古想风标。至今门外青青柳，不为东风肯折腰。承遊庐山，寻渊明故里，偶忆此诗，试反其意，作短歌。

起潛先生雨政

胡适

胡适墨宝

肯折腰？我游庐山，寻渊明故里，偶忆此诗，试反其意，作短歌。

1944年，陈寅恪在《历史语言研究所集刊》上发表了著名的《〈魏书·司马睿传〉"江东民族"条释证及推论》一文。他在考证溪人的缘起时，推论"溪之一族似亦属天师道信徒"，"此点与陶渊明生值晋宋之际佛教最盛时代，大思想家如释惠远，大文学家如谢灵运，莫不归命释迦，倾心鹫岭，而五柳先生时代地域俱与之连接，转若绝无闻见者，或有所关涉"。上述情况足以表明，五柳先生等于陶渊明，乃是古人与今人的共识，这种共识也构成关于《五柳传》的基本常识。用胡适的老师杜威的话来说，这是一种"集体理智"，"已经变成了有权威性的东西"[①]。但是，为什么"不慕荣利""忘怀得失"的陶渊明会为自己作传，并且借古代一位贤妻之口赞美自己？《大集经》载六十四种恶口之业有"自赞叹语"，与"说他过语"等六十三种恶口同列，陶公一代大贤为何对此毫无顾忌？《归园田居》其五说"方宅十余亩，草屋八九间"，《五柳传》却说"环堵萧然，不蔽风日"，这两种自述是否有矛盾？众所周知，古代关于陶渊明的传记并没有陶渊明"号五柳先生"的记载，与《南史·陶潜传》不同，陶宅五柳也不见于其他传记，而"自况说"则为各传普遍遵奉：

---

① 《人的问题》，傅统先、邱春译，上海人民出版社2014年版，第87页。

> 潜少有高趣，尝著《五柳先生传》以自况。（《宋书·陶潜传》）
>
> 渊明少有高趣，博学，善属文；颖脱不群，任真自得。尝著《五柳先生传》以自况。（萧统《陶渊明传》）
>
> 潜少怀高尚，博学善属文，颖脱不羁，任真自得，为乡邻之所贵。尝著《五柳先生传》以自况曰……。（《晋书·陶潜传》）
>
> 盖以自况，时人谓之实录。（《南史·陶潜传》）
>
> 少怀高尚，著《五柳先生传》以自况，时人以为实录。（《东林十八高贤传·不入社诸贤传》）

"自况"当然就是自比的意思。很多文化名人都喜欢以古人自比。如《蜀志·诸葛亮传》：

> 亮躬耕陇亩，……每自比于管仲、乐毅，时人莫之许也。

《魏书》卷三十五《崔浩传》：

> 性敏达，长于谋计。常自比张良，谓己稽古过之。[1]

《南齐书》卷二十三《王俭传》：

> 作解散髻，斜插帻簪，朝野慕之，相与放效。俭常谓人曰："江左风流宰相，唯有谢安。"盖自比也。

---

[1] 《魏书·崔浩传》史臣曰："崔浩才艺通博，究览天人，政事筹策，时莫之二，此其所以自比于子房也。"

杜甫《自京赴奉先县咏怀五百字》：

> 许身一何愚，自比稷与契。

《江南通志》卷一百六十五《人物志》：

> 张庆之，字子善，吴人。弃举子业，精思经史百氏，拟《太元》作《测灵》，撰《孔孟衍语》《老子注》，号海峰逸民。自为传，以伯夷、蒋诩、陶潜自况。

陈寅恪《自比陶潜·重九日作》：

> 错认穷秋是晚春，重阳风雨送萧晨。黄花不见何由采，空负东篱自在身。①

如果把人物本体（诸葛亮等）与其借以自比的古人画等号，这无疑是荒唐的。有鉴于此，邵明珍撰文指出："《五柳先生传》与其说是一篇'自传'，还不如说是一篇貌似自传的带有小说意味的'自况'文。"②但更早的质疑来自清代著名学者张廷玉（1672—1755）：

> 余二十岁时读陶渊明《五柳先生传》，以为此后人代作，非先生手笔也。盖篇中"不慕荣利""忘怀得失""不戚戚于贫贱，不汲汲于富贵"诸语，大有痕迹，恐天怀旷逸者不为此等语也。此虽少年狂肆之谈，

---

① 胡文辉：《陈寅恪诗笺释》，广东人民出版社 2008 年版，第 910 页。
② 《陶渊明〈五柳先生传〉非"自传"》，《华东师范大学学报》2006 年第 5 期。

迄今思之，亦未必全非。(《澄怀园语》卷一)

他认为《五柳传》不是陶公的亲笔，而是他人的代笔，在他看来，以陶公之为人风范，绝不会充当一个顾盼自雄的传主。因为作为一代"天怀旷逸"的大诗人不会在"自传"中大量袭用前人的语言。据此，王振泰认为《五柳传》的传主是陶渊明的父亲，并且进行了深入的论证①。薛顺雄追溯了在陶渊明之前我国古典文学写柳的艺术传统，认为《五柳传》生成于这一传统之中，特别指出："'柳'对陶氏而言，除上述的多样涵义外，也寓有他所敬慕的先贤'柳下惠'的为人。"②而陈怡良在其著作中列举了更多的"异说"③，凡此均属于阐释《五柳传》之"前见"，此不赘引。

二、从文体特征看《五柳传》传主问题

依照传统的"自传说"，苗絮对《五柳传》的艺术特质作了如下的评析：

作为一部自传，《五柳先生传》在表现形式上有

---

① 《〈五柳先生传〉陶渊明"自况""实录"说质疑》，《鞍山师范学院学报》，1991年第1期。
② 东海大学中国文学系、中国古典文学研究会：《第三届魏晋南北朝文学国际学术研讨会论文集》，文史哲出版社1998年版，第551页。
③ 陈怡良：《陶渊明〈五柳先生传〉之写作年代与写作动机探讨》，见其论文集《陶渊明探新》，里仁书局2006年版，第259—297页。

所创新。五柳先生是虚构的形象,所以字里行间中就少了拘泥于真实写照的拘谨,多了几分随意几分风趣,这也是《五柳先生传》不同于同时期其他文章的特色。《五柳先生传》注重生活爱好,兴趣志向的描写,而不是注重生平事迹历史年代的叙述,可以说这是陶渊明开创的先例。《五柳先生传》巧妙的假托虚构的五柳先生名号,通过第三人称的视角叙述五柳先生的生活志趣,将五柳先生的人格细细摹画出来,神情毕现。并且在文末加以赞语,将五柳先生比作黔娄这样的人物,看似从客观的角度写下的文字实则是"自况"和"自赞",这便是此文与其他专集的不同之处。[1]

这大体上概括了今人对《五柳传》的艺术特色的基本认识。陶潜此传化实为虚,扬弃、摒除了传主的人生经历和具体事迹,突显其精神特质。这确是其动人之处。但是,无论如何创新出奇,就文体而言,《五柳传》都属于传赞体,这种文体是不能用于自传写作的。即使人们可以"自传",通常也难以"自赞"。如果要明确这一基本事实,我们不妨首先审视一下"赞"的基本意涵。汉刘熙《释名》卷六:

称人之美曰赞,赞,纂也,纂集其美而叙之也。叙,杼也,杼泄其实,宣见之也。

---

[1] 苗絮:《陶渊明〈五柳先生传〉研究述评》,《佳木斯教育学院学报》,2012年第1期。

而《文心雕龙·颂赞》对"赞"的文体学追溯更为深细:

> 赞者,明也,助也。昔虞舜之祀,乐正重赞,盖唱发之辞也。及益赞于禹,伊陟赞于巫咸,并扬言以明事,嗟叹以助辞也。故汉置鸿胪,以唱拜为赞,即古之遗语也。至相如属笔,始赞《荆轲》。及史班固书,托赞褒贬。约文以总录,颂体以论辞;又纪传后评,亦同其名。而仲治《流别》,谬称为述,失之远矣。及景纯注《雅》,动植必赞,义兼美恶,亦犹颂之变耳。然本其为义,事生奖叹,所以古来篇体,促而不广,必结言于四字之句,盘桓乎数韵之辞,约举以尽情,昭灼以送文,此其体也。发源虽远,而致用盖寡,大抵所归,其颂家之细条乎!①

基于"赞"的这种本义以及相关的文化传统,我们可以知道"赞"只能用来称扬他人。我们读《宋书》卷九十三《陶潜传》:

> 陶潜字渊明,或云渊明字元亮,寻阳柴桑人也。曾祖侃,晋大司马。
>
> 潜少有高趣,尝著《五柳先生传》以自况,曰:
>
> 先生不知何许人,不详姓字,宅边有五柳树,因以为号焉。闲静少言,不慕荣利。好读书,不求甚解,

---

① 范文澜:《文心雕龙注》,人民文学出版社1958年版,第158—159页。

每有会意，欣然忘食。性嗜酒，而家贫不能恒得。亲旧知其如此，或置酒招之，造饮辄尽，期在必醉，既醉而退，曾不吝情去留。环堵萧然，不蔽风日，短褐穿结，箪瓢屡空，晏如也。尝著文章自娱，颇示己志，忘怀得失，以此自终。

其自序如此，时人谓之实录。

显然，《宋书》将《五柳传》结尾的"赞曰"一段删除了，这样处理，是为了将《五柳传》作为"自传"来引入其本传，即将其作为本传资料来使用。我们试读这段被删除的文字：

赞曰：黔娄之妻有言："不戚戚于贫贱，不汲汲于富贵。"极其言，兹若人之俦乎！酣觞赋诗，以乐其志，无怀氏之民欤？葛天氏之民欤？

如果我们将这段话还原到《宋书》引述的《五柳传》中，《宋书·陶潜传》就成了一篇文理不通的荒唐文字[①]。其原因正在于传赞体不能用于自传领域的写作。因此，传统的《五柳传》为陶渊明"自传说"发生之根源就在《宋书·陶

---

① 但是，正如田恩铭所言："史家采撷诗文入传是文学文本经典化进程中不可或缺的一个阶段，通过史家的采撷入传往往确立或者巩固了文学文本的经典地位，并以之为媒介继续传播。""陶渊明的文学文本直接被看作是人生的主流部分，而非审美文本。"见其所著《中古史传与文学传统》，岳麓书社 2015 年版，第 30、43 页。就《五柳传》的经典化历程而言，此说不仅符合实际，而且是非常深刻的。

潜传》。沈约（441—513）《宋书》完成于南朝齐武帝萧赜永明六年（488）二月。但事实上，早在刘宋元嘉时期，《五柳传》就已经被作为陶渊明的自传来加以模仿了。《宋书》卷八十九《袁粲传》：

> 清整有风操，自遇甚厚，常著《妙德先生传》以续嵇康《高士传》以自况。

袁粲（420—477）的《妙德先生传》乃是《五柳传》的拟作。陶渊明说："先生不知何许人也。"袁粲说："有妙德先生，陈国人也。"陶渊明说："闲静少言，不慕荣利。"袁粲说："气志渊虚，姿神清映，性孝履顺，栖冲业简，有舜之遗风。"陶渊明说："好读书，不求甚解；每有会意，便欣然忘食。"袁粲说："九流百氏之言，雕龙谈天之艺，皆泛识其大归，而不以成名。"陶渊明说："性嗜酒，家贫不能常得。""忘怀得失，以此自终。"袁粲说："家贫尝仕，非其好也，混其声迹，晦其心用，故深交或迕，俗察罔识。""修道遂志，终无得而称焉。"又如《妙德先生传》"所处席门常掩，三径裁通，虽扬子寂漠"云云，也本于陶渊明《归园田居》其二"野外罕人事，穷巷寡轮鞅。白日掩荆扉，虚室绝尘想"以及《归去来兮辞》"三径就荒"，等等①。但是,《妙德先生传》也是有传无赞,在文体学的意义上,传赞体与传体既有关联,也有区别。同时,《五柳传》和《妙德先生传》之传主名目均具有虚构性,这就是鲁迅所说的"幻设为文"。鲁迅在《中国小说史略》第八篇《唐之传奇文上》中指出:

> 幻设为文,晋世固已盛,如阮籍之《大人先生传》,刘伶之《酒德颂》,陶潜之《桃花源记》《五柳先生传》皆是矣,然咸以寓言为本,文词为末,故其流可衍为王绩《醉乡记》,韩愈《圬者王承福传》,柳宗元《种树郭橐驼传》等,而无涉于传奇。传奇者流,源盖出于志怪,然施之藻绘,扩其波澜,故所成就乃特异,其间虽亦或托讽喻以纾牢愁,谈祸福以寓惩劝,而大归则究在文采与意想,与昔之传鬼神明因果而外无他意者,甚异其趣矣。②

这意味着《五柳传》乃是具有虚构特征的传赞体文学作品,其描写的主人公是他者,而非自我。《陶渊明集》卷六《晋故征西大将军长史孟府君传》:

> 君讳嘉,字万年,江夏鄂人也。曾祖父宗,以孝行称,

---

① 元嘉二十九年(452),即在陶渊明去世二十五年之后,鲍照(415?—470)写了一首《学陶彭泽体》。这首诗的出现,标志着陶渊明已经开始步入经典作家的行列,《陶渊明集》也开始广泛流传。袁粲大致与鲍照生活在同一时期。这就是袁氏拟陶的文学史背景。
② 《鲁迅全集》,第九卷,人民文学出版社2005年版,第73—74页。

仕吴司空。祖父揖，元康中为庐陵太守。宗葬武昌新阳县，子孙家焉，遂为县人也。君少失父，奉母二弟居。娶大司马长沙桓公陶侃弟十女，闺门孝友，人无能间，乡闾称之。冲默有远量，弱冠，俦类咸敬之。……渊明先亲，君之第四女也。凯风寒泉之思，寔钟厥心。谨按采行事，撰为此传。惧或乖谬，有亏大雅君子之德，所以战战兢兢，若履深薄云尔。

赞曰：孔子称："进德修业，以及时也。"君清蹈衡门，则令问孔昭；振缨公朝，则德音允集。道悠运促，不终远业，惜哉！仁者必寿，岂斯言之谬乎！

该传的形式与《五柳传》基本一致，特别是"赞曰"部分，其表述形式与《五柳传》完全相同。陶渊明的《五孝传》是由《天子孝传赞》《诸侯孝传赞》《卿大夫孝传赞》《士孝传赞》和《庶人孝传赞》构成的组合式传赞体人物传记。《天子孝传赞》写虞舜、夏禹、殷高宗和周文王，《诸侯孝传赞》写周公旦、鲁孝公与河间惠王，《卿大夫孝传赞》写孔子、孟庄子和颍考叔，《士孝传赞》写高柴、乐正子春、孔奋和黄香，《庶人孝传赞》写江革、廉范、汝郁和殷陶，都是先有传文，后作赞语。《五孝传》乃采撷前人著述中的有关材料而成，撷取一人的事迹而突出"孝"的主题，如颍考叔的事迹，即取自《左传》。这也是写实类型的人物别传的通行写法。我们试读其中的《士孝传赞》：

高柴，卫人也。丧亲，泣血三年，未尝见齿。所谓哭不偯，言不文也。为武城宰而化行，民有不服其亲者改之，行丧如礼。君子之德风也，以身先之，而民不遗其亲。

乐正子春，鲁人也。下堂伤足，既瘳，数月不出，犹有忧色。曰：吾闻之曾子："父母全而生之，亦当全而归之，所谓孝矣。"故君子一举足，一出言，不敢忘父母，不敢毁伤，孝之始也。夫能敬慎若斯，而灾患及者，未之有也。

孔奋，扶风人也。少以孝行著名州里，供养至谨。在官，唯母极甘美，妻息菜食，历位以清。夫人情莫不欲厚其亲，然亦有分焉。奋则难继，能致俭以全养者，鲜矣。

黄香，江夏人也。九岁失母，思慕骨立。事父竭力以致养，冬无被袴，而尽滋味，暑则扇床枕，寒则以身温席。汉和帝嘉之，特加异赐。历位恭勤，宠禄荣亲，可谓夙兴夜寐，无忝尔所生者也。

赞曰：显允群士，行殊名钧。咸能夙夜，以义荣亲。率彼城邑，用化厥民。忠以悟主，其孝乃纯。

可见其基本形式与《五柳传》《孟府君传》也大体一致，那就是由传、赞合体构成的传赞体。这些作品足以表明，无论传主之名是否出于虚构，传赞体一定是对他者的书写，从读者的角度看，即使作传者有自况的寓意，也不可视其为自传。这一点最起码在唐前是完全可以成立的。

　　传赞体由太史公首创。《史记》的每篇人物传记的末尾都有"太史公曰"云云。从此以后，我国以历史人物为传主的古典传记无论大小，几乎都采用了这样的文体形式。这种文体在结构上的基本特点是由传文和赞语两部分组成的，所描写和颂赞的对象都是历史人物。在世的人，包括作者本人，是不能成为传主的。即使是虚构的传主之名，如深深地寄寓着作者情志的五柳先生，也不可能以作者自身为人物原型。否则，就不符合此种文体的一般规律。

　　实际上，在我国唐代以前（包括唐代），根本没有作家用传赞体作品写自己的文学现象。换言之，人们可以写自传，却不能写"自传赞"。当然，具有自赞性质的文字，唐前已经出现了，如《汉书·东方朔传》所载东方朔《上书自荐》：

> 臣朔少失父母，长养兄嫂。年十三学书，三冬文史足用。十五学击剑。十六学《诗》《书》，诵二十二万言。十九学孙吴兵法、战阵之具、钲鼓之教，亦诵二十二万言。凡臣朔固已诵四十四万言。又常服子路之言。臣朔年二十二，长九尺三寸，目若悬珠，齿若编贝，勇若孟贲，捷若庆忌，廉若鲍叔，信若尾生。若此，可以为天子大臣矣。臣朔昧死再拜以闻。[1]

---

[1] 郭登峰编：《历代自叙传文钞》，商务印书馆1937年版，第531页。

以及《太平御览》卷五百五十八引《赵岐别传》:

> 岐,字台卿,年九十余,建安六年卒。先自为寿藏图,季札、子产、晏婴、叔向四像居宾位,又自图其像居主位,皆为赞颂。①

赵岐所为赞颂,还是依附于自己的画像的,故不具有独立的文体意义。宋刻递修本《陶渊明集》卷六《扇上画赞》八首与此类似,是陶潜为关于荷蓧丈人、长沮桀溺、於陵仲子、张长公、丙曼容、郑次都、薛孟尝和周阳珪等八位名士的人物画像所作的赞,很可能是早期的题画诗,而《艺文类聚》卷三十六著录的陶渊明《尚长禽庆赞》则是两首独立的赞:

> 尚子昔薄宦,妻孥共早晚。
> 贫贱与富贵,读易悟益损。
> 禽生善周游,周游日已远。
> 去矣寻名山,上山岂知返!

但这些都是"他赞",而不是"自赞"。郭登峰《历代自叙传文钞》所收录的曹髦《自叙》、江淹《自序》、刘峻《自序》、萧纲《幽挚题壁自叙》、江总《自叙》(第1—11页),熊明辑校《汉魏六朝杂传集》收录的《赵至自叙》

---

① 熊明辑校:《汉魏六朝杂传集》,第一册,中华书局2017年版,第564—565页。

（第1185页）、《傅畅自序》（第1189页）、《马融自叙》（第1191页）、《梅陶自叙》（第1196页）、《傅咸自叙》（第1199页）、《杜预自叙》（第1200页）和《阴真君自叙》（第2126页），这些唐前的自传均无赞语。事实上，在我国文学史上，自我"传赞"的出现是很晚的事情，以目前所见的材料，大体上明清时代比较多，如郭登峰《历代自叙传文抄》所收录的杨维桢（1296—1370）《铁笛道人自传》（第293—295页）、清彭绩（1742—1785）《自叙》（第73—74页）和徐柯《白眼居士小传》（第327—329页）等等。

根据上述情况，我们可以断定《五柳先生传》绝不是自传。

三、从《五柳传》与《汉书·扬雄传》的文际关系看《五柳传》的传主

正如张廷玉所言，《五柳传》几乎是字字有来历，语语有根源，我们试将此传与《汉书·扬雄传》加以对比：

1. 闲静少言（《五柳传》）

（1）为人简易佚荡，口吃不能剧谈，默而好深湛之思（《汉书·扬雄传》）

（2）清静亡为，少嗜欲（《汉书·扬雄传》）

2. 不慕荣利（《五柳传》）

自有大度，非圣哲之书不好也；非其意，虽富贵不事

也(《汉书·扬雄传》)

3. 好读书,不求甚解,每有会意,欣然忘食(《五柳传》)

雄少而好学,不为章句,训诂通而已,博览无所不见(《汉书·扬雄传》)

4. 性嗜酒,而家贫不能常得。亲旧知其如此,或置酒招之,造饮辄尽,期在必醉,既醉而退,曾不吝情去留(《五柳传》)

家素贫,耆酒,人希至其门。时有好事者载酒肴从游学(《汉书·扬雄传》)

5. 环堵萧然,不蔽风日,裋褐穿结,箪瓢屡空,晏如也(《五柳传》)

家产不过十金,乏无儋石之储,晏如也(《汉书·扬雄传》)

6. 常著文章自娱,颇示己志,忘怀得失,以此自终(《五柳传》)

顾尝好辞赋(《汉书·扬雄传》)

7. 赞曰:黔娄之妻有言:"不戚戚于贫贱,不汲汲于富贵。"极其言,兹若人之俦乎!酣觞赋诗,以乐其志,无怀氏之民欤?葛天氏之民欤?(《五柳传》)

不汲汲于富贵,不戚戚于贫贱,不修廉隅以徼名当世(《汉书·扬雄传》)

以上七例,有四位学者在其论著中大体上已经指出,他们是：川合康三[①]、吴国富[②]、李剑锋[③]和于溯[④]。这里我加以补充。例句2，与《五柳传》对应的还有：（1）"哀帝时丁、傅、董贤用事，诸附离之者或起家至二千石。时雄方草《太玄》，有以自守，泊如也。"（2）"当成、哀、平间，莽、贤皆为三公，权倾人主，所荐莫不拔擢，而雄三世不徙官。及莽篡位，谈说之士用符命称功德获封爵者甚众，雄复不侯，以耆老久次转为大夫，恬于势利乃如是。"（《汉书·扬雄传》）例句3，与《五柳传》对应的还有扬雄《答刘歆书》："雄少不师章句，亦于五经之训所不解。"例句5，陶渊明《劝农》："儋石不储，饥寒交至。"古直注引《汉书·扬雄传》："乏无儋石之储。"（《重订陶渊明诗笺》，李剑锋整理，山东大学出版社2016年版，第23页，下引古直注只标该书页码）陶渊明《始作镇军参军经曲阿》："被褐欣自得，屡空常晏如。"古直注引《汉书》曰："扬雄室无儋石之储，晏如也。"（第88页）例句6，与《五柳传》对应的还有扬雄《答刘歆书》："少而不以行立于乡里，长而不以功显于县官，著训于帝籍，但言词博览，翰墨为事，

[①] 《中国的自传文学》，蔡毅译，中央编译出版社1999年版。
[②] 《"五柳先生"及"无弦琴"的守穷守默——从扬雄看陶渊明的"愤宋"》，《九江师专学报》2001年第2期，以下简称"吴文"。
[③] 《〈五柳先生传〉渊源新论》，《九江学院学报》2009年第5期，以下简称"李文"。
[④] 《互文的历史：重读〈五柳先生传〉》，《古典文献研究》第十五辑，程章灿主编，凤凰出版社2012年版，以下简称"于文"。

诚欲崇而就之，不可以遗，不可以怠。"例句6，是对扬雄一生文章事业的檃栝，与《五柳传》对应的还有：（1）"先是时，蜀有司马相如，作赋甚弘丽温雅，雄心壮之，每作赋，常拟之以为式。又怪屈原文过相如，至不容，作《离骚》，自投江而死，悲其文，读之未尝不流涕也。以为君子得时则大行，不得时则龙蛇，遇不遇命也，何必湛身哉！乃作书，往往摭《离骚》文而反之，自岷山投诸江流以吊屈原，名曰《反离骚》；又旁《离骚》作重一篇，名曰《广骚》；又旁《惜诵》以下至《怀沙》一卷，名曰《畔牢愁》。"（2）"孝成帝时，客有荐雄文似相如者，上方郊祠甘泉泰畤、汾阴后土，以求继嗣，召雄待诏承明之庭。正月，从上甘泉，还奏《甘泉赋》以风。"（3）"其三月，将祭后土，上乃帅群臣横大河，凑汾阴。既祭，行游介山，回安邑，顾龙门，览盐池，登历观，陟西岳以望八荒，迹殷周之虚，眇然以思唐虞之风。雄以为临川羡鱼不如归而结罔，还，上《河东赋》以劝。""雄从至射熊馆，还，上《长杨赋》，聊因笔墨之成文章，故藉翰林以为主人，子墨为客卿以风。""雄以为赋者，将以风也，必推类而言，极丽靡之辞，闳侈巨衍，竞于使人不能加也，既乃归之正，然览者已过矣。往时武帝好神仙，相如上《大人赋》，欲以风，帝反缥缥有陵云之志。繇是言之，赋劝而不止，明矣。又颇似俳优淳于髡、优孟之徒，非法度所存，贤人君子诗赋之正也，于是辍不复为。"此三事都是汉代文学史上的重要事件。根据《汉书·扬雄传》

"雄之自序云尔"的表述①,班固此传是完全抄录扬雄《自序》原文的。

根据上举七例,川合康三"对《五柳先生传》作了逐字逐句的解析"(《中国的自传文学》,第59—65页);针对"闲静少言,不慕荣利",他特别指出:"这里开始叙写五柳先生的为人,首先概括其性格的总体特征,一曰静默,一曰寡欲。而静默和寡欲的反面,即世俗社会的饶舌和贪婪。这与《汉书·扬雄传》所说'默而好深湛之思','清静亡为,少嗜欲'的扬雄性格显然相合。……五柳先生这一人物形象身上,有着扬雄浓重的投影。"(同上,第59页)根据《饮酒》二十首其十八"子云性嗜酒",他进一步指出:"以扬雄自拟,是渗透《五柳先生传》全篇的底蕴。"(同上,第61页)"《五柳先生传》的赞语,习用的是扬雄传的措辞。"(同上,第65页)但是,由这些精彩的分析以及种种卓见,他却得出了这样一个令人惊讶的结论:

> 《五柳先生传》作为自传文学的独有特色,……就是作者佯称不知道五柳先生是谁,但恰恰因此而露出"马脚",告诉人们五柳先生就是他自己。这种宛

---

① 扬雄《自序》与司马相如所作《自叙传》的影响有密切关系。唐人刘知几《史通》称《史记·司马相如传》就是司马相如所作自传,其说可信。参见金国永:《司马相如集校注》,上海古籍出版社1993年版,第201页。太史公的这种撰史方法又影响了班固的《汉书》,故扬雄的《自叙》成为《汉书·扬雄传》。

> 曲迂回的手法，被视为《五柳先生传》型自传的不二法门，为后世不断仿效，从而形成这一类型自传的重要特征。……开头的命名，就是作者设下的一个圈套，而读者明知其假，却心甘情愿地钻进这个圈套，兴致勃勃地读他的下文。（同上，第67页）

这个结论简直是不可思议的（说详下文）。吴文则指出：

> 陶渊明生平读书众多，《汉书》是他精熟的一种。《闲情赋》中"表倾城之艳色"，出自《汉书·外戚传》李延年之歌；《感士不遇赋》中"商尽规以拯弊"，出自《汉书·王商传》；《咏二疏》出自《汉书·疏广传》；《饮酒》中"裸葬何必恶"，出自《汉书·杨王孙传》等。陶渊明对扬雄特别关注，《饮酒》诗有一首专门咏扬雄事迹，并仿照《扬雄传》的一节写成《五柳先生传》。

李文也肯定："扬雄《自叙传》是一篇直接影响《五柳先生传》的传记作品。"于文则从互文性文本建构的角度阐发以《五柳传》为核心的复杂的文本关系。这些学者的研究在客观上已经触及了"谁是五柳先生"这一核心问题，而以川合康三的阐发最为到位。可惜的是，由于他对"前见"的恪守以及出于对自己整部书学术体系的考虑，最终和一个重大的学术发现失之交臂了，由此他的那部学术名著也难免要遭受被颠覆的厄运。

我们再将陶渊明《五柳传》的局部和他的《饮酒》二十首其十八的前五句加以比较：

1. 性嗜酒 / 子云性嗜酒
2. 而家贫不能常得 / 家贫无由得
3. 亲旧知其如此 / 时赖好事人
4. 或置酒招之 / 载醪祛所惑
5. 造饮辄尽，期在必醉 / 觞来为之尽

就此五例而言，诗、传之间是完全对应的。古直注曰："《汉书·扬雄传赞》曰：'家素贫，耆酒，人希至其门。时有好事者，载酒肴从游学。'此诗首四句即隐括赞语，靖节以雄自况者亦在此。"（第131页）但更有力的证据在于《五柳传》的"赞曰"和《饮酒》其十八最后五句的对应关系。对此诗，宋人汤汉注云："此篇盖托子云以自况，故以柳下惠事终之。"（《陶靖节先生诗注》卷三）古直注曰：

《汉书·董仲舒传》："昔者鲁公问柳下惠：吾欲伐齐，何如？柳下惠曰：不可。归而有忧色，曰：吾闻伐国不问仁人，此言何为至于我哉？"此诗末四句本此。盖《法言》云："或问：柳下惠非朝隐者与？曰：古者高饿，显下禄隐。"姚信《士纬》曰："扬子云有深才，潜知屈伸沉浮，从容玄默，近于柳下惠朝隐之风。"（《御览》四百四十七引）子云以柳下惠自比，故靖节亦即以柳下惠比之。《抱朴子》曰："孟子不以矢石为功，扬云不以治民盖世。求仁而得仁，不亦

可乎?"靖节称为仁者,亦当时之笃论矣。班固赞雄"恬于势利,好古乐道。用心于内,不求于外",此岂肯言伐国者哉?不言伐国,从容朝隐,以希柳下之风,显默之际,窅乎远矣。靖节所以赞之曰:"仁者用其心,何尝失显默。"(第131页)

也就是说,扬雄在其《法言》中,曾暗中以柳下惠自比,突出自己的朝隐之风与道德追求,而陶渊明也以柳下惠比扬雄,称之为仁者,可谓深知其用心,同时,陶公又以扬雄自比,表达个人的仰慕情怀和不凡心志。显然,如果我们把"子云性嗜酒"改成"五柳性嗜酒"的话,这首诗在内容表达上与《五柳传》就更加吻合。这一传一诗之间的动如影响、若合符契的文际关系,也足以证明《五柳传》的传主就是扬雄。

柳下惠是怎样的人?扬雄缘何以他自比?我们且看孔、孟对他的评论。在孔子心目中,柳下惠是贤人:

> 子曰:"臧文仲,其窃位者与!知柳下惠之贤而不与立也。"(《论语·卫灵公》)[①]

> 柳下惠为士师,三黜。人曰:"子未可以去乎?"曰:"直道而事人,焉往而不三黜?枉道而事人,何

---

① 杨伯峻:《论语译注》,中华书局1980年版,第165页。

必去父母之邦？"（《论语·微子》）①

逸民：伯夷、叔齐、虞仲、夷逸、朱张、柳下惠、少连。子曰："不降其志，不辱其身，伯夷、叔齐与！"谓："柳下惠、少连，降志辱身矣，言中伦，行中虑，其斯而已矣。"（《论语·微子》）②

而在孟子心目中，柳下惠是圣人：

孟子曰："柳下惠不羞污君，不卑小官。进不隐贤，必以其道。遗佚而不怨，阨穷而不悯。与乡人处，由由然不忍去也。'尔为尔，我为我，虽袒裼裸裎于我侧，尔焉能浼我哉？'故闻柳下惠之风者，鄙夫宽，薄夫敦。"（《孟子·万章章句下》）③

孟子曰："伯夷，圣之清者也；伊尹，圣之任者也；柳下惠，圣之和者也；孔子，圣之时者也。孔子之谓集大成。集大成也者，金声而玉振之也。金声也者，始条理也；玉振之也者，终条理也。始条理者，智之事也；终条理者，圣之事也。智，譬则巧也；圣，譬则力也。由射于百步之外也，其至，尔力也；其中，非尔力也。"（《孟子·万章章句下》）④

---

① 杨伯峻：《论语译注》，中华书局1980年版，第193页。
② 同上书，第197页。
③ 杨伯峻：《孟子译注》，中华书局1960年版，第232页。
④ 同上书，第233页。

> 孟子曰："柳下惠不以三公易其介。"（《孟子·尽心章句上》）①
>
> 孟子曰："圣人，百世之师也，伯夷、柳下惠是也。故闻伯夷之风者，顽夫廉，懦夫有立志；闻柳下惠之风者，薄夫敦，鄙夫宽。奋乎百世之上，百世之下，闻者莫不兴起也。非圣人而能若是乎？而况于亲炙之者乎？"（《孟子·尽心章句下》）②

可见扬雄以柳下惠这位上古的贤圣自比，主要是取其达观宽和的人格风范和重道轻禄的道德追求，而以朝隐的姿态从容进退，这也是扬雄特别欣赏的高行。为圣人者，必须具有圣智、圣德、圣心、圣行和圣业五要素。扬雄以圣人自期，足见其伟大的情怀，事实上，他完全做到了。

四、"五柳先生"的名号与扬雄之关系

"五柳先生"的名号也与扬雄有密切关系。扬雄的姓氏有杨、扬两种写法，扬姓几乎被公认为他的本姓。《汉书》本传：

> 扬雄字子云，蜀郡成都人也。其先出自有周伯侨者，以支庶初食采于晋之杨，因氏焉，不知伯侨周何别也。扬在河、汾之间，周衰而扬氏或称侯，号曰扬

---

① 杨伯峻：《孟子译注》，中华书局1960年版，第314页。
② 同上书，第329页。

侯。会晋六卿争权，韩、魏、赵兴而范、中行、知伯弊。当是时，偪扬侯，扬侯逃于楚巫山，因家焉。楚汉之兴也，扬氏溯江上，处巴江州。而扬季官至庐江太守。汉元鼎间避仇复溯江上，处岷山之阳曰郫，有田一廛，有宅一区，世世以农桑为业。自季至雄，五世而传一子，故雄亡它扬于蜀。①

传载其《反离骚》也说："有周氏之蝉嫣兮，或鼻祖于汾隅，灵宗初谍伯侨兮，流于末之扬侯。"如班固所言，《扬雄传》取自扬雄本人的《自序》。中华书局出版的《汉书》校点本，所依据的底本是清人王先谦的《汉书补注》。底本"晋之杨"，不作"晋之扬"，晋国无扬地。扬雄先人的食采之地是"晋之杨"，实际就是古杨国——杨姓是以国为姓的产物。古杨国存在于两周时期。根据2016年洪洞坊堆—永凝堡遗址出土的青铜器杨姞壶和"四十二年逨鼎"判断，古杨国的核心区域位于今山西省洪洞县中部，这就是扬雄说的"在河、汾之间"，即黄河与汾水之间。

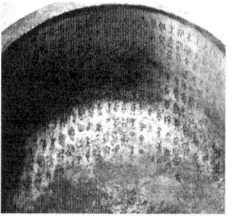

杨姞壶及铭文　　四十二年逨鼎及铭文

---

① 《汉书》，第11册，中华书局1962年版，第3513页。

因此，子云的姓氏当以"杨"为正，而"扬"则是其先人为躲避仇家改姓入蜀的结果[①]。《文选》卷四十载杨修《答临淄侯笺》有"今修家子云"之说，即以杨雄为其先人，如果子云姓扬，杨修就不会有这样的表述了。明确这一点是非常重要的。因为古时杨、柳二字经常通用。例如，《诗经·采薇》："昔我往矣，杨柳依依。"这里杨、柳不分。梁元帝《折杨柳》："巫山巫峡长，垂柳复垂杨。""垂柳"就是"垂杨"。徐陵《折杨柳》："妾对长杨苑，君登高柳城。"长杨即高柳，高柳即长杨，二者互文见义。宋章楶《水龙吟》："燕忙莺懒芳残，正堤上、杨花飘坠。"苏轼《水龙吟·次韵章质夫杨花词》："似花还似非花，也无人惜从教坠。"杨花就是柳花。杨就是柳，柳就是杨。汉代有长杨宫，扬雄曾作《长杨赋》，长杨是指连绵的柳树。汉朝还有五柞宫。扬雄《长杨赋》："振师五柞，习马长杨。"扬雄《羽猎赋序》："至长杨、五柞。"长杨宫、五柞宫都是扬雄亲历之地。故陶渊明笔下的"五柳宅"，可视为对五柞宫的套改，借以暗示传主是汉廷之人。郦道元《水经注》卷十九"渭水"：

> 又北迳望仙宫，又东北，耿谷水注之，水发南山耿谷，北流与柳泉合，东北迳五柞宫西，长杨、五柞二宫，

[①]《晋书》卷五十一《束皙传》："束皙字广微，阳平元城人。汉太子太傅疏广之后也。王莽末，广曾孙孟达避难，自东海徙居沙鹿山南，因去疏之足，遂改姓焉。"

相去八里，并以树名宫，亦犹陶氏以五柳立称。①

可见郦氏已经发现了陶氏"五柳"与杨氏"五柞""长杨"的关联性，堪为有力的旁证。同时，《五柳传》人与柳的合一，也可能是由一个汉代传说促发陶公创作灵感的结果。宋陈景沂《全芳备祖后集》卷十七"木部·杨柳"引《三辅故事》："汉苑有人柳，一日三眠三起。""人柳"就是形似人的柳树，居然还能"三眠三起"，真可谓汉宫旧苑的神物了。《隋书·经籍志》："《三辅故事》二卷，晋世撰。"陶渊明很可能读过这部书。曹植《柳颂序》："予以闲暇，驾言出游，过友人杨德祖之家，视其屋宇寥廓，庭中有一柳树，聊戏刊其枝叶，故著斯文，表之遗翰，遂因辞势，以讥当今之士。"在曹植的笔下，这株柳树代表着已经逝去的友人杨修（字德祖），这种语义被陶公转化到《祭从弟敬远文》中："死生异方，存亡有域。庭树如故，斋宇廓然。"《世说新语·言语》第五十五条："桓公北征经金城，见前为琅邪时种柳，皆已十围，慨然曰：'木犹如此，人何以堪！'攀枝执条，泫然流泪。"柳树代表着"人化的自然"（马克思《1844年经济学哲学手稿》），摇曳着人的精神。人与柳的合一，柳在中国文学中的意象化②，实肇始于汉晋时代，并由陶公推向

---

① 陈桥驿：《水经注校证》，中华书局2007年版，第48页。
② 可参看程章灿：《"树"立的六朝——柳与一个经典文学意象的形成》，《北京大学学报》2011年第2期。

极致。不仅如此。《淮南子·说林》"柳下惠见饴曰"一句下，《艺文类聚》卷八十九引许慎《淮南子注》曰：

> 展禽之家树柳，行惠德，因号柳下惠。

展禽是柳下惠之名，因家中种植柳树并广施惠德而得名（一说柳下为地名，展禽食采于此，广施惠德），正是"宅边有五柳树，因以为号焉"的隐文。这也强调了扬雄以柳下惠自比的特征。因此，"五柳先生"的名号暗用的表达方式正是以柳代杨，"柳先生"就是"杨先生"。类似的例证还有柳如是，改"杨"姓为"柳"，初名杨影怜，后更名为柳隐。杜甫《可叹》诗："河东女儿身姓柳。"所以钱谦益号之曰"河东君"。那么，陶家住宅附近是否有柳树呢？答案是肯定的。陶诗"榆柳荫后檐"（《归园田居》其五）、"梅柳夹门植"（《蜡日》）皆是其例。但问题尚不止于此。"五柳先生"的"柳"还可能是"留"的谐音字。王维《老将行》："昔时飞箭无全目，今日垂杨生左肘。路旁时卖故侯瓜，门前学种先生柳。""垂杨"就是柳，根据清人赵殿成的注释，柳是留的谐音，留通瘤。"左臂生柳"的典故见《庄子·至乐篇》。倘若此说不失之于穿凿的话，那么，"五柳先生"深层的隐文就是《汉书·扬雄传》所说的"自季至雄，五世而传一子"，五柳者，五世各留一子也。据《责子》诗序，陶公有五子，由此五子上溯至陶侃（陶公曾祖），也恰好是五世。可知"五柳先生"

的名号正表现了扬雄的以柳下惠自比，陶公又以扬雄自比的情况，史传所谓"作《五柳先生传》以自况"正是此意。而所谓"先生"者，在中古时期也可能是"雄"的合音字，"宅边有五柳树"的"树"也可能是"蜀"的谐音字（扬雄为蜀人）。姑志疑于此，以伺通博。

《五柳传》采取了虚实结合的描写手法，实的部分是对扬雄的暗写，可称为虚中之实，貌似纯粹虚笔的是"先生不知何许人也，亦不详其姓字"的表述，因为这不符合古代传记写作的传统，如陈寅恪所言："大凡为人作传记，在中国典籍中，自司马迁班固以下，皆首述传主之姓氏名字。"[1] "何许"是中古时期的习语。如陶渊明《读〈山海经〉》十三首其四："丹木生何许？乃在峚山阳。"又陶渊明《圣贤群辅录》"求仲羊仲"条："右二人不知何许人。"这一表述方式的远源是东汉赵岐的《三辅决录》："蒋诩归乡里，荆棘塞门，舍中有三径，不出，惟求仲、羊仲从之游。二人不知何许人，皆治车为业，时人谓之二仲。"[2]《归去来兮辞》"三径就荒"，《与子俨等疏》"但恨邻靡二仲"，皆用此典。而近源则是东晋皇甫谧的《高士传》。在《高士传》中，至少有石户之农、商容、荣启期、长沮、桀溺、荷蓧丈人（此三人并见陶渊明《扇上画赞》）、老商氏、

---

[1]《柳如是别传》，上册，三联书店2001年版，第16页。
[2]［清］张澍辑：《三辅决录》，三秦出版社2006年版，第14页。

东海隐者和汉滨老父者等九人的小传称"不知何许人也"。依据此类人物别传通例，采用这种表述方式，意味着所述之传主是古人，《五柳传》当然也不例外，这也是一种虚中之实。至于《五柳传》"亦不详其姓字"的表述方式，则源于阮籍《大人先生传》："大人先生盖老人也，不知姓字。"故"亦不详其姓字"一句的隐文就是"大人先生盖老人也"，这位老人就是扬雄，这也是虚中之实。因此，《五柳传》开篇两句貌似缥缈的表述就绝非可有可无的废话。实际上，这是陶渊明有意制造的"文学迷雾"，其中暗含着充满善意和智慧的"文学诡计"，那就是陶渊明对太史公开创的传赞体史传进行了大胆的突破，用一个虚拟的人物名号代替真实的传主扬雄之名，从而建构柳下惠、扬雄和陶渊明自身三者的文化关联（说详下文）。倘若直书扬雄之名，如《饮酒》诗的"子云性嗜酒"云云，则等于照抄了《汉书·扬雄传》，就会如同《五孝传》一样索然无味。《饮酒》诗是明写扬雄，《五柳传》是暗写扬雄。暗写的本质是对《汉书·扬雄传》的重写，即是一种以该传为"底文"的互文性文本建构。事实上，文学经典在很大程度上是由持续的重写行为造就的，它是有效发挥文学的继承与发展关系以及传播与接受效应的一种重要方式，在中国古代文化背景下促成了雅文学成果的下移，是促成文学文本经典化的重要途径之一。没有重写，就没有《五柳传》；没有《五柳传》，陶渊明的诗人光辉将要暗淡许多。当然，

更为"奇幻"的是《五柳传》结尾的"赞曰"。这段文字来自西汉刘向的《列女传》。《古列女传》卷二"鲁黔娄妻":

> 鲁黔娄先生之妻也。先生死,曾子与门人往吊之,隐门而入,立于堂下。其妻出户,曾子吊之。上堂,见先生之尸在牖下,枕墼席藁,缊袍不表,覆以布被,手足不尽敛,覆头则足见,覆足则头见。曾子曰:"斜引其被,则敛矣。"妻曰:"斜而有余,不如正而不足也。先生以不斜之故,能至于此。生时不邪,死而邪之,非先生意也。"曾子不能应,遂哭之曰:"嗟乎!先生之终也,何以为谥?"其妻曰:"以'康'为谥。"曾子曰:"先生在时,食不充口,衣不盖形,死则手足不敛,旁无酒肉。生不得其美,死不得其荣,何乐于此而谥为'康'乎?"其妻曰:"昔先生,君尝欲授之政,以为国相,辞而不为,是有余贵也;君尝赐之粟三十钟,先生辞而不受,是有余富也。彼先生者,甘天下之淡味,安天下之卑位,不戚戚于贫贱,不忻忻于富贵,求仁而得仁,求义而得义,其谥为'康',不亦宜乎?"曾子曰:"唯斯人也,而有斯妇。"君子谓黔娄妻为乐贫行道。《诗》曰:"彼美淑姬,可与寤言。"此之谓也。
>
> 颂曰:黔娄既死,妻独主丧。曾子吊焉,布衣褐衾。

安贱甘淡，不求丰美。尸不掩蔽，犹谥曰"康"。[1]

对这个故事，陶渊明《咏贫士》七首其四有专门的传写：

安贫守贱者，自古有黔娄。好爵吾不荣，厚馈吾不酬。一旦寿命尽，弊服仍不周。岂不知其极，非道故无忧。从来将千载，未复见斯俦。朝与仁义生，夕死复何求？

"从来"二句，表达的就是《五柳传》"极其言，兹若人之俦乎"的意思。但是，最令人回味的是，在《古列女传》中，居"鲁黔娄妻"故事之上的就是"柳下惠妻"的故事。《五柳传》既然突出扬雄以柳下惠自比的特征，为何不用柳妻之言赞美传主，却偏偏用黔妻之言赞美传主呢？唯一的答案就是，为了回应《汉书·扬雄传》"不汲汲于富贵，不戚戚于贫贱"的表述，从而更充分地凸显传主安贫乐道的高尚情操，当然，这也与这种表述本来就出自扬雄本人之口这一事实分不开。而"柳下惠妻"的言论，主要是彰显夫君"忧民救乱"的美德，与黔娄的道德特征存在差异，既非扬雄之自比，自然也就与《五柳传》互不相属了。《文选》卷五十七颜延年《陶徵士诔》："黔娄既没，展禽亦逝。其在先生，同尘往世。"颜氏称陶公与黔娄和柳下惠"同尘"于既往之世，则是兼贬《五柳传》和《咏贫士》其四，

---

[1] 《丛书集成初编》，第 3400 册，中华书局 1985 年版，第 51—52 页。

可见他是深知五柳先生的本来面目的。因此,《五柳传》所谓五柳之宅,本质上乃是道德之宅,是仁义之宅,是精神之宅。《世说新语·赏誉》第20条叙述在东吴灭亡后,吴中名士蔡洪赴洛,有人问"吴旧姓何如",其答辞盛赞东吴诸君,有云:"以洪笔为锄耒,以纸札为良田。以玄默为稼穑,以义理为丰年。以谈论为英华,以忠恕为珍宝。著文章为锦绣,蕴五经为缯帛。坐谦虚为席荐,张义让为帷幙。行仁义为室宇,修道德为广宅。""以玄"句,本于《长杨赋并序》:"且人君以玄默为神,澹泊为德。""玄默""澹泊"乃是扬雄所推崇的清静无为的君主理想。"行仁"二句,本于《解嘲》(引见下文)。在"世异事变"(《解嘲》)中,只有"守德之宅"(《解嘲》)才能趋向永恒,趋向宁静。不仅如此,《五柳传》结尾的"赞曰"明示着传主是一个真实存在的历史人物,五柳先生之名号代表着一个实际的历史人物,因为传赞体史传写的都是真人,纯粹虚构的人可以入传,如皇甫谧《高士传》中的一些人物,但不能进入传赞。也就是说,陶渊明已经巧妙借助传赞体为我们留下了研究、思考关于"五柳先生究竟是谁"这一问题的主要线索以及《饮酒》诗其十八这一次要线索。可惜一千多年来,人们并未把握住这两条宝贵的线索,而不断落入"自传说"的陷阱中,一片五柳摇曳的诗性迷狂大大遮蔽了《五柳传》的经典意义和文化光辉。

五、陶渊明以"五柳先生"自况的原因

缘何陶渊明要作《五柳传》以"自况"？难道陶渊明不如扬雄吗？这是另一个非常重要的问题。扬雄在我国中古时代被视为汉代之新圣，具有极其崇高的文化地位。如桓谭称他是光耀东西的孔子（《新论》），王充说他是"贰圣之才"，常璩说他"齐圣""宏圣"（《华阳国志》），葛洪将他和孔、孟并列（《抱朴子·外篇》），都是同样的意思。陶渊明对他的看法也不例外。扬子的一生充分体现了柏拉图所说的那种"爱智的热情"，是一个"为知识而知识"的人。出于此种热情，他曾经对屈原的自杀深表惋惜。确实，如果屈原不自杀的话，以其《离骚》和《天问》所体现出来的科学文化修养从事于科学文化研究，也许就会成为我国先秦时代的亚里士多德（前384—前322）。而扬雄的清醒和冷静就在于，他珍惜自己的生命，为了从事学术研究必须留在宫廷之内，以获得和保持探求真理的必备条件，所以他不惜与王莽之流以及世间的俗人虚与委蛇，隐忍不发，毕生的勤奋与执着，使他成为我国中古时代的康德（Immanuel Kant，1724—1804）——其思想之深湛，涉猎之广博，精神之崇高，建树之卓越，求诸我国近两千年学术文化史，殆罕其匹。在新莽时代虚矫残酷的专制主义社会中，在以读书做官为普遍追求的价值体系中，在"为官之拓落""位不过侍郎""禄位容貌不能动人"（《汉书》

本传)的讥讽和嘲笑声中,扬雄默然自守,辛勤耕耘,在文学、哲学、语言学、文字学、音韵学、天文学、地志学、诸子学和历史学等诸多领域都取得了杰出的成就。正如《汉书》本传所述:"以为经莫大于《易》,故作《太玄》;传莫大于《论语》,作《法言》;史篇莫善于《仓颉》,作《训纂》;箴莫善于《虞箴》,作《州箴》;赋莫深于《离骚》,反而广之;辞莫丽于相如,作四赋:皆斟酌其本,相与放依而驰骋云。"其所著《輶轩使者绝代语释别国方言》一书,为现代方言学与方言地理学开疆奠基,导夫先路,领先西方学术界一千多年,至近三百年成为我国学界之显学。其孤光独照与孤明先发,千载以下,仍然令人震撼,令人感动。扬子所著之《太玄》,更是旷世的奇书:"卓然示人远矣,旷然廓人大矣,渊然引人深矣,渺然绝人眇矣。"(《太玄·玄摛》)以司马光之博学,其于此书也未能全懂,故其文化密码尚有待于人们去研究、去破解。换言之,在新莽时代的人性荒原中,在举国趋利、终日驰骛的世俗氛围中,扬雄以其寄情来世的远见卓识和清净自守的文化品格超越了自己所处的时代和社会。在《解嘲》中,扬子曾经激情澎湃地宣称:"且吾闻之,炎炎者灭,隆隆者绝,观雷观火,为盈为实,天收其声,地藏其热。高明之家,鬼瞰其室,攫者亡,默默者存;位极者宗危,自守者身全。是故知玄知默,守道之极;爱清爱静,游神之廷;惟寂惟寞,守德之宅。世异事变,人道不殊,彼我易时,未知何如。"扬雄对历史的预见和预判,完全被历史本身证实了。那些手握权柄的人如王莽之流，早已在历史的秋风中烟消云散了，而扬子所创造的文化辉煌却永远垂范于后世，为华夏文明增光添彩。

扬雄的思想对陶渊明有非常深刻的影响。《太玄》是陶公熟读之书。《连雨独饮》："试酌百情远，重觞忽忘天。天岂去此哉！任真无所先。""天岂"句，古直注引扬雄《太玄·玄摛》："近玄者玄亦近之，远玄者玄亦远之。譬若天，苍苍然在于东面南面西面北面，仰而无不在焉，及其俛，则不见也。天岂去人哉？人自去也。"（第65页）可见这四句陶诗不过是《太玄》此文的翻版而已。陶渊明《还旧居》："流幻百年中，寒暑日相推。"《祭从弟敬远文》："日徂月流，寒暑代息。"均本于《太玄·玄摛》："日月往来，一寒一暑。律则成物，历则编时。律历交道，圣人以谋。"陶公对《法言》也颇为谙熟。《命子》："浑浑长源，蔚蔚洪柯。"古直注："《法言·问神篇》：'浑浑若川。'"（第27页）又《拟挽歌辞》三首其一："有生必有死，早终非命促。"这两句诗本于《法言·君子》："有生者必有死，有始者必有终，自然之道也。"《连雨独饮》诗也表达了同样的思想："运生会归尽，终古谓之然。"可见扬子的人生观对陶渊明的深刻影响。至于在诗中化用扬雄作品的语词和语义就更为常见。《读〈山海经〉》十三首其五："朝为王母使，暮宿三危山。"《拟古》九首其八："谁言行游近？张掖至幽州。"都与扬雄《甘泉赋》有关："攀璇玑而下视兮，行游目虖三危。"赋中"行游""三危"二语被陶公摄取。再如《饮酒》其五"结庐在人境",古直注:"《汉书·扬雄传》:'结以倚庐。'周寿昌曰:'陶潜结庐二字,即节取此语。'"(第117页)《太玄》卷第九《玄掜》:

> ……可听者,圣人之极也;可观者,圣人之德也;可久者,天地之道也。是以昔者群圣人之作事也,上拟诸天,下拟诸地,中拟诸人。天地作函,日月固明,五行该丑,五岳宗山,四渎长川,五经括矩。天违地违人违,而天下之大事悖矣。①

陶公《形赠影》"天地长不没,山川无改时"之妙句,即从此文化出。而扬子所言"天违地违人违",违就是违背、冲突、不顺的意思。"洲渚四绵邈,风水互乖违。"(《于王抚军座送客》)此为"天违"和"地违"。"纡辔诚可学,违己讵非迷!"(《饮酒》二十首其九)"衣沾不足惜,但使愿无违。"(《归园田居》五首其三)"考所愿而必违,徒契契以苦心。"(《闲情赋》)这些都属于"人违"。《太玄》是扬子一生思考、劳作的结晶,是扬子建构的学术大厦的核心性成果,在中古时代更是驰誉学林的名著,如汉宋衷、吴陆绩和晋范望等著名学者都曾经为之作注。宋代司马光研究《太玄》前后历时三十年,并撰写了《太玄集注》一书,

---

① [宋]司马光撰,刘韶军点校:《太玄集注》,中华书局1998年版,第210页。

足见其重大学术文化价值是举世公认的。《太玄》征服了陶公,因而他熟读此书,并且引《玄》入诗,在"诗必柱下之旨归,赋乃漆园之义疏"(《文心雕龙·时序》)的文化氛围中别创一种充满哲理的田园诗境。

陶渊明以扬雄自况,还表现在用扬雄的独生子童乌与自己的儿子陶佟作比较。陶公《责子》:"通子垂九龄,但觅梨与栗。""通子"句暗用扬子《法言·问神》:"育而不苗者,吾家之童乌乎!九龄而与我玄文。"李轨注:"童乌,子云之子也。仲尼悼颜渊苗而不秀,子云伤育而不苗。""颜渊弱冠而与仲尼言易,童乌九龄而与子云论玄。"童乌是中古时代著名的神童,他九岁就能和父亲扬雄讨论《太玄》的问题。这位神童引起了魏晋名士的广泛关注。嵇康《秋胡行》:"颜回短折,不及童乌。"嵇康对童乌的了解正来自《法言》。《世说新语·简傲》第三条:

> 钟士季精有才理,先不识嵇康。钟要于时贤俊之士,俱往寻康。康方大树下锻,向子期为佐鼓排。康扬槌不辍,傍若无人,移时不交一言。钟起去,康曰:"何所闻而来?何所见而去?"钟曰:"闻所闻而来,见所见而去。"

嵇康和钟会问答之语中的"所字结构"本于《法言·渊骞》:

> 七十子之于仲尼也,日闻所不闻,见所不见,文章亦不足为矣。

由此可知《法言》在中古士林是何等深入人心！陶佟是陶公五子中的最小者，性格顽皮。陶诗"但觅"句暗用《长杨赋》："驰骋粳稻之地，周流梨栗之林。"从而将"最喜小儿无赖"（辛弃疾《清平乐·村居》）的情状描写得淋漓尽致。因此，这两句诗实际上是诗人暗中用自己的儿子陶佟（小名为通）与扬雄之子童乌作比较（佟、通、童三字，发音亦相近）。

陶渊明以扬雄自况，扬雄以柳下惠自比，皆与其所处的时代密不可分。扬雄晚年正值王莽当政时期，而陶公晚年正值晋宋更替的时代。前者朝隐于廊庙，后者归隐于田园。虽行迹有异，但同处道德堕落的乱世，心志相通。这里我们先揭示《桃花源记》的一个"政治密码"。明黄淳耀《陶庵全集》卷二《游横山记序》："余意陶渊明居晋宋溷浊之间，感愤时事，寓言桃源，以嬴秦况当时，以避秦自况，如记中所云：'乃不知有汉，无论魏晋。'"黄氏的解说仍然未达一间。其实，对桃源中人"自云先世避秦时乱，……乃不知有汉，无论魏晋"的历史表述，我们只要将汉、魏、晋三朝去掉，嬴秦就处于"可持续"状态，这样就和刘宋连上了。所以这篇作品实际上是以嬴秦比刘宋，以桃源中人自比，桃源中人的话语代表着诗人的声音。尽管"无论魏晋"是陶渊明的创造，但"不知有汉"则与扬雄的名文《剧秦美新》有关。《文选》卷四十八《剧秦美新》唐李善注引晋李充（生卒年不详）《翰林论》曰："扬子论秦之剧，称新之美，此乃计其胜负，比其优劣之意。""剧"

是短促的意思。嬴秦暴虐，国运短促，故扬子以"剧"称之。但问题的本质在于：在嬴秦和莽新之间还有一个汉朝，扬雄何以略而不言？其实，这正是陶渊明"不知有汉"语义之源。扬雄在嬴秦和莽新之间比较优劣，而前者之恶，人所共知，在这种格局中越是赞美后者，就越是贬斥后者；对后者的赞美之声越高，赞美之辞越多，对后者的鄙薄和蔑视也就越深。陶公洞悉扬子的真意和深心，所以《桃花源记》借鉴了这种高妙的讽刺艺术；萧统亦了解《剧秦美新》的绝妙之处，所以将它收入《文选》，以彰显其文学典范的意义。我们再读陶渊明《饮酒》二十首其二十：

> 羲农去我久，举世少复真！汲汲鲁中叟，弥缝使其淳。凤鸟虽不至，礼乐暂得新。洙泗辍微响，漂流逮狂秦。诗书复何罪，一朝成灰尘。区区诸老翁，为事诚殷勤。如何绝世下，六籍无一亲！终日驰车走，不见所问津。……

这首诗也纯然是从《剧秦美新》中脱化而来的：

> 独秦崛起西戎，……并吞六国，……划灭古文，刮语烧书，弛礼崩乐，涂民耳目，遂欲流唐漂虞，涤殷荡周，黜除仲尼之篇籍；自勒功业，改制度轨量，咸稽之于秦纪。是以耆儒硕老抱其书而远逊，礼官博士卷其舌而不谈，来仪之鸟，肉角之兽，狙犷而不臻，……二世而亡，何其剧与！

"洙泗"等四句诗胎袭"遂欲"等语，"区区"等六句诗因袭"是以"等语。可知扬雄与陶渊明都具有强烈的反对嬴秦暴政的倾向,对扬雄而言,反秦就是拒新,批判秦始皇就是批判王莽;对陶渊明而言,反秦就是斥宋,诅咒秦始皇,就是诅咒宋武帝。其实,无论是《桃花源记》,还是《饮酒》诗其二十,都暗藏着陶渊明所尊奉的晋承汉统的历史观念,他对晋人正统地位的肯定,就意味着对刘宋王朝的否定。《宋书·陶潜传》说:"潜弱年薄宦,不洁去就之迹,自以曾祖晋世宰辅,耻复屈身后代,自高祖王业渐隆,不复肯仕。所著文章,皆题其年月,义熙以前,明书晋氏年号,自永初以来唯云甲子而已。"对于刘宋王朝,陶渊明是不承认的,对于新莽,扬雄也是彻底否定的。宋洪迈《容斋随笔》卷十三"晏子扬雄"条:

> 齐庄公之难,晏子不死不亡,而曰:"君为社稷死则死之,为社稷亡则亡之,若为己死而为己亡,非其私昵,谁敢任之!"及崔杼、庆封盟国人曰:"所不与崔、庆者。"晏子叹曰:"婴所不唯忠于君利社稷者是与,有如上帝!"晏子此意正与豫子所言"众人遇我"之义同,特不以身殉庄公耳。至于毅然据正以社稷为辞,非豫子可比也。扬雄仕汉,亲蹈王莽之变,退托其身于列大夫中,不与高位者同其死,抱道没齿,与晏子同科。世儒或以《剧秦美新》贬之,是不然,此雄不得已而作也。夫诵述新莽之德,止能美于暴秦,其深意固可知矣。序所言配五帝、冠三王,开辟以来

未之闻，直以戏莽尔。使雄善为谀佞，撰符命，称功德，以邀爵位，当与国师公同列，岂固穷如是哉！①

洪氏之高见，足以驱除朱熹为扬雄制造的"三字狱"——"莽大夫"的迷雾。今人郑文说："有人认为他写了一篇《剧秦美新》，这就是附莽的证据，甚至诋他是'莽大夫'。但他剧秦而不剧汉，美刘而不美新，这样偷梁换柱的手法，只要留心研究，是不难发现的。"② 如此知人论世，堪称深刻。

---

① 中华书局2007年版，第169—170页。
② 《对扬雄生平与作品的探索》，《文史》总第24辑，中华书局1985年4月版。清朱彝尊《曝书亭集》卷五十九《扬雄论》："以言取人，伪之所从出也。昔者太公诛任矞华仕于齐，子产诛邓析于郑，孔子诛少正卯于鲁，圣贤所以彰刑罚大权者，岂好为已甚哉！无他，深恶其言之不实，而伪学之足以欺世也。扬雄之书，诵法孔子，自周秦以降，折衷圣人，而纯于道德者莫有过焉者也。抑知其尽出于伪哉！王莽将篡汉，恭俭以下士，雄之澹泊自守，若无荣利动其中，其初盖欲悦莽之心；及久未见用，躁不能禁，乃为《剧秦美新》之文以献媚。前之所为，唐尊之柴车瓦器也；后之所为，哀章刘秀之符命也。其独不得柄用者，莽尝与雄同为郎，莽之伪，雄知之，雄之伪，莽亦习知之也。莽作《金滕》《大诰》，以自拟为周公；雄作《太玄》《法言》，以自比《周易》《论语》，相率而为伪焉尔矣。投阁之事，已为当世所笑，后之君子，顾或有取于雄者，徒以其言之不诡于圣人也。夫安居而诵习周孔，乡曲之士能之，迨事变猝至，临难而不失其正者希矣。世之儒者，幸生太平无事之日，饱食暖衣，无纤毫之忧患，匡坐而谈性命之学，及其既没，门人弟子矜其迂阔腐烂之说，肖然配食于孔氏之庭，非是则俎豆不与焉。噫！吾能必其言之不出于伪邪？"朱氏以扬子为大伪之人，纯属亵渎我民族之圣人。没有圣人的国度，是典型的愚昧之国；有圣人而不知爱惜的国度，是典型的奴隶之邦。凡妄议、诽谤圣人者，皆属于反国家反民族反良知反文化之恶徒，我当以毕生之力与之战斗。

陶渊明对扬雄是无限仰慕的,因而以扬子自比。金王若虚《滹南集》卷四十三高思诚《咏白堂记》:

> 有所慕于人者,必有所悦乎其事也,或取其性情德行才能技艺之所长,与夫衣服仪度之如何,以想见其仿佛,甚者至有易名变姓以自比而同之,此其嗜好趋向自有合焉而不夺也。

陶渊明由晋入宋以后,更名为陶潜,前人对此多有解说[①]。实际这是扬雄《法言》影响的结果。扬雄《法言·问神》:

> 或问"神"。曰:"心。""请问之。"曰:"潜天而天,潜地而地。天地、神明而不测者也。心之潜也,犹将测之,况于人乎?况于事伦乎?""敢问潜心于圣。"曰:"昔乎仲尼潜心于文王矣,达之。颜渊亦潜心于仲尼矣,未达一间耳。神在所潜而已矣。"

陶潜之名即取义于此。就道德性情、平生志业和文化建树而言,陶渊明与扬雄既有相通相似之处,也有截然不同之点。《梁书》卷五十《刘峻传》:

> 峻又尝为自序,其略曰:"余自比冯敬通,而有同之者三,异之者四。何则?敬通雄才冠世,志刚金石;

[①] 参见朱自清:《陶渊明年谱之问题》,《朱自清古典文学论文集》,下册,上海古籍出版社1981年版,第457—459页。

> 余虽不及之,而节亮慷慨,此一同也。敬通值中兴明君,而终不试用;余逢命世英主,亦摈斥当年,此二同也。敬通有忌妻,至于身操井臼;余有悍室,亦令家道坎坷,此三同也。敬通当更始之世,手握兵符,跃马食肉;余自少迄长,戚戚无欢,此一异也。敬通有一子仲文,官成名立;余祸同伯道,永无血胤,此二异也。敬通膂力方刚,老而益壮;余有犬马之疾,溘死无时,此三异也。敬通虽芝残蕙焚,终填沟壑,而为名贤所慕,其风流郁烈芬芳,久而弥盛;余声尘寂漠,世不吾知,魂魄一去,将同秋草,此四异也。所以自力为叙,遗之好事云。"

刘孝标《自序》以汉人冯衍自比,并详论其异同,我们对扬雄与陶渊明之异同,亦当作深入之思考。一言以蔽之,扬雄是圣人,是汉代以来的千秋孤圣;陶渊明是贤人,是中国诗史中独树一帜的伟大诗人。关于圣人与贤人的问题,扬子《法言》所论颇多:

> 鸟兽,触其情者也,众人则异乎!贤人则异众人矣,圣人则异贤人矣。(《法言·学行》)
> 圣人耳不顺乎非,口不肄乎善;贤者耳择、口择;众人无择焉。或问"众人"。曰:"富贵生。""贤者。"曰:"义。""圣人。"曰:"神。"观乎贤人,则见众人;观乎圣人,则见贤人;观乎天地,则见圣人。天下有三好:

众人好己从，贤人好己正，圣人好己师。天下有三检：众人用家检，贤人用国检，圣人用天下检。天下有三门：由于情欲，入自禽门；由于礼义，入自人门；由于独智，入自圣门。(《法言·修身》)

圣人之言远如天，贤人之言近如地。(《法言·五百》)

这实际上为我们研究扬雄与陶潜的异同提供了重要的理论依据，对此，笔者将另文专论。

总之，《五柳传》是由两套话语构成的：表层的晋人话语是陶渊明的，深层的汉人话语是扬雄的。两套话语互为表里，从而充分实现了陶公与扬子的精神对话。与古人对话是陶公的一贯追求。"遥遥沮溺心，千载乃相关。"(《庚戌岁九月中于西田获早稻》)"遥谢荷蓧翁，聊得从君栖。"(《丙辰岁八月中于下潠田舍获》)"何以慰吾怀？赖古多此贤。"(《咏贫士》七首其二)"馁也已矣夫，在昔余多师。"(《有会而作》)"衔觞念幽人，千载抚尔诀。"(《和郭主簿》二首其二)他不仅追寻古代高士的行迹，而且探求他们的心灵。对他而言，历史不是过去，未来也不会到来。他同古今一切高贵的灵魂对话。他用自己的意志和心灵去感受去扩张去发现古人独特的精神气质，借助这种发现，他确认、丰富、拓展了自己的精神领域，建立起支撑自己生命的精神柱石；他也由此将自我置于历史的河流中，在历史性的永恒存在中找到自我存在的根据和理由，找到立足于此生此世的存在感。寂然凝虑，思接千载，悄焉动容，视通万里。而在陶渊明努力探寻的古代贤者与先哲的人物谱系中，扬子无疑居于核心的位置。《五柳传》的创作，为陶公与扬子建立了深度的精神关联，并由扬子推进到柳下惠。歌德说："精神有一个特性，就是它永远对精神起着推动的作用。""一个人能达到的最高境地，是意识到自己的情绪和思想，是认识他自己，这可以启导他，使他对别人的心灵也有深刻的认识。有些人生来就有这种禀赋，他们通过经验发展了这种禀赋去达到实际的目的。这样便产生了一种能力，使他们在社会上和事业中取得更高意义的成功。诗人也是生来就有这种禀赋，不过他不是为了直接的、人世的目的，而是为了更高的、精神的、普遍的目的而发展了这种禀赋。"[1]柳下惠的精神推动了扬子的精神，扬子的精神推动了陶公的精神，这种推动首先是以后者对前者的认知与感知为前提的，因为人类的精神创造确实有其自身的独立的延续性；其次，前者对后者的精神推动的实现，又是以后者对自我的深刻认识为前提的。苏格拉底说："未经省察的人生没有价值。"[2] 扬子和陶公对自然对社会对人生都进行了深刻而彻底的省察，所以他们一生都甘于寂寞，不断思考、追求、探索，著述连篇，笔耕不辍。由此他们实现了对其个体生

---

[1] 《说不尽的莎士比亚》，杨业治译，《古典文艺理论译丛》，第3辑，人民文学出版社1962年版，第71页。
[2] 〔古希腊〕柏拉图：《游叙弗伦·苏格拉底的申辩·克力同》，严群译，商务印书馆1983年版，第76页。

命的此生此世的超越，而以一种伟大的不朽的精神存在走向永恒的未来。柳下惠是道德的象征，扬子是哲理的象征，陶公是诗性的象征，他们三位一体，融合为《五柳传》中五柳先生。在《五柳传》的文学建构中，如果说扬雄是柳下惠的"灵魂的转世"的话，那么，陶渊明就是扬雄的"灵魂的转世"；如果说扬雄是哲学化的柳下惠的话，那么，陶渊明就是诗化的扬雄。在这三位巨人之间，相互的理解并不是心灵的神秘交流，而是一种对共同意义的分有，这就是道德、情感、良知、理性与诗性，其核心是具有普适性的足以成为一切人自由发展的前提条件的自由精神。禁锢人类思想的人和拥有不受制约的权力的人，如嬴政、王莽和刘裕之流，乃是五柳先生的死敌。只要这种死敌不死，五柳先生就具有永远存在的价值和意义。要之，陶渊明穿越了四百年的时光隧道，发现了扬雄，又在扬子的指引下，发现了一代道德典范柳下惠，最后借五柳先生以自况，从而完成了对自我生命的诠释和人生价值的界定。因此，就本质而言，我们可以把《五柳传》视为陶渊明的"精神自传"，其所张扬的精神我们亦可称之为"五柳精神"。"五柳精神"就是由上述五要素构成的自由精神，其最突出的特质是"不可摧毁性（indestructibility）"。对于这种"不可摧毁性"，五柳先生有一种深度的自觉省察：它既是个体的精神存在，同时又属于众人，它是存在于崇高的人类之间的不可分割的精神链条。在这一精神链条的支配下，历史定将让一切和所有的人各得其所，因为一切都将转瞬即逝，只有真理永存。由此可见，陶渊明《五柳先生传》的创作，把一种无与伦比的精神伟力赋予了中国文学——这种精神伟力在中国文学中是极其罕见的。一切文学史都是精神史。就此而言，五柳先生在人类文学史中所占有的地位、所充当的角色，不仅是不可或缺的，而且是极其神圣而崇高的。

附志：本文的构思，始于2004年3月，当时袁行霈教授的《陶渊明集笺注》（中华书局2003年版）刚刚出版不久；承蒙袁师惠赠这部力作，我由此开始系统地读陶。关于《五柳传》的创作年代，根据上文所举五种《陶潜传》所共有的"少有高趣，尝著《五柳先生传》以自况"的相似表述，过去学者通常认为这是陶公少年时代的作品，但事实上，少年时代的陶公根本不可能读懂扬雄的全部著作，尤其是《太玄》。袁师说："细审文章意趣，颇为老成，五柳先生之形象亦不类青年。"（第504页）这种观察是非常准确的。通过本文对《五柳传》与晋宋时代的关系的分析，我们可以确认该传作于元嘉四年（427）陶公辞世前不久，系其晚年总结自己一生的"精神自传"。所以，每读《五柳传》，我总感觉有一个老人的形象在眼前晃动。然而，回想当初，在我读陶研陶的热情之火被袁师的大著点燃的时候，主宰我的却是神秘的寒冷与寂静，并由此造成了长期以来在研究《五柳传》问题上的怠惰与拖延。现在，这种局面初步结束了，我会按照既有的思路继续前行。

（本文原载《中华读书报》2017年9月13日第5—6版）

陶渊明缘何用了九个"不"?
——再谈《五柳先生传》

拙文《谁是五柳先生?》(以下简称为"拙文")通过文本对比,揭示了《五柳先生传》(以下简称为《五柳传》)与《汉书·扬雄传》(即扬雄《自序》)的渊源关系,由此确认《五柳传》的传主是扬雄,《宋书·陶潜传》所说的"作《五柳先生传》以自况"就是陶渊明以扬雄自况。限于篇幅,有一个重要的细节问题,拙文没有深谈,那就是《五柳传》用了九个"不"字。从这一角度来考察以上两篇文本的关系,我们也可以得出同样的结论。事实上,在这样一篇短文中,如此高频率地使用同一个否定副词,确实是一道独特的小小风景。钱锺书先生在《管锥编》中指出:

> 按"不"字为一篇眼目。"不知何许人也,亦不详其姓氏","不慕荣利","不求甚解","家贫不能恒得","曾不吝情去留","不蔽风日","不戚戚于贫贱,不汲汲于富贵";重言积字,即示狷者之"有所不为"。酒之"不能恒得",宅之"不蔽风日",端由于"不慕荣利"而"家贫",是亦"不屑不洁"所致也。"不"之言,若无得而称,而其意,则有为而发;老子所谓"当其无,有有之用",王夫之所谓"言'无'者,激于言'有'者而破除之也"(《船山遗书》第六三

册《思问录》内篇)。如"不知何许人,亦不详其姓氏",岂作自传而并不晓己之姓名籍贯哉?正激于世之卖声名、夸门第者而破除之尔。仇兆鳌选林云铭《挹奎楼稿》卷二《〈古文析义〉序》:"陶靖节'读书不求甚解',所谓'甚'者,以穿凿附会失其本旨耳。《南村》云:'奇文共欣赏,疑义相与析';若不求'解',则'义'之'析'也何为乎?"窃谓陶之"不求甚解"如杜甫《漫成》之"读书难字过"也;陶之"疑义与析"又如杜甫《春日怀李白》之"重与细论文"也。培根(Bacon)论读书(Of Studies)云:"书有只可染指者,有宜囫囵吞者,亦有须咀嚼而消纳者"(Some books are to be tasted, others to be swallowed, and some few to be chewed and swallowed);即谓有不必求甚解者,有须细析者。语较周密,然亦只道着一半:书之须细析者,亦有不必求甚解之时;以词章论,常只须带草看法,而为义理考据计,又必十目一行。一人之身,读书之阔略不拘与精细不苟,因时因事而异宜焉。(中华书局1979年版,第四册,第1228—1229页)

这段话在现代研究陶渊明的论著中被反复征引,对有关《五柳传》的中学语文教学也颇有渗透,如金星《鄙视流俗 傲然处世——从"不"看〈五柳先生传〉》(《阅读与写作》2000年第10期,同题文章又见于《课外语文》2006年Z2期,作者题为赵新民),汪茂吾《从"不"看五柳先生的性格特征》

(《语文天地·初中版》，2005年第20期)，等等。而唐若从记录的安徽省淮北市海宫学校有关《五柳传》的一场师生对话则比较有代表性：在有两位同学将五柳先生的性格概括为"淡泊名利""安贫乐道"之后，老师最后总结道："这九个'不'字像一条红线，把全文串起来了，把五柳先生的特点突出出来了，也为我们背诵文章提供了线索。"(《陶渊明说"不"——〈五柳先生传〉实录片段》，《中学语文教学》2008年第4期)由此可见，钱先生对《五柳传》的解读，被人们普遍视为"探河穷源、剥蕉至心、层次不紊、脉络贯注"(陈寅恪《柳如是别传》中语)的妙论，他又征引培根论学之言，更显得视野开阔，中西合璧，发人深思。但钱先生两次所引《五柳传》"不详其姓氏"，"姓氏"，陶集各本均作"姓字"。案阮籍《大人先生传》："大人先生盖老人也，不知姓字。"《五柳传》本此。钱先生本来博闻强记，记忆偶误，不必责备。又钱先生所引培根论学名言，两次出现"swallowed"(吞、咽)一词，培根行文素来简古，所以我感觉此处引文有点异样，于是用微信咨询美国西华盛顿大学英文系俞宁教授，俞先生迅速查阅了两种培根原著的版本，即 *The Project Gutenbert Essays*（Produced by Judith Boss and David Widger, 2013, P.575）和 *The Oxford Authors: Francis Bacon*（Oxford University Press, 1996, P.439），确认第二个"swallowed"本来是"digested"(消化，透彻了解)。又一个记忆偶误，也不必责备。钱先生又说：

"岂作自传而并不晓己之姓名籍贯哉?正激于世之卖声名、夸门第者而破除之尔。"如此论陶,就把陶公无端拔高了,必须得说道说道。我们知道,《宋书·陶潜传》所载《命子》诗作为陶公自述家世与族史的诗作,是他在身体衰微之际写给长子陶俨的。全诗凡十节,第一节称"悠悠我祖,爰自陶唐。邈为虞宾,历世重光"云云,第三节称"於赫愍侯,运当攀龙。抚剑风迈,显兹武功。书誓河山,启土开封。亹亹丞相,允迪前踪",第五节称"桓桓长沙,伊勋伊德。天子畴我,专征南国。功遂辞归,临宠不忒。孰谓斯心,而近可得"。作者先称浔阳陶氏来自于陶唐氏(即尧帝),随后又提到了三位陶氏人物:汉愍侯陶舍(公元前202年前后在世)、汉丞相陶青(公元前195年前后在世)和晋大将军长沙郡公陶侃(259—334)。日本汉学家斯波六郎(1894—1959)在昭和二十四年(1949)七月发表的《古直〈陶靖节诗笺〉补正》(《汉文学纪要》,第三册,第1—11页)一义,深入揭示了《命子》诗的用典情况,对我们了解陶渊明具有特别重要的意义。在"启土"一句下,斯波氏引《尚书·武成》:"惟先王,建国启土。"在"亹亹"一句下,斯波氏引《毛诗·大雅·文王》:"亹亹文王。"在"桓桓"一句下,斯波氏引《毛诗·周颂·桓》:"桓桓武王。"在"天子"一句下,斯波氏转引铃木虎雄《陶渊明诗解》所引《尚书·尧典》:"帝曰:畴咨若时登庸。"在"临宠"一句下,斯波氏引《毛诗·曹风·鸤鸠》:"其仪不忒。"又引《毛诗·鲁颂·閟宫》:

"享祀不忒。"无论尧帝,还是周文王、周武王,在后世均有圣王之目,陶公用这些历史巨人来比拟其先人,其雷人之语令人震撼,比较而言,平生颇为狂傲的谢灵运(385—433)的"述祖心态"则平淡得多。《宋书》卷六十七《谢灵运传》载谢氏《山居赋》:"览明达之抚运,乘机缄而理默。指岁暮而归休,咏宏徽于刊勒。狭三闾之丧江,矜望诸之去国。选自然之神丽,尽高栖之意得。"谢灵运自注:"余祖车骑建大功淮、肥,江左得免横流之祸。后及太傅既薨,远图已辍,于是便求解驾东归,以避君侧之乱。废兴隐显,当是贤达之心,故选神丽之所,以申高栖之志。经始山川,实基于此。"此外,《文选》卷十九谢氏《述祖德诗》,也正好与其《山居赋自注》的以上叙述互相印证。谢氏的这些诗赋不过是彰显其祖父谢玄(343—388)将军功成身退、归隐江湖的美德而已,并没有多少夸饰之辞。而所谓以冢中枯骨骄人,实乃六朝人之通病,高雅如陶公者,不仅未能免除此种恶习,而且将其推向极致了。这就是历史人物复杂的一面。显然,钱先生的"破除论"是缺乏历史感的,但他是文学学者,不是历史学家,陈寅恪的著作在钱先生的文字中不见踪影,可见其感兴趣的领域是文学而不是历史。我并不认为一般治南北朝史的学者必读的"二史八书"之类的史籍钱先生都很熟悉。杨绛回忆少年时代的钱锺书:"他纳闷儿的是,一条好汉只能在一本书里称雄。关公若进了《说唐》,他的青龙偃月刀只有八十斤重,怎敌得李元霸的那一对八百斤重的锤头子；李元霸若进了《西游记》，怎敌得过孙行者的一万三千斤的金箍棒。"(《记钱锺书与〈围城〉》，湖南人民出版社1986年版，第21页）其实，对不同学科的学者，我们不能放在一起比较，就像关公和李元霸、李元霸和孙行者一样。此外，《管锥编》主要写于"轰轰烈烈"的年代，作者的"破除论"可能也是时代镜像的一点折光，只是其本人没有觉察而已。但无论如何，陶公的"阶级觉悟"也没有达到钱先生所说的那种高度，至于有人因陶公躬耕陇亩、讴歌劳动就封他为"人民诗人"，那就更加离谱了。

还是回到《五柳传》的九个"不"字。美国汉学家戴维斯（A. R. Davis）教授的英译《五柳传》（*Biography of the Gentleman of the Five Willows*）对我们理解这种语言现象很有帮助，我们也不妨借此机会体会一下"五柳先生的西游"（卞东波教授语）或者说"中国文化走出去"的特殊风采：

1. 先生不知何许人也，亦不详其姓字。宅边有五柳树，因以为号焉。/We do not know of what place the gentleman is a native, nor do we know his family or his courtesy-name. Around his house there are five willows and from these he took his literary name.

2. 闲靖少言，不慕荣利。/Quiet and of few words, he does not desire glory or profit.

3. 好读书，不求甚解，每有会意，便欣然忘食。/

He delights in study but does not seek abstruse explanations. Whenever there is something of which he apprehends the meaning, then in his happiness he forgets to eat.

4. 性嗜酒，家贫不能常得。/By nature he is fond of wine, but his family is poor and he cannot usually get it.

5. 亲旧知其如此，或置酒而招之。造饮辄尽，期在必醉，既醉而退，曾不吝情去留。/His relatives and friends know that this is so, and sometimes set out wine and invite him. Whenever he goes to a party, he will drink to the end. He expects that he will certainly get drunk. When he is drunk, he will withdraw, but never regret that he must go.

6. 环堵萧然，不蔽风日，短褐穿结，箪瓢屡空，晏如也。常著文章自娱，颇示己志。忘怀得失，以此自终。/His house "with surrounding walls only a few paces long" is lonely and does not shelter him from wind and sun. His short coarse robe is torn and mended. His dishes and gourds are "often empty". Yet he is at peace. He constantly delights himself with writing in which he widely expresses his own ideals. He is unmindful of gain or loss, and thus he will be to the end.

7. 赞曰：黔娄有言："不戚戚于贫贱，不汲汲于富贵。"极其言，兹若人之俦乎？衔觞赋诗，以乐其志。无怀氏之民欤？葛天氏之民欤？/The Appraisal: Ch'ien Lou had a saying: "One does not grieve over poverty and low position, one is not

concerned about riches and high rank." May we think he was speaking of this sort of man? Drinking wine and writing poems to please his own will, is he not a man of the time of Lord Wu-huai or Lord Ko-t'ien?

"黔娄"二字下，宋人校语："一有'之妻'二字。"这种异文与拙文所引刘向《列女传》记载相吻合，戴氏译文忽略了"之妻"二字，实为不妥（见袁行霈《陶渊明集笺注》，中华书局 2003 年版，第 502 页；戴维斯《陶渊明：作品与意义》，第一卷，剑桥大学出版社 1983 年版，第 209 页）。但戴氏对"不"字的把握是非常精准的，尤其令人叹服的是他将"以此自终"译为"thus he will be to the end"，意在表明陶公此传是对传主一生的实录和总结，他倾情描写的是传主晚年的心态。袁行霈先生说："细审文章意趣，颇为老成，五柳先生之形象亦不类青年。"（《陶渊明集笺注》，第 504 页）这种观察很准确。事实上，每读《五柳传》，我们总会感觉有一个老人的形象在眼前晃动。戴维斯在注释中还指出："在自己还活着的时候创建有关自己的故事，这在中国文学中可能具有初始的意义。我们至少有沈约的观察可以作为证明，那就是他作为与陶渊明同时代的人的有关此传真实性的声明。但此传的描写在客观上毕竟同时具有自我贬低和自我确信的双重意味，对于社会地位经常有不安之虞的中国史官而言，其中也包含着某些不易理解的因素。但陶渊明是一位成功者，因为他创造了一个后人眼中的完美典范。"可见他尊重传统对《五柳传》的解读,但也有自己特殊的看法。他很可能已经感觉到人们对《五柳传》的传统解说有问题,譬如,他在注释中就曾经援引清人张廷玉质疑《五柳传》为自传的观点(参见拙文)。而戴维斯没有发现的问题是,《五柳传》以九个"不"字衔接全文的"章法"正来源于《汉书·扬雄传》:

其先出自有周伯侨者,以支庶初食采于晋之杨,因氏焉,不知伯侨周何别也。……雄少而好学,不为章句,训诂通而已,博览无所不见。为人简易佚荡,口吃不能剧谈,默而好深湛之思,清静亡为,少耆欲,不汲汲于富贵,不戚戚于贫贱,不修廉隅以徼名当世。家产不过十金,乏无儋石之储,晏如也。自有大度,非圣哲之书不好也;非其意,虽富贵不事也。……赞曰:雄之自序云尔。……及莽篡位,谈说之士用符命称功德获封爵者甚众,雄复不侯,以耆老久次转为大夫,恬于势利乃如是。……用心于内,不求于外,于时人皆忽之。

仅以上所引扬雄《自序》的局部,就有十二个"不"字,他的一些辞赋作品,如《长杨赋》《反离骚》等,也是多有"不"字。通过考察、对比这两篇传记频繁说"不"的这样一个高度相似的语言现象,以及相关语词、语句、语段、语篇在语义表达上的雷同现象(参见拙文),我们可以断定五柳先生就是扬雄。

据萧统《陶渊明集序》，在南朝梁代，曾经有人疑心陶诗"篇篇有酒"，而在我看来，陶诗还可能篇篇有"不"：

> 饥来驱我去，不知竟何之。(《乞食》)/感彼柏下人，安得不为欢。(《诸人共游周家墓柏下》)/既来孰不去，人理固有终。(《五月旦作和戴主簿》)/今我不为乐，知有来岁不？(《酬刘柴桑》)/良才不隐世，江湖多贱贫。(《与殷晋安别》)/不驶亦不迟，飘飘吹我衣。(《和胡西曹示顾贼曹》)/不赖固穷节，百世当谁传！(《饮酒》二十首其二)/且共欢此饮，吾驾不可回。(《饮酒》二十首其九)

类似的说"不"诗句，遍布陶集。尽管陶渊明喜欢饮酒和常常说"不"的语言习惯，未必全是扬雄这位"精神导师"发生作用的结果，但在很大程度上与他的影响是分不开的。可以作为佐证之一的，是陶渊明的"无弦琴"，其中所浸透的观念，实际上源于扬雄《解难》"譬画者画于无形，弦者放于无声"的喻辞（这一点吴国富教授在其论文中已经指出，见其《"五柳先生"及"无弦琴"的守穷守默——从扬雄看陶渊明的"愤宋"》）。而细读陶诗，我们也可以常常窥见扬子的身影。《太玄》卷第九《玄掜》：

> 拟水于川，水得其驯；拟行于德，行得其中；拟言于法，言得其正。言正则无择，行中则无爽，水顺则无败。无败故久也，无爽故可观也，无择故可听也。

> 可听者,圣人之极也;可观者,圣人之德也;可久者,天地之道也。是以昔者群圣人之作事也,上拟诸天,下拟诸地,中拟诸人。天地作函,日月固明,五行该丑,五岳宗山,四渎长川,五经括矩。天违地违人违,而天下之大事悖矣。(司马光《太玄集注》,刘韶军点校,中华书局1998年版,第210页)

陶公《形赠影》"天地长不没,山川无改时"之妙句,即从此文化出。而扬子所言"天违地违人违",违就是违背、冲突、不顺的意思。"洲渚四绵邈,风水互乖违。"(《于王抚军座送客》)此为"天违"和"地违"。"纡辔诚可学,违己讵非迷!"(《饮酒》二十首其九)"衣沾不足惜,但使愿无违。"(《归园田居》五首其三)"考所愿而必违,徒契契以苦心。"(《闲情赋》)这些都属于"人违"。《太玄》是扬子一生思考、劳作的结晶,是扬子建构的学术大厦的核心性成果,在中古时代更是驰誉学林的名著,如汉宋衷、吴陆绩和晋范望等著名学者都曾经为之作注。宋代司马光研究《太玄》前后历时三十年,并撰写了《太玄集注》一书,足见其重大学术文化价值是举世公认的。《太玄》征服了陶公,因而他熟读此书,并且引《玄》入诗(更多的例证已见拙文),在"诗必柱下之旨归,赋乃漆园之义疏"(《文心雕龙·时序》)的文化氛围中别创一种深蕴哲理的诗境。

扬雄作为一代新圣的文化魅力就在于,他是发现真理、恪守道德并以自己伟大的学术建树和卓越的文学业绩走向永恒的人类社会的脊梁，作为社会的良心，他更是一位伟大的知识分子。因此，陶公作《五柳传》以扬子自况，也绝非低调之举，其高出世表的心志，其藐视流俗的态度，其立名后世的理想，千载以下，犹可想见。令人欣慰的是，陶渊明成功了。但这一切都以极其深隐的方式，潜藏在平淡的笔墨当中。白居易《访陶公旧宅》诗曰："垢尘不污玉，灵凤不啄膻。呜呼陶靖节，生彼晋宋间。心实有所守，口终不能言。……我生君之后，相去五百年。每读《五柳传》，目想心拳拳。"白乐天对陶公的理解是非常到位的。那么，就创作机制和创作形态而言（如一石三鸟的人物塑造，汉晋兼容的话语系统，参见拙文），古今中外文学史是否还有另一篇可与《五柳传》媲美的作品呢？期待着人们的对话。

（本文原载《中华读书报》2017年9月27日第5版）

陶渊明与"种豆诗案"

　　陶渊明的《归园田居》诗是对隐居生活的颂歌,其艺术风格也是恬谧、平淡的。宋释居简《北磵集》卷一《碧幢赋》说"语其冲澹,则南山种豆,柳州种柳",这种意见几乎构成了关于陶诗一种解释传统。按照这种传统,则陶公之种豆南山,与美国作家亨利·大卫·梭罗(Henry David Thoreau,1817—1862)之种豆于瓦尔登湖畔就没有任何区别。我们试读《瓦尔登湖》关于种豆的描写:

> 这时候豆垄青青,各自成行,伸向远方,锄草松土已成当下之急,我还有豆种要继续播撒,不容片刻拖延。……我爱我的豆子,虽然它们已经大大超出了我日常的需要。豆子使我爱上了土地,由此我获得了神奇的力量……我从豆子身上学到了什么?豆子从我身上又有何获益?我珍爱它们,为它们松土锄草,从早到晚,呵护备至——这是我一天的工作。豆子叶阔枝肥,天露和甘霖滋润着沃土,使之免于干燥,真是我天然的助手。(《瓦尔登湖》,李暮译,上海三联书店2008年版,第118—119页)

　　但是,与梭罗不同的是,陶渊明并非现实和历史的局外人，也并非一个机械的记录员和超然的观光客，因为他在远离尘嚣的同时，还始终把自己镶嵌在现实的社会之中和既往的历史之内。他的这种文化特质在《归园田居》其三中得到了充分的反映：

> 种豆南山下，草盛豆苗稀。晨兴理荒秽，戴月荷锄归。道狭草木长，夕露沾我衣。衣沾不足惜，但使愿无违。

这首诗的话语方式是非常自然、平和的，但这仅仅是一种表象。我们且看前人的评注。元吴师道（1283—1344）《礼部集》卷十七《题家藏渊明集后》：

> 《归田园居》第一首："狗吠深巷中，鸡鸣桑树颠。"《古鸡鸣行》："鸡鸣高树颠，狗吠深巷中。"陶公全用其语。第三篇："种豆南山下，草盛豆苗稀。"本杨恽《书》意。

所谓"杨恽《书》"是指汉代著名诗人和学者杨恽（？—前154）的《报孙会宗书》（《文选》卷四十一）。"晨兴理荒秽"，古直注引《汉书·杨恽传》"田彼南山"云云。又《陶渊明集》卷三《丙辰岁八月中于下潠田舍获》诗曰："贫居依稼穑，勠力东林隈。"古直注复引此传曰：

> 身率妻子勠力耕桑。

前人的这些注释都揭示了《归园田居》其三与杨恽的

关系,并为当代的陶诗笺释者一致遵从。由此我们可以断定,陶渊明对发生在汉代的"种豆诗案"给予了充分的关注。

"种豆诗案"是中国历史上第一场文字狱。《汉书》卷六十六《杨恽传》:

> ……恽,字子幼,以忠任为郎,补常侍骑。恽母,司马迁女也。恽始读外祖《太史公记》,颇为《春秋》。以材能称。

《汉书》卷六十二《司马迁传》:

> 迁既死后,其书稍出。宣帝时,迁外孙平通侯杨恽祖述其书,遂宣布焉。至王莽时,求封迁后,为史通子。

在此之前,《史记》一直是朝廷的禁书,一般人是无缘寓目的。杨恽以揭发霍氏谋反起家,被封为平通侯,迁中郎将,后因与太仆戴长乐失和,被戴长乐检举:"以主上为戏,语近悖逆。"汉宣帝就把杨恽下狱,后予释放,免为庶人。此后,杨恽家居治产,以财自慰。安定郡太守孙会宗是杨恽的好友,写信给杨恽,劝他应当闭门思过,不应宾客满堂,饮酒作乐,杨恽给他写了回信,这就是著名的《报孙会宗书》:

> 恽材朽行秽,文质无所底,幸赖先人余业得备宿卫,遭遇时变以获爵位,终非其任,卒与祸会。……伏惟圣主之恩不可胜量。君子游道,乐以忘忧;小人全躯,说以忘罪。是故身率妻子,勠力耕桑,灌园治产,以

给公上,不意当复用此为讥议也。夫人情所不能止者,圣人弗禁,故君父至尊亲,送其终也,有时而既。臣之得罪,已三年矣。田家作苦,岁时伏腊,亨羊炰羔,斗酒自劳。家本秦也,能为秦声;妇,赵女也,雅善鼓瑟。奴婢歌者数人,酒后耳热,仰天拊缶而呼乌乌。其诗曰:"田彼南山,芜秽不治,种一顷豆,落而为萁。人生行乐耳,须富贵何时!"是日也,拂衣而喜,奋袖低昂,顿足起舞,诚淫荒无度,不知其不可也。……恽幸有余禄,方籴贱贩贵,逐什一之利,此贾竖之事,污辱之处,恽亲行之。

后逢日食,有人上书诬告,说他"骄奢不悔过,日食之咎,此人所致",廷尉带人搜查,发现了这封书信,宣帝见而恶之,认为他大逆不道,将杨恽腰斩于市,他的妻子赵小凤被流放到酒泉,侄子被免为庶人,许多挚友都因他的牵连而被罢官。这就是轰动一时的"种豆诗案"。尽管后人对杨恽有不同的评价,如宋姜夔(1155?—1221?)《永遇乐·次韵辛克清先生》词曰:"我与先生,夙期已久,人间无此。不学杨郎,南山种豆,十一征微利。"元王恽(1227—1304)《秋涧集》卷六十八《上张左丞启》:"北阙上书,愧乏马周之志;南山种豆,每怀杨恽之风。"但人们对这场文字狱的看法却是一致的。宋罗大经(1196—1252)《鹤林玉露》卷之四乙编"诗祸"条:

> 杨子幼以"南山种豆"之句杀其身,此诗祸之始也。至于"空梁落燕泥"之句,"庭草无人随意绿"之句,非有所讥刺,徒以雕斫工巧,为暴君所忌嫉,至贾奇祸,则诗真可畏哉!

宋洪迈(1123—1202)《容斋四笔》卷十三"汉人坐语言获罪"条:

> 杨恽之《报孙会宗书》,初无甚怨怒之语,其诗曰:"田彼南山,芜秽不治。种一顷豆,落而为萁。"张晏释以为言朝廷荒乱,百官谄谀,可谓穿凿,而廷尉当以大逆无道刑及妻子。予熟味其词,独有所谓"君父至尊亲,送其终也,有时而既",盖宣帝恶其君丧送终之喻耳。

元袁桷(1266—1327)《清容居士集》卷四十《金陵郑生应炎道士疏》:

> 北阙上书,著咏受嗔于唐主;南山种豆,贻言增祸于汉朝。

从这些表述我们可以看出人们对杨恽以诗取祸的同情态度。但正如洪迈所言,《报孙会宗书》中的"君丧送终之喻"才是这场文字狱的真正起因。

对于杨恽以诗取祸的人生悲剧,陶渊明是非常了解的。因为无论《史记》,还是《汉书》,都是他熟读的史籍。《陶渊明集》卷六有《读史述》九章,其序云:"余读《史记》

有所感而述之。"因此，陶渊明在诗中化用杨恽《报孙会宗书》以及《汉书·杨恽传》的某些语言，就不仅不是偶然的巧合，而是精心的艺术设计，具有非常深隐深刻的用意。需要特别指出的是，《归园田居》其三"种豆南山下"的"南山"本身即具有双关的意义：它既指终南山（位于长安之南），也兼指庐山（位于江州之南）。如对"种豆""草盛"二句，古直就有这样的注释：

> 曹子建《种葛篇》："种葛南山下，葛蔓自成阴。"

曹植（192—232）诗中的"南山"自然不是庐山，而是终南山——这是自《诗三百》以来在诗人的笔下经常出现的一个文学意象。但是，陶渊明的高绝之处在于深藏不露，在于了无痕迹。他以"南山"为纽带为核心，轻松地实现了自然意象和历史场景的转换与更迭，其自然、浑成、举重若轻的大家诗笔真令人拍案叫绝，瞠目仰视。在诗人看来，长安的南山是君王专制的象征，而江州的南山则是文化自由的象征，前者是凶险的凶恶的残酷的甚至危机四伏的，而后者则是美丽的和平的恬谧的充满诗情画意的。我们读《陶渊明集》卷三《庚戌岁九月中于西田获早稻》诗：

> 人生归有道，衣食固其端。孰是都不营，而以求自安！开春理常业，岁功聊可观。晨出肆微勤，日入负耒还。山中饶霜露，风气亦先寒。田家岂不苦？弗获辞此难；四体诚乃疲，庶无异患干。盥濯息檐下，

升酒散襟颜。遥遥沮溺心，千载乃相关。但愿长如此，躬耕非所叹。

"田家"句，古直引宋汤汉（1202—1272）注："杨恽《书》：'田家作苦。'"这句陶诗确实袭用了杨恽《报孙会宗书》中的话，诗人所谓"异患"，也就是政治灾患的委婉代语，而"躬耕非所叹"是说自己归隐田园，甘之如饴，不像杨恽那样多有抱怨，诗人没有"田家作苦""籴贱贩贵"之类的悲叹。所以，这首诗既抒写了诗人收获早稻的喜悦，也表达了超脱政治藩篱的轻松，乃是诗人追求躬耕陇亩的自由生活的诗性表白。诗人以历史反衬现实，更加凸显了隐居生活的可贵，也婉转地传达了他的政治态度。不仅如此。我们试比较《归园田居》其五和杨恽《报孙会宗书》的片段：

漉我新熟酒，只鸡招近局。日入室中暗，荆薪代明烛。欢来苦夕短，已复至天旭。

田家作苦，岁时伏腊，亨羊炰羔，斗酒自劳。……其诗曰："……人生行乐耳，须富贵何时！"……

诗人的叙述与描写无疑都是人生的欢乐乐章，都表现了蔑弃富贵、把握人生和实现自我价值的超越情怀。尽管如此，他们最终的人生命运却迥然不同：一个成了惨遭荼毒、死于非命的千古冤魂，一个成为幸福安宁、炳焕千秋的诗国巨子。由此可见，"种豆"二字确是我们发掘《归园田居》之真意的关键。所以，尽管德国哲学家奥古斯特·史雷格尔（August Wilhelm Schlegel，1767—1845）有"给诗加批注，就像做烤肉解剖学的演讲"的说法，但是，我们不得不承认前人对《归园田居》诗的评注是相当精彩的。而对于诗人这种精微的微妙的用典艺术，我们同样可以用史雷格尔《断片》中的观点加以说明：

> 要人们看不懂或者看错的最好的手段，就是采用原来意义的字眼，尤其是采用从古代语言中借取来的字眼。
>
> 在每一首好诗里，一切都应当是预先考虑好的，同时一切都应当是出自本能的。由于这样，它才成为理想的。（《古典文艺理论译丛》，第2辑）

由于陶渊明巧妙地借用、化用杨恽《报孙会宗书》的语言，多数读者的目光也就大都停留在田园生活的表象上，但是，在这种表象的深处却蕴藏着一道滔天的历史洪波，一场惨烈的人生悲剧，一捧辛酸的文人血泪，这才是诗人的真意之所在。艺术上的瞒天过海，举重若轻，浑涵无迹，使我们在窥见其艺术堂奥之时不得不惊叹于伟大诗人的天才。

维克多·雨果（Victor Hugo，1802—1885）说："谁要是名叫诗人，同时也就必然是历史家和哲学家。……任何诗人在他们身上都有一个反映镜，这就是观察，还有一个蓄存器，这便是热情；由此便从他们的脑海里产生那些巨大的发光的身影，这些身影将永恒地照彻黑暗的人类长城。"

(《莎士比亚的天才》)陶渊明是集诗人、历史家和哲学家为一身的文化巨人。在陶集中,只有一首诗比另一首诗更好,却没有哪一首诗比另一首诗更坏,因为他的每一首诗都闪耀着璀璨的心灵之光,流溢着天才的灵智之波,他的每一首诗都是千锤百炼、百炼千锤的艺术结晶,他的每一首诗都有特定的艺术任务——传达崇高的观念,抒写神圣的情感,表现自由的生活,回忆荏苒的岁月。伟大艺术家的惨淡经营与伟大诗人的旷世奇才,使陶渊明创造了永恒的不朽的辉煌。陶渊明的一生自觉地追求、蕴蓄着一种沉静的激情,一种纯粹的自然。他在回忆与反思中立足于现实,他追寻往昔的心境,审视当下的情怀,淡远而幽深,道德的净化与灵魂的升华使他的人格和他的作品凝结为一体,成为黑暗的专制主义社会中的一线光明,照亮了东方古国的沉沉黑夜,也照亮了人类通往平等、自由的康庄大道。

(本文原载《中华读书报》2013年3月27日第15版)

陶渊明的服食养生与临终高态

陶渊明是一位非常重视服食养生的诗人。在五次出仕之后，他决意归隐田园，这不仅是对黑暗官场的抛弃，也与他的养生思想有密切关系。譬如，陶渊明采菊东篱的高雅形象一向为人们所熟悉所景仰，宋代著名理学家周敦颐在《爱莲说》中指出："水陆草木之花可爱者甚蕃，晋陶渊明独爱菊。……予谓菊花之隐逸者也……。菊之爱，陶之后鲜有闻。"陶渊明的"菊之爱"，不仅出于诗人的审美情致，还与菊花的养生功用有关。三国魏钟会《菊花赋》说：

> 何秋菊之可奇兮，独华茂乎凝霜。挺葳蕤于苍春兮，表壮观乎金商。……于是季秋九月，日数将并，顺阳应节，爰钟福灵，置酒华堂，高会娱情。百卉雕瘁，芳菊始荣，纷葩晔晔，或黄或青。……服之者长生，食之者通神。……流中轻体，神仙食也。

菊花是养生的"上药"，所以从魏晋到唐代，士人大都喜饮菊花酒。干宝《搜神记》卷二"贾佩兰"条载：

> 九月，佩茱萸，食蓬饵，饮菊花酒，令人长命。菊花舒时，并采茎叶，杂黍米酿之，至来年九月九日始熟，就饮焉，故谓之菊花酒。

唐郭元振《子夜四时歌·秋歌》：

避恶茱萸囊，延年菊花酒。

而陶渊明也有饮用菊花酒的习惯。陶渊明《饮酒》诗二十首其七：

秋菊有佳色，裛露掇其英。泛此忘忧物，远我遗世情。一觞虽独进，杯尽壶自倾。

"秋菊"二句固然化用了屈原《离骚》"朝饮木兰之坠露兮，夕餐秋菊之落英"的名句，但也是对个人生活的客观描写。陶渊明《九日闲居》诗序说：

余闲居，爱重九之名。秋菊盈园，而持醪靡由。空服九华，寄怀于言。

此诗序明言其种菊服食之事，而《九日闲居》诗对此表述得更为清晰：

世短意常多，斯人乐久生。日月依辰至，举俗爱其名。露凄暄风息，气澈天象明。往燕无遗影，来雁有余声。酒能祛百虑，菊为制颓龄。

"酒能""菊为"二句，乃互文见意，实际上说的就是饮用菊花酒借以养生之事。《艺文类聚》卷八十一南朝梁王筠《摘园菊赠谢仆射举》诗曰：

灵茅挺三脊，神芝曜九明。菊花偏可憙，碧叶媚金英。重九惟嘉节，抱一应元贞。泛酌宜长久，聊荐野人诚。

"泛酌"，即是指饮用菊花酒，而"宜长久"，则是说菊花酒有益于养生，丝毫也不逊色于"灵茅"和"神芝"。《全三国文》卷七曹丕《九日与钟繇书》："岁往月来，忽复九月九日。九为阳数，而日月并应。俗嘉其名，以为宜于长久，故以享宴高会。是月律中无射，言群木庶草，无有射地而生。至于芳菊，纷然独荣，非夫含乾坤之纯和，体芬芳之淑气，孰能如此！故屈平悲冉冉之将老，思餐秋菊之落英。辅体延年，莫斯之贵。谨奉一束，以助彭祖之术。"上引陶渊明《九日闲居》诗显然是从此文脱化出来的。又如《文选》卷三十陶渊明《饮酒》其五：

采菊东篱下，悠然望南山。

王瑶注："相传服菊可以延年，采菊是为了服食。《诗经》上说'如南山之寿'，南山是寿考的象征。"（《陶渊明集》）"如南山之寿"出自《诗经·天保》："如月之恒，如日之升。如南山之寿，不骞不崩。"王氏的注释是非常准确的。陶公本人平日是种植花药的，他在《时运》诗中写道：

斯晨斯夕，言息其庐。花药分列，林竹翳如。

馥郁的花药和蓊郁的林竹环绕着他的住宅。萧统《陶渊明传》：

> 尝九月九日出宅边菊丛中坐，久之，满手把菊，忽值（王）弘送酒至，即便就酌，醉而归。

所谓"宅边菊"就是"东篱菊"。菊花属于花药中的上品，如明缪希雍《神农本草经疏》卷六所述：

> 菊花味苦，甘平，无毒，主风头眩，肿痛目，欲脱泪，出皮肤、死肌，恶风湿痹，疗腰痛，去来陶陶，除胸中烦热，安肠胃，利五脉，调四肢。久服，利血气，轻身，耐老延年。

明李时珍《本草纲目》卷十五"服食甘菊"条所引《玉函方》著录了一个《王子乔变白增年方》：

> 用甘菊：三月上寅日采苗，名曰玉英；六月上寅日采叶，名曰容成；九月上寅日采花，名曰金精；十二月上寅日采根茎，名曰长生；四味并阴干百日，取等分以成，日合捣千杵为末。每酒服一钱匕，或以蜜丸、梧子、大酒服七丸，一日三服，百日轻润，一年发白变黑；服之二年，齿落再生；五年，八十岁老翁变为儿童也。

此方虽然不无夸张之处，但菊花和菊花酒具有治病、养生的特殊功效，则是客观的事实。《本草纲目》卷二十五"菊花酒"条载：

> 治头风，明耳目，去痿痹，消百病。用甘菊花煎汁，同曲米酿酒；或加地黄、当归、枸杞诸药亦佳。

我国中古时期的士人颇多通晓医药之学者，陶公在此方面亦非外行。

陶渊明喜读《穆天子传》和《山海经》等道家秘籍，这与其养生思想也有密切关系。陈寅恪说：

> 渊明虽不似主旧自然说者之求长生学神仙，然其天师道之家传信仰终不能无所影响，其《读〈山海经〉》诗云："泛览周王传，流观山海图。"盖《穆天子传》《山海经》俱属道家秘籍，而为东晋初期人郭璞所注解，景纯不是道家方士，故笃好之如此，渊明于斯亦习气未除，不觉形之吟咏，不可视同偶尔兴怀……（《陶渊明之思想与清谈之关系》）

郭璞虽然"不是道家方士"，却是一位具有天师道信仰的诗人，陶渊明对他是非常推重的。陶渊明《拟古》九首其五"东方有一士"云云，其语言和诗意与郭璞《游仙诗》有关：

> 青溪千余仞，中有一道士。……
> 翡翠戏兰苕，容色更相鲜。绿萝结高林，蒙笼盖一山。中有冥寂士，静啸抚清弦。

又《文选》卷三〇陶渊明《杂诗》其二：

> 啸傲东轩下，聊复得此生。

唐李善注："郭璞《游仙诗》曰：'啸傲遗俗，罗得此

生。'"《初学记》卷第二十三引郭璞《游仙诗》,有曰:

> 啸傲遗世罗,纵情在独往。

《陶渊明集》卷六《晋故征西大将军长史孟府君传》称"高阳许询,有隽才,辞荣不仕,每纵心独往",显然化用了郭璞《游仙诗》"纵情"一句的诗意。"天师道之家传信仰"在陶渊明的身上依然留有印痕,正所谓"习气未除",因而对郭璞极为关注。他对刘骥之的记叙也反映了这种情况。《陶渊明集》卷六《桃花源记》曰:

> 南阳刘子骥,高尚士也。闻之,欣然规往,未果,寻病终。后遂无问津者。

《晋书》卷九十四《隐逸列传》:

> 刘骥之字子骥,南阳人,光禄大夫耽之族也。骥之少尚质素,虚退寡欲,不修仪操,人莫之知。好游山泽,志存遁逸。尝采药至衡山,深入忘反,见有一涧水,水南有二石囷,一囷闭,一囷开,水深广不得过。欲还,失道,遇伐弓人,问径,仅得还家。或说囷中皆仙灵方药诸杂物,骥之欲更寻索,终不复知处也。

刘骥之乃隐居修道之人,与陶淡、翟法赐一类的道徒无异,故陶渊明称之为高尚之士。《读〈山海经〉》十三首其四:

> 丹木生何许?乃在峚山阳。黄花复朱实,食之寿

命长。白玉凝素液,瑾瑜发奇光。岂伊君子宝,见重我轩黄。

《山海经·西山经》:"又西北四百二十里,曰崒山,其上多丹木,员叶而赤茎,黄华而赤实,其味如饴,食之不饥。……天地鬼神,是食是飨;君子服之,以御不祥。"又《读〈山海经〉》其五:

翩翩三青鸟,毛色奇可怜。朝为王母使,暮归三危山。我欲因此鸟,具向王母言:在世无所须,惟酒与长年。

《海内北经》载蛇巫之山:"其南有三青鸟,为西王母取食。在昆仑虚北。"可见陶公叙写的《山海经》故事,皆与服食有关,或曰"寿命长",或曰"长年",这正是养生之目的。陶渊明《述酒》诗自称"陶公练九齿",这无疑是诗人修炼道家养生之术的自我表白。"天容自永固,彭殇非等伦。""天容",指天老、容成,此亦道家之物语;"彭殇"者,彭祖长寿,殇子短命,依道教之说,修炼可以使人长生久视,故修炼与否与寿命之修短有关。陈寅恪说:"渊明虽不似主旧自然说者之求长生学神仙,然其天师道之家传信仰终不能无所影响。"(《陶渊明之思想与清谈之关系》)作为道教信徒,陶渊明重视服食养生是很自然的;同时,服食养生也是中古时期乃至中国古代的一般习俗和流行思想,陶渊明也是这种习俗的遵奉者和这种思想的实践者,就此而言，他并没有什么特别之处。但是，从主要倾向看，陶渊明是反对道教的神仙不死、长生久视之说的。这说明他对自己以及自己家族世袭的天师道信仰进行了深刻的反思，对道教自身的理论和思想有所超越。

陶渊明经常化用嵇康诗文，这与嵇康的养生思想当不无关系。宋王楙《野客丛书》"《归去来辞》语"条："《漫录》曰：'渊明《归去来辞》云："临清流而赋诗。"盖用嵇康《琴赋》中语。'仆谓渊明胸次，度越一世，其文章率意而成，不应规仿前人之语，其间意到处，不无与古人暗合，非有意用其语也。"《漫录》即宋人吴曾的《能改斋漫录》，王楙的引文见此书卷八。实际上，陶渊明正是有意化用嵇康之语意。如《嵇中散集》卷二《琴赋》曰："若夫三春之初，丽服以时，乃携友生，以遨以嬉。涉兰圃，登重基；背长林，翳华芝；临清流，赋新诗。"《归去来兮辞》"临清流"云云，正是由此化出。又《陶渊明集》卷四《拟古》九首其七："日暮天无云，春风扇微和。……皎皎云间月，灼灼叶中华。"本于《嵇中散集》卷一《杂诗》："微风清扇，云气四除。皎皎亮月，丽于高隅。"《陶渊明集》卷二《游斜川》诗序曰："临长流，望曾城，……若夫曾城，傍无依接，独秀中皋，遥想灵山，有爱嘉名。……"诗曰："迥泽散游目，缅然睇曾丘。"此与《嵇中散集》卷一《重作四言诗七首》之七有关："徘徊钟山，息驾于层城。徘徊钟山，息驾于层城。上荫华盖，下采若英。受道王母，遂升紫庭。逍遥天衢，千载长生。歌以言之,徘徊于层城。"《陶渊明集》卷四《杂诗》十二首其四:"丈夫志四海,我愿不知老。亲戚共一处,子孙还相保。觞弦肆朝日,樽中酒不燥。缓带尽欢娱,起晚眠常早。……"此诗化用嵇康《与山巨源绝交书》之意:"今但愿守陋巷,教养子孙,时与亲旧叙阔,陈说平生。浊酒一杯,弹琴一曲,志愿毕矣。"嵇康的《养生论》和《答难养生论》,提倡服食养生,其为魏晋时代神仙道教之代表人物,自然为陶渊明所关注。

服食养生是对生活的呵护,呵护生命并不意味着畏惧死亡。元嘉四年(427)丁卯,陶公去世,他的生前好友著名诗人颜延之作《陶征士诔》,诔文中说他:

> 年在中身,疢维痁疾。视死如归,临凶若吉。药剂弗尝,祷祀非恤。傃幽告终,怀和长毕。

"年在"句,意谓陶公临终时适值中年;"疢维"句,说明陶公临终前所患的疾病为痁疾;"视死"二句,描写陶公面对死亡,从容镇定,静穆安详;"药剂"二句,叙写陶公既不服药治疗,也不祷告祭祀;"傃幽"二句,意谓陶公怀着一颗平和的心灵皈依到那不可知的幽冥世界而完成个人生命的终结。确如宋人王质所言,陶渊明"临终高态,见《诔》甚详"(《栗里谱》)。宋吴仁杰也说:"死生之变亦大矣,而先生之病,不药剂,不祷祀,至为祭文、挽歌与夫遗占之言,从容闲暇如此,则先生平生所养,从可知矣。"(《陶靖节先生年谱》)陶公的"临终高态",不仅与其平生的修养有关,更主要的还是其所遵奉的天师道的宗教习俗发生作用的表现。天师道又称五斗米道,这是由其特殊的宗教习俗产生的俗称。首先,凡受道者,必须贡献五斗米作为入教之资。《后汉书》卷七十五《刘焉传》:

> 鲁字公旗。初,祖父陵,顺帝时客于蜀,学道鹤鸣山中,造作符书,以惑百姓。受其道者辄出米五斗,故谓之"米贼"。陵传子衡,衡传于鲁,鲁遂自号"师君"。

其次,天师道信徒如果生病,并不求医问药,而是反省自己的过失,同时还要有"鬼吏"为病者祈请祷告,患者家属也要奉献五斗米。上引《后汉书·刘焉传》,下文曰:

> 其来学者,……皆校以诚信,不听欺妄,有病但令首过而已。

《三国志》卷八《张鲁传》裴松之注引《典略》曰:

> ……光和中,东方有张角,汉中有张修。骆曜教民缅匿法,角为太平道,修为五斗米道。太平道者,师持九节杖为符祝,教病人叩头思过,因以符水饮之,得病或日浅而愈者,则云此人通道,其或不愈,则为不通道。修法略与角同,加施静室,使病者处其中思过。又使人……为鬼吏,主为病者请祷。……使病者家出米五斗以为常,故号曰五斗米师。

这种宗教习俗通行于中古时期信奉五斗米道的人们中间。依陈寅恪所考,高平金乡(今山东金乡县)郗氏和琅琊临沂(今山东临沂市)王氏为信奉天师道之世家大族。我们试看此二族中的修道人物。《世说新语·术解》第十条:

> 郗愔通道甚精勤,常患腹内恶,诸医不可疗。闻于法开有名,往迎之。既来,便脉云:"君侯所患,正是精进太过所致耳。"合一剂汤与之。一服,即大下,去数段许纸如拳大;剖看,乃先所服符也。

郗愔对五斗米道的信仰是很虔诚的,但他差一点为此付出生命的代价。《世说新语·德行》第三十九条:

> 王子敬病笃,道家上章应首过,问子敬:"由来有何异同得失?"子敬云:"不觉有余事,唯忆与郗家离婚。"

王子敬就是著名书法家王献之,所谓"道家上章应首过",是说按照道教的规定患者应该反省自己的过失,而不需吃药。陶渊明在弥留之际也是如此,但是,他又能超越此种宗教之习俗,所以连"鬼吏"的祈祷和祭祀都不要。因此,他与大多数五斗米道徒的因病思过有所不同,在弥留之际,他对自我对人生对世界对宇宙进行了全面、深刻的反思和反省。在深沉的思索中,他自觉身体之衰微,如西山的残照,秋圃的荒枝,于是,《拟挽歌诗》《与子俨等疏》以及《自祭文》这些杰作蝉联而出。九原不可作,白骨生苍苔,通常被人们视为生命的不幸，陶渊明的高绝之处即在于将这种不幸说得自自在在，潇潇洒洒，不落哀境。若非对人生对宇宙大彻大悟，生平有定力定识，岂能如此旷达！晋人在诗中好言死，因为他们本心怕死；陶渊明不仅不怕死，在即将离开世界的时候，还能以达观的态度对待死，以飞动的神思想象死，以抒情的诗笔描绘死。因此，他超越了时代，超越了人生，超越了自我，也超越了他所信奉的宗教。

（本文原载《中华文化画报》2012年第11期）

"商山四皓"与"南山四皓"
——沈从文别解"悠然见南山"献疑

《中华读书报》刊登杨建民教授的文章(2013年5月8日第15版),盛赞沈从文先生依据出土文物对陶诗"悠然见南山"所作的"别解"。笔者研陶有年,而在过去又非常迷恋沈先生早期的小说,更是其皇皇巨著《中国古代服饰研究》的忠实读者。所以,对沈先生的以文物解陶正像对赵紫宸神父用基督教思想解陶一样感到新奇。那是在2010年的秋天,张晖博士将赵紫宸先生的《陶诗中的宗教》一文推荐给我,我读后叹服不已。而今张晖已经作古,临文思友,未免黯然神伤。但在摆脱了短暂而寂寥的黯然之后,我随即查询沈先生解陶的原始信息。原来,他写的那篇短文叫作《"商山四皓"和"悠然见南山"》(见沈先生所著《花花朵朵坛坛罐罐——沈从文谈艺术与文物》,江苏美术出版社2002年版,第80—81页)。而转述并踵承其观点并加以发挥的还有康宝成教授的《试论陶渊明的"四皓"情结》(以下简称为"康文")和刘翠、刘石教授的《"四皓"、"南山"与陶渊明》(以下简称为"刘文")两篇论文。看来,学界的朋友们对这个问题还是非常关注的。所以,草成这篇短文也算是对学界的回应以及对亡友的怀念吧。

沈先生"别解"的核心是说《饮酒》其五的这句诗暗

用了秦汉之际著名隐士"四皓"的典故,他首先引述了司马迁《史记·留侯世家》和班固《汉书·王吉传序》的相关记载(见下文)。商山位于陕西省商洛市丹凤县城西7.5公里丹江南岸山阳县东北,"四皓"墓就在山下,为历代文人所尊崇和祭祀。这就是历史上有名的"商山四皓"。沈先生并未直接否定《史》《汉》的记载,但如何将"商山四皓"与《饮酒》其五的"南山"联系起来了呢?他的依据主要是在朝鲜汉墓内出土的一个竹筐以及河南邓县南朝墓出土的一块画像砖,这两件地下文物上都写刻着"南山四皓"的字样,前者是他辗转听说的,后者当是他亲眼所见。在我的印象中,《中国音乐文物大系·河南卷》确实著录了这样一块画像砖,砖上还刻着"四皓"弹琴的画面。

康文的精彩之处在于用一些古代书面文献印证了两件文物写刻"南山四皓"的正确性,如西汉扬雄《解嘲》、东汉崔琦《四皓颂》、曹操《饮马长城窟行》、汉末诗人阮瑀《隐士诗》、西晋皇甫谧《高士传》、南朝陈释智匠《古今乐录》以及宋陈彭年《广韵》卷二《十六蒸》"应"字下注等等,都令人无可置疑。尤其是他引用许氏《说文》"颢"字段氏注,从而证明了这样的事实:"南山是山脉名,非具体山名,大约相当于今日所说的秦岭。商山是南山的支脉,秦末汉初四皓即隐居于此山。这就不能理解,何以'商山四皓'又可称'南山四皓'了。"而刘文则考定"'商山四皓'连缀成词则大约以三国魏曹植的《商山四皓赞》

为最早"这一事实,指出:"'商山四皓'与'南山四皓'长期共存并行,但更为人所知的还是'商山四皓'的说法。"

这里笔者先就文献记载进一步印证康文和刘文的观点。据《后汉书》卷三十五《郑玄传》载,孔融对郑玄非常敬重,"屣履造门,告高密县为玄特立一乡",并特别标举出"南山四皓"。此外,晋袁宏《后汉纪》卷五《光武皇帝纪》第五,南朝梁陶弘景《真诰》卷十四,唐释道宣《广弘明集》卷二十五《叙朝宰会议沙门致拜君亲事九首并序》,也都提及"南山四皓"。《全唐诗》卷九十二李乂《幸白鹿观应制》诗:"制跸乘骊阜,回舆指凤京。南山四皓谒,西岳两童迎。"《全唐诗》卷四百七十七李涉《寄河阳从事杨潜》诗:"南山四皓不敢语,渭上钓人何足云。"由此可见,"南山四皓"与"商山四皓"在汉唐时代确实是并行的说法,这两种说法在陶渊明之前和陶渊明生活的时代曾流行,亦当属客观事实。

在陶渊明的诗文中,"南山"与"商山"也是并存的,那么,他对"南山四皓"与"商山四皓"的不同说法,又是怎样选择的呢?这是解读《饮酒》其五"南山"意象的关键所在。除此之外,陶诗提及"南山"的还有两例:

种豆南山下,草盛豆苗稀。(《归园田居》五首其三)
去去欲何之,南山有旧宅。(《杂诗》十二首其七)

"四皓"虽然隐居,但却没有种地,所以和"种豆南山下"

无关;"旧宅"是指祖坟,浔阳陶氏家族墓地在庐山之内,所以陶渊明才这样说,所以,"南山有旧宅"更与"四皓"无关;既然如此,单单说"悠然见南山"一句隐含着"四皓"的身影,那就令人难以理解了。晋庾亮《翟征君赞》:"景命不延,卒于寻阳之南山。"(《全晋文》卷三十七)"寻阳之南山"就是庐山。据陶渊明写的《晋故征西大将军长史孟府君传》,陶公外祖父孟嘉曾经在太尉庾亮手下任职,庾氏所谓"翟征君"就是一代大隐翟汤。翟氏为浔阳人,而浔阳陶氏与浔阳翟氏是通婚的,陶渊明的第二任妻子翟氏就出自这个隐逸世家。萧统《陶渊明传》说:"其妻翟氏亦能安勤苦,与其同志。"因此,陶诗中的"南山"绝不可能与"商山"相混。"商山"在陶集中有三例。首先,我们看他的《桃花源诗》:

> 嬴氏乱天纪,贤者避其世。黄绮之商山,伊人亦云逝。

"黄绮"(夏黄公和绮里季)代指"四皓","斯人"则是桃源中人。在陶公看来,"四皓"乃是避秦的高士。陶渊明不说"黄绮之南山",显然是遵从《史记》和《汉书》的记载。又如他的《赠羊长史》诗:

> 愚生三季后,慨然念黄虞。得知千载外,政赖古人书。贤圣留余迹,事事在中都。岂忘游心目?关河不可逾。九域甫已一,逝将理舟舆。闻君当先迈,负

痾不获俱。路若经商山，为我少踌躇。多谢绮与甪，精爽今何如？紫芝谁复采？深谷久应芜。驷马无贳患，贫贱有交娱。清谣结心曲，人乖运见疏。拥怀累代下，言尽意不舒。

诗前有小序说："左军羊长史，衔使秦川，作此与之。羊名松龄。"刘裕先于晋安帝义熙十二年（416）十月克复洛阳，"修复晋五陵，置守卫"，后于义熙十三年（417）九月收复长安，修复晋帝陵墓（《宋书》卷二《武帝本纪》），诗中"九域甫已一"，即指此事而言。诗人极言自己对中原文明的向往，特别是对"商山四皓"的景仰，表示因抱病而不能和友人羊松龄同行，感到非常遗憾。商山在长安之南，晋军北伐可能经过此处，所以陶渊明叮嘱友人"路若经商山，为我少踌躇"。在诗人看来，尽管"四皓"已经消失在历史的烟云之中，但他们的精神依然存在于商山，所以他说："多谢绮与甪，精爽今何如？"所谓"清谣"是指传为"四皓"所作的《采芝操》或称《四皓歌》（《乐府诗集》卷五十八），歌中唱道：

皓天嗟嗟，深谷逶迤。树木莫莫，高山崔嵬。岩居穴处，以为幄茵。晔晔紫芝，可以疗饥。唐虞往矣，吾当安归。

《赠羊长史》诗"紫芝"二句即由此歌脱化而来。但从这首诗，我们看不出诗人为国家统一而狂喜的情绪，也找不到对刘裕功业赞美，反而表现出对"四皓"隐逸的仰慕之情，这种感情是非常浓烈的。在这种意义上，我们可以说他是在用"四皓"自比。《桃花源记并诗》写桃源避秦的故事，虽然与《咏荆轲》诗讴歌的荆轲刺秦颇有不同，但精神本质却是相通的。我们读陶渊明《饮酒》二十首其二十："洙泗辍微响，漂流逮狂秦。诗书复何罪，一朝成灰尘。"可以发现陶公具有强烈的反对嬴秦暴政的倾向，他在骨子里乃是用嬴秦比拟刘宋。所谓"乃不知有汉，无论魏晋"，你只要把汉、魏、晋三朝去掉，嬴秦和刘宋就连上了，这是陶渊明借桃源人之口传写自己鄙斥刘宋的政治情怀。"四皓"避秦，陶公避宋，可谓异代同调，千古知音。当然，陶公对"四皓"的事迹津津乐道，实际上与桓玄和殷仲堪关于"四皓"的书面对话有关（事见《晋书》卷八十四《殷仲堪传》），因为陶公曾经担任桓玄的参军。殷仲堪称"四皓""养志岩阿，道高天下，秦网虽虐，游之而莫惧，汉祖虽雄，请之而弗顾"，如此则秦汉之际江山易代的光景，则亦仿佛重现于晋宋时代了。历史的风云变幻总是给人以似曾相识的感觉。陶公的"四皓情结"实缘于此。

陶渊明的《四八目》（宋刻递修本《陶渊明集》卷九）尤足以表明陶公对"四皓"事迹的谙熟及其相关知识的来源，在"四皓"的名下，他特别指出：

> 右"商山四皓"。当秦之末，俱隐上洛商山。皇甫士安云并河内轵人。见《汉书》及皇甫谧《高士传》。

《四八目》又称《圣贤群辅录》，经潘重规先生考证，这篇文献确实出自陶渊明的手笔（见其《圣贤群辅录新笺》，《新亚学术年刊》第七期，1966年9月），如果有人不服气的话，不妨和潘先生过过招。由《四八目》可知，陶渊明关于"商山四皓"的知识来自班固的《汉书》和皇甫谧的《高士传》，这是确凿无疑的。《汉书·王吉传序》载：

> 汉兴有园公、绮里季、夏黄公、甪里先生，此四人者，当秦之世，避而入商雒深山，以待天下之定也。自高祖闻而召之，不至。其后吕后用留侯计，使皇太子卑辞束帛致礼，安车迎而致之。四人既至，从太子见，高祖客而敬焉，太子得以为重，遂用自安。

陶渊明遵从这种记载，所以，在他的笔下，商山就是商山，与作为匡庐的别名"南山"无关。陶渊明是一位理性很强的诗人，他的思维是非常严密的，而人们所追捧的"沈氏别解"，用出土文物否定以《汉书》为代表的关于"商山四皓"的记载，而代以"南山四皓"，并以此来阐发陶诗"悠然见南山"的微言大义，进而得出"正可和'刑天舞干戚，猛志固常在'发生联系，用事虽不同，立意却相近"的结论，这样做就将陶渊明的思维逻辑和创作意旨歪曲了。我们解读前人的作品，必须还原到作家本人的语境中去，而不能以先入为主的方式随便把自己的主观倾向强加给创作的主体。清人谭献《复堂词录叙》说："作者之用心未必然，而读者之用心何必不然。"法国学者罗兰·巴尔特也曾经指出:"当我们谈论到在文学作品中我们爱好或相信爱好的东西时,牺牲的经常就是作家本人。"陶渊明在后人的解读中,已经付出了太多的"牺牲",所以,我们应该努力还原陶诗的本意和真意。

当然,对沈先生提出的"文史研究必需结合文物"的主张,我是非常赞同的。他说:"因为事事物物都在不断发展变化,文学、历史或艺术,照过去以书注书方法研究,不和实物联系,总不容易透彻。不可避免会纸上谈兵,和历史发展真实有一个距离。""单从文献看问题,有时看不出,一用实物结合文献来作分析解释,情形就明白了。"(沈从文《文史研究必需结合文物》,《花花朵朵坛坛罐罐——沈从文谈艺术与文物》,第14—20页)这些都是非常中肯的意见。其实早在民国时代,傅芸子所作《正仓院考古记》以日本正仓院所藏唐代文物解读唐诗中的相关描写,就是颇为成功的范例,在这方面,沈先生后来的研究成果就更值得重视。但是,对这种研究作家作品的路径,我们不可以无限扩大化,王静安"二重证据法"的前提是科学。所以,学术研究,贵在平实,贵在客观,贵在理性。桂纶翠饵者,往往失鱼;索于象外者,多失环中;过求幽眇者,难免荒唐;欲证甚深者,常有未谛;论甘忌辛、好丹非素者,更难免片面。因此,运用地下文物解读古典作品也必须具有科学性,解读者必须同时具有精准的文物知识以及高超的文学鉴赏能力和严密的逻辑思维能力,这三方面不可或缺。近半个世纪以来,大量地下文物的出土,为我们解读古典诗文平添了很多生动而有益的资料。所以,我一直主张建立一门文学考古学,将考古学成果与古典文学研究科学地嫁接。在此方面,西方学者在《圣经》考古方面的业绩,就很值得我们学习。当然,这是一个很大的学术课题,需要历史学、考古学和文学研究等领域的学者通力合作,不断进行探索。

(本文原载《中华读书报》2013年9月11日第15版)

多声部的交响
——陶渊明《九日闲居并序》的互文性建构

在传世的陶诗经典中,《九日闲居并序》的名气并不是太大,与《归园田居》五首其一、《饮酒》二十首其五之类的名作相比,人们对这首诗的关注实在是太少了:

> 余闲居,爱重九之名。秋菊盈园,而持醪靡由,空服九华,寄怀于言。
>
> 世短意常多,斯人乐久生。日月依辰至,举俗爱其名。露凄暄风息,气澈天象明。往燕无遗影,来雁有余声。酒能祛百虑,菊为制颓龄。如何蓬庐士,空视时运倾。尘爵耻虚罍,寒华徒自荣。敛襟独闲谣,缅焉起深情。栖迟固多娱,淹留岂无成?[①]

作品由序、诗两部分组成,结构清晰而整饬。诗序叙述了本诗的创作缘由,那就是诗人在重阳佳节之时,在秋菊盈园之际的无酒之憾,无论是有菊无酒,还是有酒无菊,都是令诗人遗憾的事,而回味这种遗憾则孕育着更加美好的诗意。这就像古代常见的表现"寻人不遇"的诗歌一样(如贾岛《寻隐者不遇》),"不遇"反比"遇"有更多

---

① 本文引用陶渊明作品,依据国家图书馆所藏宋刻递修本《陶渊明集》,"中华再造善本"丛书,集部,北京图书馆出版社 2003 年影印。

回味的余地。诗中"酒能""菊为"二句,乃互文见意,实际是说饮用菊花酒的美好情事。《陶渊明集》卷三《饮酒》二十首其七:"秋菊有佳色,裛露掇其英。泛此忘忧物,远我遗世情。一觞虽独进,杯尽壶自倾。"首二句固然化用了屈原《离骚》"朝饮木兰之坠露兮,夕餐秋菊之落英"的名句,但也表明了陶渊明确有饮用菊花酒的习惯。干宝《搜神记》卷二"贾佩兰"条说:"九月,佩茱萸,食蓬饵,饮菊花酒,令人长命。菊花舒时,并采茎叶,杂黍米酿之,至来年九月九日始熟,就饮焉,故谓之菊花酒。"陶渊明是养生家,所以喜饮菊花酒。一般认为,这首诗的创作背景与当时的江州刺史王弘有关。《宋书》卷九十三《陶潜传》:

> 义熙末,征著作佐郎,不就。江州刺史王弘欲识之,不能致也。潜尝往庐山,弘令潜故人庞通之赍酒具于半道栗里要之,潜有脚疾,使一门生二儿舁篮舆,既至,欣然便共饮酌,俄顷弘至,亦无忤也。……尝九月九日无酒,出宅边菊丛中坐久,值弘送酒至,即便就酌,醉而后归。

檀道鸾《续晋阳秋》[①]和萧统《陶渊明传》[②]也复述了陶潜九月九日无酒的雅事。《晋书·陶潜传》虽然没有记

[①] 《太平御览》卷996引。台湾商务印书馆1983—1986年影印文渊阁《四库全书》本。本文引用古籍之不注明版本者,皆为此本。
[②] 俞绍初:《昭明太子集校注》,中州古籍出版社2001年版,第191页。

载此事,却用更多的篇幅叙述陶、王的交往,并突显了陶潜的平易性格和过人气节。王弘字休元,出身琅邪临沂王氏家族,他的曾祖父就是东晋的王导丞相。他在义熙十四年(418),迁监江州豫州之西阳新蔡二郡诸军事、抚军将军和江州刺史,至元嘉四年(427)才离开江州之任[1],而陶渊明就在这一年的十一月去世了。《陶渊明集》卷二《于王抚军座送客》诗提到的王抚军就是王弘。据《晋书》卷六十七《郗鉴传》,王导的从弟抚军将军王舒曾经参与陶渊明的曾祖父陶侃为平定苏峻(?—328)之乱而发起的军事行动,他们曾经共同战斗,建功立业。陶、王的十年交谊与这段家族史当不无关系。琅邪王氏是晋人过江以后的第一高门,所谓"王与马共天下"足以表明以王导为代表的这一阀阅世家的重要地位。而晋代旧族人物之由晋入宋者,又以王弘的地位为最高。他侍奉了宋武帝和宋文帝两代君王,最后位居三公,而在他出任江州刺史的时候,已然是集政权和军权于一身的社稷重臣了。《陶渊明集》卷二《岁暮和张常侍》诗所说的"市朝凄旧人"的"旧人",就是指王弘这类出身于东晋名门而又服务于刘宋新朝的重要人物。这首诗的题旨本来是非常清晰的,但是,自南宋汤汉以来,由于某些人对"时运"一词的错误理解,导致了对这首诗的严重误读,如明宋濂《文宪集》卷十三《题

---

[1] 《宋书》卷四十二《王弘传》。

渊明小像卷后》说:

> 有谓渊明耻事二姓,在晋所作,皆题年号,入宋之诗惟书甲子,则惑于传记之说,而其事有不得不辨者矣。今渊明之集具在,其诗题甲子者始于庚子,而迄于丙辰,凡十有七年,皆晋安帝时所作,初不闻题隆安、元兴、义熙之号。若《九日闲居》诗有"空视时运倾"之句,《拟古》第九章有"忽值山河改"之语,虽未敢定于何年,必宋受晋禅之后所作,不知何故反不书以甲子耶?

在宋濂看来,《九日闲居》诗的"时运",是指国家命运,"时运倾"就是说晋朝国家命运的倾覆。案诗中"如何"二句,宋汤汉注:"'空视时运倾',亦指易代之事。淹留无成,骚人语也。今反之,谓不得于彼,则得于此矣。后'栖迟讵为拙'亦同。"[1]丁福保注曰:"言九日佳节,不可空过也,汤注谓指易代之事,失之。"[2]丁氏的意见是正确的。《陶渊明集》卷一《时运》诗序:"时运,游暮春也。春服既成,景物斯和,偶景独游,欣慨交心。"诗曰:"迈迈时运,穆穆良朝。"古直注:"《庄子·知北游》:'阴

---

[1] [宋]汤汉注:《陶靖节先生诗》卷二,"中华再造善本"丛书,集部,北京图书馆出版社 2003 年影印。
[2] 丁福保:《陶渊明诗笺注》卷二,台湾艺文印书馆 1960 年版,第 47 页。

阳四时运行,各得其序。''时运'二字盖本此。"[1]王叔岷又引魏繁钦《杂诗》"时运有盛衰"和晋孙楚《除妇服诗》"时运不停"[2]两句诗,足以坐实其说。关于前人对此诗的无端拔高,我们很容易破除,真正有意义的争论反映在清温汝能《陶诗汇评》卷二:

> 起五字包融无限,已领起通篇大意。沈确士谓:比古诗"人生不满百"二句,炼得更简、更遒。予谓陶诗不事雕饰,何曾着意研炼,而自尔渊雅含融,此陶之所不可及也。末言时运虽倾而游息多娱,与下"栖迟讵为拙"同意。于闲散无聊之况而反得此逸兴,一结寄托遥深,尤为高绝。[3]

沈德潜(字确士)的意见来自宋僧思悦:"古诗云:'生年不满百,常怀千岁忧',而陶渊明以五字尽之,曰'世短意常多'。东坡云:'意长日月促',则倒转陶句尔。"[4]他认为这首诗妙在"炼",巧于构思,精于锤炼,而温氏则认为这首诗妙在"不炼",即不事雕琢、不饰研炼,自然而然就达到了"渊雅含融"的诗学境界。清朱庭珍说:"陶诗独绝千古,在自然二字。盖自然者,自然而然,本

---

[1] 古直:《陶靖节诗笺定本》卷之二,台湾广文书局1964年版,第35—36页。
[2] 王叔岷:《陶渊明诗笺证稿》,中华书局2007年版,第10—11页。
[3] 高建新:《〈陶诗汇评〉笺释》,内蒙古教育出版社2010年版,第65页。
[4] 同上。

不期然而适然得之，非有心求其必然也。此中妙谛，实非功夫。"[1]朱氏的意见正与温氏相类，这种意见在陶诗批评中处于绝对的强势。究竟孰是孰非？我们且看古直对这首诗的笺注[2]：

例序	原文	笺注
1	余闲居	《孝经》曰："仲尼闲居，曾子侍坐。"《礼记》有"孔子闲居"篇。闲居二字本此。
2	空服九华	九华者，九日之黄华也。《离骚》："夕餐秋菊之落英。"服，犹餐也。有华无酒，故云空服。
3	世短意常多，斯人乐久生	汤注："《幽通赋》：道修长而世短。"李注："古诗云：人生不满百，常怀千岁忧。而渊明以五字尽之，曰：世短意常多。东坡曰：'意长日月促'，则倒转陶句耳。"直案：《列子杨朱篇》："理无久生。况久生之苦。"
4	日月依辰至，举俗爱其名	《艺文类聚》四引魏文帝《九日与钟繇书》曰："岁往月来，忽复九月九日。九为阳数，而日月并应。俗嘉其名，以为宜于长久。"
5	往燕无遗影，来雁有余声	《月令》："季秋之月，鸿雁来宾。"
6	酒能祛百虑，菊解制颓龄	《太平御览》五十四引《风俗通义》曰："南阳郦县有甘谷，水甘美。云其山上大有菊华，仰饮此水，上寿百二三十，中者百余岁，七八十名之为夭。菊华轻身益气，令人坚强故也。"又魏文帝《九日与钟繇书》："至于芳菊纷然独荣，辅体延年，莫斯之贵。谨奉一束，以助彭祖之术。"
7	尘爵耻虚罍，寒华徒自荣	《小雅》："瓶之罄矣，维罍之耻。"

---

[1] 转引自北京大学北京师范大学中文系、北京大学中文系文学史教研室编：《陶渊明资料汇编》，上册，中华书局1962年版，第255页。
[2] 古直：《陶靖节诗笺定本》卷之二，台湾广文书局1964年版，第35—36页。

例序	原文	笺注
8	敛襟独闲谣，缅焉起深情	《国语楚语》："缅然引领南望。"韦注："缅，犹邈也。"
9	栖迟固多娱，淹留岂无成	《楚辞九辩》："蹇淹留而无成。"

在这里，古直两次引用了魏文帝的《九日与钟繇书》[①]，我们再将《九日闲居》诗与这封信的若干语句加以对比：

例序	《九日闲居》	《九日与钟繇书》
10	秋菊盈园，而持醪靡由，空服九华，寄怀于言	故屈平悲冉冉之将老，思餐秋菊之落英
11	九日闲居	岁往月来，忽复九月九日
12	斯人乐久生	以为宜于长久，故以享宴高会
13	露凄暄风息，气澈天象明	含乾坤之纯和，体芬芳之淑气
14	寒华徒自荣	至于芳菊，纷然独荣

上举例4、例6以及例10—14足以表明《九日闲居》诗是对《九日与钟繇书》的重写，而另外七例也是这一诗歌文本的肌体内隐藏的"异物"。这种情况用传统的渊源考证方法已经不足以说明问题了，因为就一首诗而言，如果其全篇几乎都胎袭前人之作，那么，这就涉及了这一诗歌文本的生成机制问题，或者说由这首诗所显现的诗人总

[①] [清]严可均校辑：《全三国文》卷七，《全上古三代秦汉三国六朝文》，第4册，中华书局1958年版，第1088页。

体的创作机制问题。这就是互文性写作。

互文性是法国学者朱丽娅·克里斯蒂娃在当代西方后现代主义文化思潮中首先提出的一个概念。她认为,任何一个单独的文本都是不自足的,任何文本都是一种互文,都是对其他文本的吸收与转化,它的意义在与其他文本交互参照、交互指涉的过程中产生,相关的经典性的表述是:"任何文本的构成都仿佛是一些引文的拼接,任何文本都是对另一个文本的吸收和转换。互文性概念占据了互主体性概念的位置。诗性语言占据了互主体性概念的位置。诗性语言至少是作为双重语言被阅读的。"[①] 这种被吸收和转化的文本称为"底文"(soustexte,也就是"文下之文")或者"互文本"[②],也就是热奈特《隐迹稿本》所说的"一篇文本在另一篇文本中切实地出现"[③]。《九日闲居》诗的整篇文本几乎都来自其他文本,如果没有对《庄子》《礼记》《列子》《国语》《孝经》《诗经》《楚辞》和《古诗》等文本的深度吸纳,如果没有对《九日与钟繇书》的全面转化,这篇圆融典雅的诗歌文本就不能形成,而离开这些嵌入作品内部的底文,我们也就不可能真正了解和理解这

---

① 〔法〕克里斯蒂娃:《巴赫金,词语、对话和小说》,转引自秦海鹰:《互文性理论的缘起与流变》,《外国文学评论》,2004年第3期。
② 〔法〕蒂费纳·萨莫瓦约:《互文性研究》,邵炜译,天津人民出版社2003年版,第85页、第30—31页。
③ 转引自蒂费纳·萨莫瓦约:《互文性研究》,第19页。

首陶诗。乌里奇·布洛赫说:"既然一部作品是互文的组合,那么读者就要在文本中读入或者读出自己的意义,即从众声喧哗中选择一些声音而抛弃另一些声音,同时加入自己的声音。"[1]确实,我们从这首静穆的诗中读出了"众声喧哗"的情调:在陶渊明那流连于栖迟之境的深情绵邈的主旋律的吟唱之下,还跃动着众多文化之声的交响。所以,我们可以把这首短诗视为一篇"多声部"的诗歌文本,犹如一首多声部的交响曲在我们的耳边激扬。诗中的底文是彼此交织、相互渗透的,并不存在明显的分界。这些底文主要来自儒家和道家经典。由此我们可以看到,陶渊明在吸收道家养生思想的同时,也接受了儒家思想的影响,儒道双修,外儒内道,正是陶公的本来面目。如果陶公的这首诗浓如醇酒的话,那么,苏轼的拟作则淡如清水了,我们读《东坡全集》卷三十一《九日闲居》诗:

明日重九,雨甚,展转不能寐,起坐索酒,和渊明一篇。醉熟昏然,殆不能佳也。

九日独何日,欣然惬平生。四时靡不佳,乐此古所名。龙山忆孟子,栗里怀渊明。鲜鲜霜菊艳,溜溜糟床声。闲居知令节,乐事满余龄。登高望云海,醉觉三山倾。长歌振履商,起舞带索荣。坎轲识天意,淹留见人情。但愿饱秔稌,年年乐秋成。

---

[1] 转引自陈永国:《互文性》,《外国文学研究》,2003年第1期。

开篇第一句已是没话凑话,拙劣至极,其境界与陶公原作相去何止千万里!可以肯定,苏轼的拟陶诗全部都是失败的。其实陶渊明既是模拟的圣手,又是反模拟的专家,陶诗是根本不可模拟的,给陶渊明充当文学侍从没有任何意义。以上我们对陶渊明《九日闲居》诗的互文性解读足以表明这一点。

互文性的学术视境,使我们窥见了一个极为复杂的陶渊明的文学世界。文学的记忆诚然是厚重的,而且注定要浸润每个创作主体的记忆,但它的层层累积永远为新的作品做着铺垫。在人类文学史上,任何一位作家的心中都不可避免地晃动着另外一些经典作家的身影。在文学的汤汤河流中,前波与后波总是相续不断的。没有人能够隔断或割断与既有的文学传统的联系。因此,每位作家在影响的焦虑中,都要或多或少地、有意无意地追步前人的踪迹。对创作主体而言,影响的焦虑也是一种动力,它压扁了文学领域的小才,却激发出了创造文学正典的大才。哈罗德·布鲁姆说:"伟大的作品总不外是重写或重新检视的行为,它以解读为基础,此一解读为自我辟出空间,或是将旧作重新开启以承接我们新的苦楚。"[①] 优秀的作家首先是优秀的读者。没有陶渊明对《九日与钟繇书》等作品的解读,

---

① 〔美〕哈罗德·布鲁姆:《西方正典》,江宁康译,译林出版社 2011年版,第30页。

就没有诗人自我的艺术空间，也就没有这首超世迈俗的《九日闲居》诗：理智的清晰，情感的活跃，思想的自由，举止的庄重，趣味的高雅，道德的完善，自然的和谐，气度的雍容，构成了光明澄澈、怡人心目的美学境界。陶渊明对前人文化成果的认真学习、充分继承和深度转化及其为此所付出的辛勤劳作是不容遮蔽的。真正的文学研究者必当理解这位伟大作家的苦楚与辛劳。陶渊明是集诗人、学者、历史家和哲学家于一身的文化巨人。他的经典作品都是千锤百炼、百炼千锤的艺术结晶。伟大艺术家的惨淡经营与伟大诗人的旷世奇才，使其创造了永恒的不朽的辉煌。而只有深入探索陶渊明的互文性创作机制，才能真正展现其文学经典的原旨，才能真正认识其在人类文学史乃至文化史上的重要意义。"一首诗的意义只能是另一首诗。""批评是摸清一首诗通达另一首诗的隐蔽道路的艺术。"[1]让我们在互文性的文学批评之路上继续前行。

（本文原载《名作欣赏》2014年上旬第8期）

---

[1] 〔美〕哈罗德·布鲁姆：《影响的焦虑》，徐文博译，三联书店1989年版，第101、102页。

"中国人宗教的精髓"
——《五斗米与白莲教：对陶渊明的宗教文化解读》自序

文学是人学。我们的大千世界就悬挂于人类心灵的细细红线之上。曾经的魏晋南北朝的历史告诉我们，尽管人类的理想是美好的，但每个人所面对的现实却可能是残暴的，而所谓英雄史也不过是无数魔鬼用毁坏的人生理想铺成的道路。在这条道路之上，劳苦和危难是与人生常伴的，尽管每位生命个体存在的时间都十分有限。"万化相寻绎，人生岂不劳！"（陶渊明《己酉岁九月九日》）"拥劳情而罔诉，步容与于南林。"（陶渊明《闲情赋》）就生命的历程而言，每个人都是缀网的劳蛛——或者忙碌不休，或者痛苦到死，如此而已。然而，在这与劳俱生与忧俱存玉石俱焚的生命历程中，来自信仰世界的慰藉又常常扣动人们的心扉——仿佛是空山的灵雨，仿佛是自在的飞花，仿佛是满城的风絮：美的存在，祛除了丑的蛮横给人心带来的阴翳，在迷离惝恍的氛围中，人们似乎产生了别样的感觉：世界给人多少苦难，就会给人多少圆满。因此，同属于人类的精神现象并由此形成了特殊的精神史，宗教与文学一向具有极为的密切关系，作家的宗教感也常常是其文学创作的原动力之一。古今中外皆是如此，陶渊明也不例外。宗教感赋予陶渊明以一种参透了自然智慧之后的宽广与和谐，那是一种个体生命回归于丰富之后的宁静——在看清了历史与社会的真相之后,仍然热爱生活,并以如椽的诗笔书写生活、情感和思想,由此而获得了人格的尊严、文化的尊严和历史的尊严,并且产生了永恒的精神魅力。但是,宗教本身也并不完美,宗教的理论与宗教的实践也并不完全对应,陶渊明面对晋宋时代的宗教世界,自有其特殊的文化抉择和践履方式。而深入研究这方面的问题,也正是本书的任务。

学界对陶渊明与宗教之关系的关注,萌芽于宋代。自宋代以来,文化界特别是佛教界多有陶渊明与庐山东林寺佛教(莲宗)的传闻,同时也涉及了谢灵运,如《东林十八高贤传·不入社诸贤传》载:

> 陶潜,字渊明,晋大司马侃之曾孙。少怀高尚,著《五柳先生传》以自况,时人以为实录。初为建威参军,谓亲朋曰:"聊欲弦歌,为三径之资。"执事者闻之,以为彭泽令。郡遣督邮至县,吏白应束带见之,潜叹曰:"吾不能为五斗米折腰!拳拳事乡里小人耶?"解印去县,乃赋《归去来》。及宋受禅,自以晋世宰辅之后,耻复屈身异代。居寻阳柴桑,与周续之、刘遗民并不应辟命,世号"寻阳三隐"。尝言夏月虚闲,高卧北窗之下,清风飒至,自谓羲皇上人。性不解音,畜素琴一张,弦徽不具,每朋酒之会,则抚而和之,曰:"但识琴中趣,何劳弦上声!"尝往来庐山,使一门生、二儿舁篮舆以行。时远法师与诸贤结莲社,以书招渊明。

渊明曰："若许饮，则往。"许之，遂造焉。忽攒眉而去。宋元嘉四年卒。世号靖节先生。

谢灵运，祖玄，有功晋室。灵运为康乐公主孙，袭封康乐公。文章为江左第一。尝着木屐，上山则去前齿，下山则去后齿。寻山陟岭，必造幽峻。至庐山，一见远公，肃然心伏。乃即寺筑台，翻《涅槃经》，凿池植白莲。时远公诸贤同修净土之业，因号白莲社。灵运尝求入社，远公以其心杂而止之。

谢客与远公之关系甚密，其《佛影铭并序》和《庐山慧远法师诔》可证，《高贤传》称"远公以其心杂而止之"并非事实；关于陶公与远公的关系，本书有详细考辨，此不赘述。需要特别说明的是，这类晚出的并不可靠的记载（酒戒是佛家五戒之一，慧远法师不会允许入社者喝酒的，陶公与谢客也并不相识），正是讨论陶渊明与佛教之关系的开端，所以也很值得关注。

1929 年，著名神学家和宗教教育家赵紫宸（1888—1979）神父在《真理与生命》杂志（民国十八年第四卷第三期）上发表了《陶诗中的宗教》（后收入《赵紫宸文集》第三卷，燕京研究院编，商务印书馆 2006 年版，第 397—409 页）一文，为陶渊明的宗教学研究拉开现代性的序幕。在这篇文笔隽美、情感充盈、富有诗意的学术专论中，赵神父以一种特殊的泛宗教观阐发陶诗的人学意义和美学风格，可谓振聋发聩，令人拍案叫绝。他盛赞陶渊明是"中国人的先知"，盛赞《饮酒》其五是"中国人宗教的精髓,与夫这个宗教的《圣经》",他指出:"陶诗简妙,故美;自然,故真;执定精神生活的超乎物质而呈其伟大的自由,故善。凡读陶诗的人,总多少能觉陶渊明是怎样一个人。他的诗无处不表显他的毫无矫励,无处不表显他的至性至情。因为他人格的伟大,所以他的诗里便毫不隐藏地示现出他生活的冲突与融洽来。没有冲突,生命便不须有融洽,不能有统一。由冲突而奋达于融洽统一,执所是,可以建天地,质鬼神,俟百世,那的确是宗教的本质。""人的精神要扩展张大,将他人的美情美德席卷而纳诸其中,也将自己的美情美德推而纳诸他人的精神中,将天地的神秀收集于一心,也将一心归之于天地的神秀。这就是美善真切的人生,这也就是统一人生的宗教。由这一点看,陶诗便满溢了宗教。"而其如此立说的认知前提则在于:"信仰与时代是互相推移的,一个时代若有纯正高尚坚确强健的信仰,这个时代就可避免痛苦,保持正义与和平。时代若虚夸自大,或专持科学的理论,以自然解释一切,把人生价值,作为人造的东西,一切人群社会的现象就必因虚矫无根而入于不可收拾的破灭。信仰萎顿,人站在宗教的乱砾荒墟之上,结果必是大乱。"真正的文学和文学家都生成于一个具有强大信仰力量的精神世界,这种信仰力量乃是推动人类进步的正能量。西方文学与基督教的关系,阿拉伯文学与伊斯兰教的关系,我国古典文学与佛、道二教的关系,都足以证明这一点。

1944年，陈寅恪（1890—1969）先生在《历史语言研究所集刊》上发表了著名的《〈魏书·司马睿传〉"江东民族"条释证及推论》一文，经他考证，浔阳陶氏属于信仰天师道（即五斗米道）的家族。而在1945年，陈先生以单行本的形式发表了他的另一篇宏文《陶渊明之思想与清谈之关系》（哈佛燕京学社出版单行本，后收入《金明馆丛稿初编》，三联书店 2001年版，第 201—229 页），从中古思想史的角度进一步深化了其关于陶渊明乃是五斗米教徒的学说。1976年，美国明尼苏达大学出版部出版了著名汉学家马瑞志（Richard B. Mather，1913—2014）教授的《世说新语》英文译注本，他在该书的长篇序言《〈世说新语〉的世界》中指出：

> 崇尚自然者和遵奉名教者具有不同的倾向，既然书中可以粗略析分的人物提供了这样一块方便的试金石，那就让我们对分布于各个文化细节上的这两种思想意识继续进行考查。从某种意义上看，这个历史阶段一切文学的、知识的、宗教的趋向都可以从这双重的观点中得到细致的审视。田园诗人和小品文作家赞美退隐和宁静的韬晦之德，并为后一阶段田园诗的产生奠定了基础。在一定程度上，他们甚至从同时期保守作家的桎梏中解放出来，而以较强的自发性偏爱五言诗，远胜于对嗜古成癖的诗人潘岳（247—300）的欣赏。《世说》第4门第71条提取了他的《家风诗》，这首诗在沉重的四言音步中充满了儒学的训诫。

没有什么可以显示信奉天师道以何种方式影响一个人对于流行的思想倾向的态度。书法家王羲之的天性是无拘无束的，却被不可移易地交托于官场的冗政繁务之中。他还曾经指责年轻的谢安试图做一个遁世者以逃避对于国家和苍生应尽的责任。而威严苛厉的将军陶侃的后人陶潜（卒于公元427年）也以天师道徒的身份进行创作，成为整个时代自然与脱俗的最高典范。

马先生首先从上边提到的陈氏的前一篇论文出发，同时参采了后一篇论文的主要观点，其关于中古士人"崇尚自然者和遵奉名教者"的二分法即源于此文。马先生认为陶渊明的文学创作是建立在天师道信仰的基础上的，而陈寅恪则指出：

> 又渊明虽不似主旧自然说者之求长生学神仙，然其天师道之家传信仰终不能无所影响，其《读〈山海经〉》诗云："泛览周王传，流观山海图。"盖《穆天子传》《山海经》俱属道家秘籍，而为东晋初期人郭璞所注解，景纯不是道家方士，故笃好之如此，渊明于斯亦习气未除，不觉形之吟咏，不可视同偶尔兴怀，如《咏荆轲》《咏三良》《读史述》《扇上画赞》之类也。兹论渊明思想，因并附及之，以求教于读陶诗者。

其实，偶尔兴怀的文字在陶渊明的作品中是不存在的，那些诗人公开标榜偶尔成篇的作品实际上充满了诗人故意散布的诗学迷雾，特别是他涉及饮酒的诗作，诚如陈寅恪所言：

> 又《五柳先生传》为渊明自传之文。文字虽甚短，而述性嗜酒一节最长。嗜酒非仅实录，如见于诗中《饮酒》《止酒》《述酒》及其关涉酒之文字，乃远承阮、刘之遗风，实一种与当时政权不合作态度之表示，其是自然非名教之意显然可知，故渊明之主张自然，无论其为前人旧说或己身新解，俱与当日实际政治有关，不仅是抽象玄理无疑也。

这些饮酒之作，都体现了一种"是自然非名教"的意旨。这一点又与其家族世袭之五斗米信仰密切相关。

2009年，我发表了《陶渊明的宗教信仰及相关问题》（《文史》2009年第3期）一文，在陈寅恪先生研究的基础上全面地考证了陶渊明与五斗米教的关系，比较彻底地完成了相关的学术论证，得到了中古史学界的肯定。当然，有的学者认为陶渊明是佛教徒，其诗文深受佛教的影响，倡导此说最力的是丁永忠教授的《陶诗佛音辨》（四川大学出版社1997年版）一书。我则认为，陶渊明不是佛教徒，也没有佛教信仰，但是，其某些作品在艺术形式上却吸纳了佛教文艺的某些因素，此二者不可混为一谈；同时，陶渊明与莲社的关系又是极其复杂的。后来，我在《拒斥与吸纳：论陶渊明与庐山佛教之关系》(《国学研究》,第 23 卷,北京大学出版社 2009 年版,第 199—296 页)一文中集中阐发了这一观点。本书就是在以上两个长篇论文的基础上形成的。

蒙文通(1894—1968)先生在其《治学杂语》中说:"做学问犹如江河行舟,会当行其经流,乘风破浪,自当一泻千里。若苟沿边逡巡,不特稽迟难进,甚或可能误入洄水沱而难于自拔。故做学问要敢抓、能抓大问题、中心问题,不要去搞那些枝枝节节无关大体的东西,谨防误入洄水沱。"在我看来,陶渊明与宗教的关系问题既是"大问题",也是"中心问题",自然也是中古文学研究的一个难题。赵紫宸神父指出:

> 当先生之时,清玄之说尚,禅静之见出。这些思想在先生身上,不无影响。但是先生虽属清逸平旷,却不为玄理所拘萦,绝无当时时彦那般满口清谈、五肠中热的习染;虽有白莲社的接近——叩禅关、谒远公的韵事,过虎溪、语道旨的胜概,却不为禅说所牵羁,绝无假借禅机以为生平慰藉之资的懦弱。从他那晶莹澄澈的襟度来看,道家佛家的气韵似已融化汇荡成了他的人格。他的人生观里究竟有多少佛道的成分,我们不易分析出来。我们知道他的努力立行,实出于儒家思想与生活的熏陶培养。他的博大是在于能容而不杂,能采而不辟,能了悟而不失其主持。

而我所做的工作，就是将陶渊明及其作品中"佛道的成分"明确地"分析出来"。我特别喜欢研究难度大的问题，因为其中可能蕴藏着更为重要的学术史和文化史意义。就目前的研究而言，我已经穷尽所能见到的所有文献了，不知以后是否会有新的材料补充。我相信自己没有"误入洄水沱"。无论如何，本书需要得到读者的批评，因为任何学术著作都要接受历史的检验。

2020年1月24—26日序于北京五柳斋，夜晚；西班牙马德里之Hyatt Centric（凯越宾馆）601房间，Gran Via（格拉维亚大街），下午。

（本文是作者《五斗米与白莲教：对陶渊明的宗教文化解读》一书的自序，该书由凤凰出版社出版）

陶诗：没有钟声
——《五斗米与白莲教：对陶渊明的宗教文化解读》后记

陶渊明的文学世界是一个音声缭绕的世界。譬如，置身于他的文学世界之中，我们很容易听到鸟的鸣啭。鸟是大自然的歌唱家，鸟的歌声，正如同诗人的吟唱。《陶渊明集》卷八《与子俨等疏》：

> 少学琴书，偶爱闲静，开卷有得，便欣然忘食。见树木交荫，时鸟变声，亦复欢然有喜。

在葱郁的繁荫中，栖止的鸟类经常发生改变，对这种改变，诗人因鸟声的变化而得以察觉。谢灵运《登池上楼》诗中的名句"池塘生春草，园柳变鸣禽"（《昭明文选》卷二十二），正可为以上陶公的后三句话作注脚。因为陶渊明"少学琴书"，这种童子功必然使他具有良好的音乐修养和敏锐的音乐感悟能力。史书说他"性不解音律"，与陶公诗文的这种自述其实存在着很大的冲突。尽管陶公的诗文中激扬着鸟的欢歌，尽管他生活在香火鼎盛的庐山脚下，他的诗文里却没有一点钟声。这是一个奇特的现象。我们读六朝诗，如：

> 善诱宗学原，鸣钟霭幽抱。（谢朓《奉和竟陵王同沈右率过刘先生墓》）

> 听钟声而致敬，寻香馥以生心。（徐陵《谏仁山深法师罢道书》）

> 阶下云峰出，窗前风洞开。隔岭钟声度，中天梵响来。（庾信《和从驾登云居寺塔》）

均可听到寺院的钟声。当然，赏爱佛钟的诗人未必是佛教信徒，如唐人张继的《枫桥夜泊》：

> 月落乌啼霜满天，江枫渔火对愁眠。
> 姑苏城外寒山寺，夜半钟声到客船。

元人陈孚的《烟寺晚钟》：

> 山深不见寺，藤阴锁修竹。
> 忽闻疏钟声，白云满空谷。
> 老僧汲水归，松露堕衣绿。
> 钟残寺门掩，山鸟自争宿。

但是，对东林寺的钟声，陶渊明好像是充耳不闻，没有只字描写。何以如此？元代学者李公焕在陶渊明《杂诗》十二首其六之后叙述了一些陶渊明的轶事：

> 初庐山东林寺主释慧远集缁素百二十有三人，于山西岩下般若台精舍，结白莲社，岁以春秋二节，同寅协恭，朝宗灵像也。及是秋七月二十八日，命刘遗民撰《同誓文》，以申严斯事。其间誉望尤著为当世推重者，号社中十八贤（刘遗民、张诠、雷次宗、宗炳、

周续之、张野等预焉)。时秘书丞谢灵运才学为江左冠，而负才傲物，少所推挹，一见远公，遽改容致敬，因于神殿后凿二池，植白莲，以规求入社。远公察其心杂，拒之。灵运晚节疏放不检，果不克令终。中书侍郎范宁直节立朝，为权贵谮忌，出守豫章，远公移书邀入社，宁辞不至，盖未能顿委世缘也。靖节与远公雅素，宁为方外交而不愿齿社列，远公遂作诗博酒，郑重招致，竟不可诎。按梁僧慧皎《高僧传》："远公持律精苦，虽豉酒米汁及蜜水之微，且誓死不犯。"乃钦靖节风概，顾我能致之者，力为之不暇恤，靖节反麾而谢之，或与樵苏田父，班荆道旧，于何庸流能窥其趣哉？靖节每来社中，一日谒远公，甫及寺外，闻钟声，不觉颦容，遽命还驾。法眼禅师《晚参示众》云："今夜钟鸣，复来有何事？若是陶渊明，攒眉却回去。"此靖节洞明心要，惟法眼特为揄扬。张商英有诗云："虎溪回首去，陶令趣何深。"谢无逸诗云："渊明从远公，了此一大事。下视区中贤，略不可人意。"远公居山余三十年，影不出山，迹不入俗，送宾游履，常以虎溪为界，他日偕靖节、简寂禅观主陆修静语道，不觉过虎溪数百步，虎辄骤鸣，因相与大笑而别。石恪遂作《三笑图》，东坡赞之；李伯时《莲社图》，李元宗纪之；足标一时之风致云。(《笺注陶渊明集》卷之四)

据李公焕引述的传说，陶渊明似乎特别不喜欢佛寺的钟声，职此之故，陶诗里自然也就没有佛钟的鸣响了。陈寅恪在《〈魏书·司马睿传〉"江东民族"条释证及推论》一文中考证溪人的缘起，推论"溪之一族似亦属天师道信徒"，"此点与陶渊明生值晋宋之际佛教最盛时代，大思想家如释惠远，大文学家如谢灵运，莫不归命释迦，倾心鹫岭，而五柳先生时代地域俱与之连接，转若绝无闻见者，或有所关涉"。依照此说，我们对陶渊明不喜闻佛寺钟声一事，或许可以得到合理的解释。

对这个貌似缺失的文学现象的发现，来自我对陶渊明作品文本的细致体察。陶诗真的不易读懂，因为陶诗无一字无来处。譬如，我最近一年通读《史记》，看到卷一百七《魏其武安侯列传》有这样的话："武安由此滋骄，治宅甲诸第。田园极膏腴，而市买郡县器物相属于道。前堂罗钟鼓，立曲旃；后房妇女以百数。诸侯奉金玉狗马玩好，不可胜数。"由"田园""前堂""后房"，我忽然联想到《归园田居》的诗题以及五首其一的两句诗："榆柳荫后檐，桃李罗堂前。"原来，陶渊明是暗中将自己与历史上的武安侯对比！陶渊明有《读史述》九章，其序曰："余读《史记》，有所感而述之。"可见陶渊明是熟读《史记》的。杨恽是司马迁的外孙。过去，我曾经从杨恽的"种豆诗案"出发阐释《归园田居》五首其三"种豆南山下"的真意，近日的小小发现正可补充过去的观点。所以，"读书贵能钻进去，并不在于读罕见的书，要能在常见书中读出别人读不出来的问题。宋刻元椠并不足贵,章太炎就常说他是读洋板书的人"(蒙文通《治学杂语》)。其实,过去黄永年先生也有类似的观点。大约是在1992年的春天,我兴冲冲地抱着一部在民间发现的明代世德堂刊本《荀子》跑到黄先生家,当时他瞧了瞧那部书,然后对我说:"做学问不能靠稀见的古籍文献,关键是要能够读常见书,并且从书中发现别人没有发现的问题。像陈寅恪先生,他读的书至少有百分之九十都是常见的,他的文章里没有什么冷僻的材料。但是,他却能够发现并且解决中古史的很多重大问题。至今,中古史学的基本研究框架还是陈先生确立的。"黄先生早已作古,我也年过半百,但他的这番话语仍然如洪钟在耳,袅袅纡回。

　　研究陶渊明要付出很多辛苦,最基本的要求是必须通读陶渊明以前出现的所有著作并且熟读《宋书》和《晋书》。所以,在六十岁以前,我的主要精力恐怕都要奉献给陶渊明了。"做学问必选一典籍为基础而精熟之,然后再及其他。有此一精熟之典籍作基础,与无此一精熟之典籍作基础大不一样。无此精熟之典籍作基础,读书有如做工者之以劳力赚钱,其所得者究有限。有此精熟之典籍作基础,则如为商者之有资本,乃以钱赚钱,其所得将无限也。"(蒙文通《治学杂语》)正如《世说新语》和刘孝标《世说注》一样,《陶渊明集》也是我"精熟之典籍",有"此精熟之典籍作基础",使自己避免了在治学道路上的流浪无依。所以,"屏气凝神读透了陶渊明的诗"(赵紫宸神父语),我是劳累的，我也是幸福的。

  2020年1月24—26日记于北京五柳斋，夜晚；西班牙马德里之Hyatt Centric（凯越宾馆）601房间，Gran Via（格拉维亚大街），深夜。此时此际，祖国有难，心如汤煮，东方未晓，此情何极！

  （本文是作者《五斗米与白莲教：对陶渊明的宗教文化解读》一书的后记，该书由凤凰出版社出版）

《归去来与桃花源：对陶渊明的政治解读》引言

作家与政治的关系是一个老话题。就我国的文学传统而言，从屈原到曹雪芹，都与其时代政治密不可分，而西方的文学传统，从维吉尔、但丁、莎士比亚到巴尔扎克等等，也都是如此。伟大的作家，都善于撷取政治资源以为己用，从而能够生动地描绘人间万象，并深刻地表达对世界对社会对人性的关爱。陶渊明也不例外。但是，尽管有关陶渊明的研究成果汗牛充栋，其与晋宋时代政治的关系，却并未得到准确的还原和科学的认知。人们在追捧陶诗的自然妙趣的时候，对其人其诗的政治内涵却重视不够；同时，某些喜欢钩沉索引的人，又常常从单一的君臣政治的角度对其人其诗进行过度的阐释。明人黄文焕《陶诗析义自序》说："古今尊陶，统归平淡；以平淡概陶，陶不得见也。析之以练字练章，字字奇奥，分合隐现，险峭多端，斯陶之手眼出矣。锺嵘品陶，徒曰隐逸之宗；以隐逸蔽陶，陶又不得见也。析之以忧时念乱，思扶晋衰，思抗晋禅，经济热肠，语藏本末，涌若海立，屹若剑飞，斯陶之心胆出矣。若夫理学标宗，贤圣自任，重华、孔子，耿耿不忘，六籍无亲，悠悠生叹，汉、魏诸诗，谁及解此？斯则靖节之品位，竟当俎豆于孔庑之间，弥朽而弥高者也。开此三例，悬之葛年，佳咏本原，方免埋没。否则维摩、韦、孟，群附陶派，谁察其霄壤者！"①无论是"以平淡概陶"，还是以"忠愤"解陶，都是我国已经形成的陶渊明批评传统。清人陈沆在《诗比兴笺》卷二中指出："案读陶诗者有二蔽：一则惟知《归园》《移居》及田间诗十数首，景物堪玩，意趣易明，至若《饮酒》《贫士》，便已罕寻，《拟古》《杂诗》，意更难测，徒以陶公为田舍之翁、闲适之祖，此一蔽也；二则闻渊明耻事二姓，高尚羲皇，遂乃逐景寻响，望文生义：稍涉长林之响，便谓采薇之吟，岂知考其甲子，多在强仕之年，宁有未到义熙，预兴易代之感？至于《述酒》《述史》《读〈山海经〉》，本寄愤悲，翻谓恒语，此二蔽也。"②相比之下，陈氏所言更为中肯。其实无论是"自然说"，还是"忠愤"说，均对陶渊明其人其诗有所遮蔽；前者流于表象，后者迷于忠君。苏轼说："渊明作诗不多，然其诗质而实绮，癯而实腴，自曹、刘、鲍、谢、李、杜诸人皆莫及也。"③东坡此言确实深刻地揭示了陶诗的思想艺术特质。而在我看来，自然的哲理性与社会的政治性，实际是构成陶诗内涵的两大主要因素。

关于陶渊明与晋宋政治关系的研究，开始于宋代，如

---

① 《陶渊明资料汇编》，上册，中华书局1962年版，第152页。
② 上海古籍出版社1981年版，第76页。
③ 苏辙（1039—1112）《追和陶渊明诗引》，《东坡全集》卷三十一《和陶诗七十八首》。

汤汉关于《述酒》诗的考辨以及朱熹关于《咏荆轲》诗的评析等等，而此方面具有现代性的研究由鲁迅先生开其先河，那就是他著名的演讲《魏晋风度及文章与药及酒之关系》。1927年7月18日，广州市教育局主办的广州夏期学术演讲会在广州市立师范学校礼堂开幕，随后在7月23日、26日，鲁迅先生进行了演讲。这篇演讲的记录稿最初发表于1927年8月11、12、13、15、16、17日广州《民国日报》副刊《现代青年》第173至178期，改定稿发表于1927年11月16日《北新》半月刊第2卷第2号，后来收入《而已集》当中。借谈论魏晋的话题，鲁迅强烈批判了国民党政府统治下的黑暗社会，鲁迅在1928年12月30日致陈浚的信中说："在广州之谈魏晋事，盖实有慨而言。"从魏晋到民国，士人的血泪一直在流淌。"而已，而已"也正是鲁迅针对"四一二大屠杀"发出的呐喊。鲁迅对陶渊明的评论，实际为陶渊明研究指出了另外一条道路，我们应当沿着这条道路奋力前行，那就是陈寅恪式的以史解诗，诗史互证，以现代的理性分析遥接诗人的心灵于千载之上，通过掘发诗人心灵的隐微，还原人类心灵追求自由独立的历史，由此彰显陶诗所具有的特殊的人文精神以及由此铸就的精神史意义。毫无疑问，政治是推动陶渊明运转其文学世界的轴心力之一。陶渊明的文学成就与他一生五次为官的政治阅历也是密不可分的，因为一个不懂政治的人永远不会超越政治，一个没有政治情怀的人也永远不会有回归田园的梦想，陶渊明能够成为"古今隐逸诗人之宗"，能够创写田园诗，也是由其政治阅历和政治素养所决定的。同时，陶渊明的诗显示了一种充满爱意的道德力量。他的作品通常不是外部世界的直接投影，诗人也绝不是时代风气的奴仆。他的作品充满了柔情，也激荡着力量，正如莎翁和托翁一样。人道主义的具有当下意义的博爱与个体主义的超然世外的情怀完美结合，使他的作品成为不朽的经典。陶渊明是中国诗史的一座巅峰。站在陶渊明的角度和陶渊明的高度，无疑更能看清晋宋易代之际的社会、历史和人性。基于此种认识，笔者沉潜有年，精思傅会，焚膏继晷，乃撰成这本小书。我试图从政治的角度重新阐释陶诗，而所言所论，皆从具体的作品出发，即在细读文本的基础上，揭橥若干陶诗经典的真实意旨，期能获得对陶渊明的全新认知。值此开岁发春之际，芹献于读者面前。

（本文系作者《归去来与桃花源：对陶渊明的政治解读》一书的引言，北京出版社出版）

在文化的原野上

卷二

呼麦艺术的鼻祖：对兴隆沟红山文化陶塑人像的音乐学解读

据报道（王大方、阿勒得尔图《赤峰出土5300多年前陶塑人像》，载《中国文化报》2012年7月25日，下引此文简称为《人像》；唐亦阳《祖先神秘力量的召唤——兴隆沟红山文化整身陶人发现的意义》，《中国社会科学报》2012年10月24日第370期，下引此文简称为《召唤》），2012年5月下旬，中国社会科学院考古研究所内蒙古第一工作队与赤峰市敖汉旗史前文化博物馆考古人员在兴隆沟遗址调查测绘时先后清理出65块破损陶片，7月6日，他们拼对出一尊距今5300多年属于红山文化晚期的陶塑人像。该人像系泥质红陶捏塑而成，通高55厘米，其中头长20.7厘米，身高33.08厘米，底部直径21厘米。这是中国迄今首次发现的一件史前陶塑人像。但是，面对这件"5000多年前红山文化时期先民创造的伟大艺术珍品"（《人像》），学者们对"陶人摆放的位置及用途、陶人的身份、陶人口部动作的含义"却有很大的争议。尽管我尚未见到陶像原件，但是，根据我所熟悉的史料以及对游牧民族音乐艺术传统的了解，我认为"陶像的动作和表情"并非"正在用力呼喊的状态"（《人像》），而是正在纵声高歌的状态；同时，这也不是普通的歌唱，而是至今仍然在蒙古高原上流传的呼麦艺术。

红山陶塑女神像，敖汉旗博物馆藏品

呼麦（蒙古语 Хөөмий，古蒙古语 kugemi，西文 khoomei）是浩林·潮尔（Holin-Chor）的俗称，所谓"潮尔（Chor）"，蒙古语意为和声；"浩林"，蒙古语本义为喉咙，由此引申为喉音之义。呼麦就是喉歌（Throat Singing），这是一种非常独特的喉音艺术：歌唱者运用特殊的声音技巧，一人同时唱出两个声部，形成罕见的多声部形态。演唱者运用闭气技巧，使气息猛烈冲击声带，发出粗壮的气泡音，形成低音声部。在此基础上，巧妙调节口腔共鸣，集中和强化泛音，唱出透明、清亮、带有金属声的高音声部，获得无比美妙的声音效果。调节口腔共鸣的关键在于舌位的控制。歌唱者用舌头将口腔一分为二，随着前后的移动，制造出不同的共鸣腔。报道者称史前陶人"口圆张，双目圆睁，两臂交叉，右手用力按在左手上"，"正在圆张口部奋力呼喊，由于口部用力很大，带动着他的锁骨和脖颈凸起，……手和小臂的筋肉因用力而凸起"（《人像》），

珊寇（上）和文丽（下）

"脸颊明显向内凹陷，外侧线条分明，口部隆起，呈呼喊状，人中清晰可见，下颌呈圆弧状"（《召唤》）。这里陈述的一切都是呼麦歌唱时人体内部器官内在运动的外在显现，因为唱呼麦必须动用丹田之气，气息的调节和运用要经过"憋、顶、挤"三个步骤。憋，就是憋气，即锁定气息；顶，就是顶气，将丹田之气往上顶，冲击声带（包括主声带和次声带）；挤，就是将声音挤出来。呼麦唱法是力度最强的歌唱艺术。就歌唱者的姿势而言，呼麦分为坐式歌唱、立式歌唱和走式歌唱，而以坐式歌唱最为稳定，效果也最好。史前陶人的呼麦是典型的坐式呼麦："陶人双腿弯曲，双脚相对，盘腿而坐。双臂（为实心）自然下垂，臂肘弯曲，双手交叠，右手在上，搭放在双脚上。"（《召唤》）双手交叠表明他正在用丹田发力，气息上行，故双手向下。王仁湘指出，"陶人最突出的就是其锁骨的表现形式，很有肌肉感，说明他正在用力，这一细节高度写实，很可能与一些仪式有关系。陶人的眉目比较传神，不仅如此，参看其口部的形状，他的眉目甚至还在'传声'，姿态生动、严慈并重"(《召唤》),这正是呼麦。我们试对比一下著名蒙古族女歌唱家珊寇(Sainkho Namtchylak)和文丽演唱呼麦时的神态和口型,对这一点便可以得到很好的印证。

就呼麦唱法而言,史前陶人采用的是典型的西奇(Sygyt)唱法。"Sygyt"原义为"挤出来的声音",一般直译为"哨音"。这种演唱技法能产生像口哨、笛子一般高而尖锐透明的泛音,经常是呼麦演唱会上最受欢迎和最叫人惊艳的喉音风格。图瓦蒙古人认为"西奇"模仿夏天吹过大草原的轻风或鸟鸣,演唱时嘴形略如"哦"(ö)的发声。这种演唱技巧的重点是将舌头拱起,在口腔前端隔出一个小的共鸣腔,同时喉部发出紧而扁的嗓音,经由舌头的前后移动,改变共鸣最强的泛音,共鸣腔越小,则所强调的泛音越高(如下图所示)。可见西奇唱法的技巧,主要是舌头拱起,在前端造出共鸣腔,而外显的口型则是圆形。史前陶人的口型正是如此。

作为人类早期的歌唱艺术,呼麦的产生和发展与萨满巫术活动有密切关系。在汉族文化系统中,呼麦被称为"啸",如《山海经》称西王母"豹齿虎尾而善啸"。所谓"豹齿

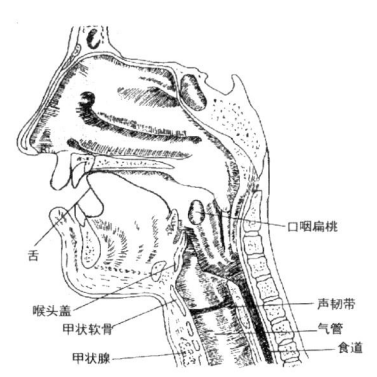

虎尾"正是远古时代部落酋长的服饰特征,而"善啸"则是其长于呼麦艺术的表征。宋释觉范《王仲诚舒啸堂》诗:"齿应衔环舌卷桂。"元刘赓《啸台》诗:"舌如卷叶口衔环。"史前陶像的口型正是"衔环"式,而卷舌之法是呼麦艺术独有的。在古人的观念中,呼麦是一种通神之音。晋成公绥《啸赋》:"玄妙足以通神悟灵,精微足以穷幽测深。"唐孙广《啸旨·序》:"啸之清,可以感鬼神。"中古时代的道教经典《灵宝经》记述一位国王的女儿(所谓"音女")凭借神人教授的长啸之术,"为王仰啸,天降洪水至十丈",消除了"国中大枯旱,地下生火,人民焦燎,死者过半"的灾难。从西王母到"音女",都显示了女性与呼麦的关系。冯时认为,这尊史前陶人的性别是女性,身份是"女祝","从其张嘴的造型可见,她正在向神沟通汇报"(《召唤》);王明达认为,史前陶人"是一个进入某种特定状态的人物,他的身份应该是巫,很可能在进行祭祀活动。而且,他还戴着帽子,这表明他的身份、地位比较特殊"(同上)。这些观点都是颇为中肯的。此外,这尊女性陶人的塑造,与红山文化时期女性的社会地位有密切关系。1989年9月,内蒙古考古研究所在赤峰林西县白音厂汗发掘出来的"中华第一老祖母",属于距今8150—7350年的新石器早期兴隆洼文化的石雕艺术品。这尊石像通高为35.3厘米,大眼高鼻,鼓腹,双臂下垂交于胸前,现存赤峰市博物馆。史前陶人和"中华第一老祖母"可能都是先民供奉在住房内的女神像，反映了当时的女性崇拜风尚。

  正如王巍指出的那样，这次兴隆沟遗址史前考古的重要收获之一是"对红山文化乃至辽河流域的文明演进过程，包括当时的宗教信仰等方面的研究提供了难得的第一手资料"（《人像》），那尊复原的史前陶像的艺术原型就是一位年轻、活跃而健美的草原女性萨满。她那口型端正、姿态安详的极为考究的呼麦歌唱，具有明显的仪式化特征。事实上，即使在今日，阿勒泰山地萨满和西伯利亚山地萨满也常常用呼麦作为沟通人神和天地的声音秘术。因此，这尊史前陶人的巨大文化价值并不仅仅局限于美术史的层面和宗教史的层面，更主要的还在于音乐史的层面。2009年，"中国内蒙古呼麦"向联合国教科文组织申报世界非物质文化遗产，获得成功，在此背景下，这尊演唱呼麦的史前陶人重现于蒙古草原，这种历史性的巧合是非常令人震撼也非常令人激动的。所以，我们不妨将这尊史前陶人视为呼麦艺术的鼻祖。

  （本文原载《中国社会科学报》，2012年12月23日，B-04版"博物"）

曹植和鱼山梵呗

　　山东省东阿县境内的鱼山是一座小山，海拔只有82.1米。就自然名胜而言，它与我国的四大佛教名山是没有可比性的。但是，作为一座历史文化名山，其崇高的地位却是无可取代的。这里既是著名的鱼山梵呗的发生之地，也是一代诗神曹植的归葬之所。而曹植和鱼山梵呗的故事，也是我国中古文化史上的一个重要事件。在佛陀时代以及后来漫长的历史时期，佛典通常借助口头吟诵和歌唱而传播，梵文佛典写本的出现是很晚的事情；同时，梵文佛典的出现，也并未完全抵消这种口头传统。因此，作为"五明"之一，古代天竺佛教的声明之学极为发达，也就是说古印度的高僧在口头传播和传授佛经的过程自觉地追求音声之美和音乐之美。如传说佛祖有六十四种频伽梵音，令人乐之无倦，又能同时唱八部之声，传向四面八方，高度艺术化的妙音无疑更能使佛理深入人心。而帝释天的乐神般遮翼（又译为"般遮于旬"）以琴声颂扬佛祖，开千古伎乐供养之先河，更给后世的善男信女以无尽的遐想。天竺的声明之学传入中土，即肇始于鱼山梵呗。故就文化本质而言，鱼山梵呗具有突出的佛教声乐属性，而我们要重点揭示的是，鱼山梵呗乃是我国早期喉音诵经的开端，无论在佛教史上，还是在音乐史上，均具有重要的意义。

鱼山与曹植墓

东阿曾经是曹植的封国。据《三国志》卷十九《陈思王植传》，太和三年（229）二月，魏明帝曹叡（205—239）以陈四县封曹植为陈王，同年十二月，徙封东阿。东阿是曹植人生苦旅的最后一站。他"十一年中而三徙都"，至太和六年（232）十一月，"抱利器而无所施"，"常汲汲无欢"的曹植与世长辞，享年41岁。传载："初，植登鱼山，临东阿，喟然有终焉之心，遂营为墓。"曹植初次登临鱼山，俯瞰东阿，当在太和四年（230），这一年曹植38岁。清修《山东通志》卷三十二《陵墓志·沂州府》"三国魏陈思王墓"："在县西八里鱼山之阴。子建初封东阿。王尝登鱼山，喟然有终焉之志，其后徙王于陈。既薨，子志遵治命，返葬于东阿。墓下有祠。"曹植在鱼山闻梵的故事最早见于南朝宋刘敬叔（公元420年前后在世）《异苑》卷五：

> 陈思王曹植字子建，尝登鱼山，临东阿。忽闻岩岫里有诵经声，清通深亮，远谷流响，肃然有灵气，不觉敛衿祗敬，便有终焉之志，即效而则之。今之梵

唱皆植依拟所造。一云：陈思王游山，忽闻空里诵经声，清远道亮。解音者则而写之，为神仙声。道士效之，作步虚声。①

这里的描写同时牵涉了佛、道二教，释子的诵经之声和道徒的步虚之音同时出现在鱼山，著名诗人庾信（513—581）准确摄取了这一独特的文化景观，并将其和谐地融于华美的诗笔之下。《庾子山集》卷三《奉和阐弘二教应诏》诗：

五明教已设，三元法复开。鱼山将鹤岭，清梵两边来。香烟聚为塔，花雨积成台。空心论佛性，贞气辨仙才。露盘高掌滴，风乌平翅回。无劳问待诏，自识昆明灰。②

据倪璠注，诗中的"二教"就是释、道二教。在"鱼山"二句下，倪璠征引了《异苑》关于鱼山梵音的描述，复云："《豫章记》曰：'洪井有鸾冈，鸾冈西有鹤岭，王子乔控鹤所经。'鱼山，谓释；鹤岭，谓道。言此二教清梵从两处来也。"子山诗描写的是天和四年（569）北周武帝宇文邕（543—578）召集朝臣以及佛、道中人研讨释、老问题的学术会议③。而24年前庾信曾在鱼山凭吊子建墓。据

---

① 《异苑》，范宁校点，中华书局1996年版，第48页。
② ［清］倪璠：《庾子山集注》，第一册，中华书局1980年版，第213—214页。
③ 《周书》卷五《武帝纪》："天和四年二月戊辰，帝御大德殿，集百僚、道士、沙门等，讨论释、老义。"

倪璠《庾子山年谱》，萧梁大同十一年，亦即东魏武定三年（545），时为梁朝通直常侍的庾信出使东魏[①]。他经过鱼山当在这一年的深秋，其《经陈思王墓》诗曰："公子独忧生，丘垄擅余名。采樵枯树尽，犁田荒隧平。宁追宴平乐，讵想谒承明。旦余来锡命，兼言事结成。飘飖河朔远，飐飂飓风鸣。雁与云俱阵，沙将蓬共惊。枯桑落古社，寒鸟归孤城。陇水哀葭曲，渔阳惨鼓声。离家来远客，安得不伤情。"[②] 所谓"旦余来锡命"，正指自己出使东魏一事。由此可知，子建鱼山闻梵的故事在公元545年以前就已经广泛流传了。所谓"道士效之，作步虚声"，乃是上清派道教的长啸养生功法，实际涉及了长啸与喉音咏唱的关系问题（参见拙文《"自然之至音"：中国古代的长啸艺术》，《文史知识》2017年第10期），这里我们置而不论。

对鱼山梵呗的历史真实问题，自古及今，一直存在不同意见。近现代以来，学者多视为子虚乌有。1934年4月，陈寅恪在《清华学报》第九卷第二期发表了《四声三问》一文（下引此文不注），他指出：

> 考《瑞应本起经》为支谦所译。谦事迹载《高僧传》一康僧会传中。据传，谦以汉献帝末避乱于吴。孙权召为博士，举韦昭诸人辅导太子。从吴黄武元年至建兴

[①] 《庾子山集注》，第一册，中华书局1980年版，第11—40页。
[②] 逯钦立辑校：《先秦汉魏晋南北朝诗》，下册，中华书局1983年版，第1990页。

中先后共译出四十九经。又据《魏志》十九陈思王植传，植以魏明帝太和三年徙封东阿。六年封陈王，发疾薨。鱼山在东阿境。植果有鱼山制契之事，必在太和三年至六年之间。然当日魏朝之法制，待遇宗藩，备极严峻，而于植尤甚。若谓植能越境远交吴国，删治支谦之译本，实情势所不许。其为依托之传说，不俟详辨。此传说之记载，寅恪所知者有二：一出刘敬叔之《异苑》（在今本卷五中），一出刘义庆之《宣验记》（见唐湛然《法华文句记》五所引，但湛然误以刘义庆为梁人）。二人皆晋末宋初人，是此传说东晋之末必已流行无疑。隋费长房《历代三宝记》五载支谦译《瑞应本起经》二卷，下注云："黄武年第二出，与康孟详译者小异。陈郡谢锵、吴郡张洗等笔受，魏东阿王植详定。见《始兴录》及《三藏记》。"寅恪案，今僧祐《出三藏记集》二载有支谦译《瑞应本起经》二卷，并无"魏东阿王植详定"之语。《出三藏记集》全袭道安经录，可知道安经录中无此语。道安录成于晋孝武帝宁康二年（见《出三藏记集》五引道安经录自序），又可知晋孝武以前无曹植删定《瑞应本起经》之说也。然则此语必出于《始兴录》。此录今不传。今存之佛藏诸目录亦皆不言其为何时何人所作，无从详考。但《历代三宝记》九载"晋孝武世沙门圣坚于河南国为乞伏乾归译十四经。其十经见《始兴录》。始兴即南录"。又检《三宝记》所著录之经目注出《始兴录》者，计其译述时代，下至卷十一之"《灰河经》一卷见《始兴录》（南齐）武帝世沙门释法度出"为止。故据此可断定《始兴录》之作者必为江左南朝之人。而其生年至早为南齐武帝之世，或即永明时人，亦未可知。是《始兴录》中曹植详定《瑞应本起经》之语乃受经呗新声之影响，采用东晋末年之传说。其书晚出，远在刘敬叔《异苑》及刘义庆《宣验记》之后也。又考《高僧传》载江左善声沙门始于昙籥。籥于东晋孝武时梦天神授以声法，觉因裁制新声，证以成于孝武时之道安经录未有曹植详定《瑞应本起经》之语，可知东晋中晚时代经声虽已流行，而尚无鱼山制契之神话。逮东晋末年，始有此传说。①

《瑞应本起经》所述佛祖故事，又见东汉竺大力和康孟详共译之《修行本起经》卷上《菩萨降身品》第二：

于是粟散诸小国王。闻大王夫人有娠，皆来朝贺，各以金银珍宝衣被花香敬心奉贡称吉。无量夫人举手攘之，不欲劳烦。自夫人怀妊，天献众味，补益精气，自然饱满，不复飨王厨。十月已满，太子身成。到四月七日，夫人出游，过流民树下。众花开化，明星出时，夫人攀树枝，便从右胁生堕地。行七步，举手而言："天

---

① 《金明馆丛稿初编》，三联书店2001年版，第378—380页。

上天下,唯我为尊。三界皆苦,吾当安之。"应时天地大动,三千大千刹土,莫不大明。……于时集至梵志相师,普称万岁。即名太子,号为悉达。……梵志相师、一切大众皆言:"太子实神实妙!"威德感化,天神归命,咸称太子,号天中天。①

《修行本起经》和《瑞应本起经》是同一部佛典的两个不同译本。即使曹植没有见到此种东汉译本,他接触西域来华、驻锡江东的名僧支谦之译本,也无须"越境远交吴国"。1930 年 6 月,陈寅恪在《清华学报》第六卷第一期发表了《三国志曹冲华佗传与佛教故事》②一文,他指出《三国志》卷二十《邓哀王冲传》所载曹冲称象的故事来自汉译之天竺佛典,他依据元魏西域三藏吉迦夜共昙曜所译之《杂宝藏经》卷一③作出了如下推论:"《杂宝藏经》虽为北魏时所译,然其书乃杂采诸经而成,故其所载诸国缘,多见于支那先后译出之佛典中。如卷捌之难陀王与那伽斯那共论缘与那先比丘问经之关系,即其一例。因知卷壹之弃老国缘亦当别有同一内容之经典,译出在先。或虽经译出,而书籍亡逸,无可征考。或虽未译出,而此故事仅凭口述,亦得辗转流传至于中土,遂附会为仓舒之事,以见其智。

---

① 《大正藏》,第 03 册,No.0184,0463c07。
② 《寒柳堂集》,三联书店 2001 年版,第 176—181 页。
③ 见《大正藏》,第 04 册,No.0203,0449a27;又见唐释道世:《法苑珠林》卷四十九,《大正藏》,第 53 册,No.2122,0662a04。

但象为南方之兽,非曹氏境内所能有,不得不取其事与孙权之贡献事混成一谈,以文饰之,此比较民俗文学之通例也。"而后来日本学者兴膳宏作《〈七步诗〉为什么是七步呢?》一文[1],他认为曹植七步成诗的故事原型来自上引《修行本起经》所记佛祖于诞生之际行走七步的神异故事。而鱼山梵呗的首要问题就是曹植删治《修行本起经》,改为可用胡乐吟唱的歌词(详见下文所引《高僧传》)。上述一切显然不是偶然的巧合。1938年,汤用彤在商务印书馆出版了著名的《汉魏两晋南北朝佛教史》一书,书中称"佛家相传,梵呗始于曹植之《鱼山七声》"。"但于其造梵契则正史不载。其所作《辩道论》,佛徒衡引之。然其旨在斥方士,于佛教则不必信也。"[2]他对于这个问题实际上也是未置可否,而基本上视为佛教的一种传说。1957年,英国学者魏塔克(K. P. K. Whitaker)夫人在伦敦发表了《曹植与梵呗进入中国》[3]一文,她通过对中古佛教史和中古道教史以及曹植的文化观念所作的历史分析和理论推导,彻底否定了鱼山梵呗的历史真实性。但是,她也未能举出任何一条直接的有力的材料证明其观点。荷兰学者许理和(Erich

---

[1] 《中国古典文化景致》,李寅生译,中华书局2005年版,第31—37页。
[2] 《汉魏两晋南北朝佛教史》,北京大学出版社1997年版,第89页。
[3] *TSAUR JYR AND THE INTRODUCTION OF FANNBAY INTO CHINA* By K. P. K.Whitaker, Bulletin of the School of Oriental and African Studies 20(1957), Volume XX, Universuty of London.

Zürcher）完全继承了魏塔克夫人的衣钵，他在《佛教征服中国》一书中指出："大诗人曹植不仅是一个佛法的热忱崇拜者，而且还是佛教唱赞的创始人。在他生命的最后几年中，当他被送往东阿时，曾经走访了鱼山，并且在那儿受天音吟唱的启发而创作了三千多首梵呗，其中只有有影响的四十二首得以传世。这个说法显然是假的。据悉与其父一样对道教持怀疑态度的曹植，当然不会对佛教有浓厚的兴趣，因为当时佛教与道教十分接近。魏塔克（Whitaker）夫人在近作中表明，这个说法最早的形式（最早发现于公元五世纪刘敬叔所作的神异故事集《异苑》，其中有两种说法，此为其一），明显起源于道教。认为起源于佛教的最早说法同样见于《异苑》，它那特有的形式暴露了较晚的形成日期，仅仅是出于传教的目的而把一个道教故事作了改编，这位著名诗人陈思王的名字被用来增加僧人阶层的威望。曹植成为道教宣传故事的主角并不是第一次。在《抱朴子》卷二中，葛洪给出一段所谓引自曹植《释疑论》的引文，其中曹植宣称自己完全相信道教真人的神奇力量。尽管《释疑论》可能是曹植的一篇佚作，但它的内容与他著名的《辩道论》中对此类道术的批评和讽刺截然相反。因此，葛洪所引《释疑论》似乎更可能是道士伪造的，旨在使这位著名诗人成为道教的支持者。"[①] 从这段表述来看，许理和似

---

① 〔荷〕许理和著，李四龙等译：《佛教征服中国》，江苏人民出版社2003年版，第76页。

乎并未注意到陈寅恪的《四声三问》。事实上，《异苑》对曹植闻梵的记载可能直接导致了人们的怀疑。如陈寅恪所言，较早记载此事的文献还有南朝宋临川王刘义庆（403—444）的《宣验记》。唐湛然《法华文句记》卷五：

> 经云：呗者，或云呗匿，此云赞诵，西方本有。此土案梁《宣验记》云："陈思王，姓曹名植，字子建。魏武帝第四子。十岁善文艺。私制转七声。植曾游渔山，于岩谷间，闻诵经声。远谷流美，乃效之而制其声。"[1]

《隋书·经籍志》："《宣验记》十三卷，刘义庆撰。""《异苑》十卷，宋给事刘敬叔撰。"这两部书今人统以志怪小说目之。但在《隋志》中，它们位居史部之末，属于杂纂之书。这种位序足以表明六朝人对这类著作的认识：它们既与正史有别，但同时也是具有一定历史价值的富有趣味性的读物。如果据此否认鱼山梵呗起源的历史真实性，则是以今例古、以今代古，违背了陈寅恪所倡导的"对于古人之学说，应具了解之同情"[2]的学术原则。按照《宣验记》的记载，曹植创制的七声，是对鱼山梵呗的模拟，尽管我们不能确认其与现代七声音阶（调性问题）的对应关系，但可以肯定，曹植确立的是大调式音阶的七个唱名，属于

---

[1] 《大正藏》，第34册，No.1719，《法华文句记》，0244c06。
[2] 陈寅恪：《冯友兰〈中国哲学史〉上册审查报告》，《金明馆丛稿二编》，三联书店2001年版，第279页。

音律学的范畴。特别值得注意的是，曹植在鱼山听到的诵经声就是其模拟的原声，这种原声发生在共鸣效果极好的"岩谷间"，传播距离很远，具有"远谷流美"的音乐效果。前引《异苑》称曹植"忽闻岩岫里有诵经声，清通深亮，远谷流响"，释道世《法苑珠林》说其声"清雅哀婉，其声动心"，释觉岸《释氏稽古略》说"闻有声特异，清扬哀婉"，都是针对这种特殊的声乐艺术而言的（说详下文）。《异苑》所谓"效而则之"，也是说曹植模拟了这种奇异的诵经方式。

鱼山梵音洞，传为曹植闻梵处　　鱼山羊茂台，传为曹植读书处

鱼山梵呗的故事在内典系统的文献中是流传有序的。略早于释慧皎《高僧传》，梁释僧佑（445—518）《出三藏记集》卷十二《法苑杂缘原始集目录序》第七即载有"《陈思王感鱼山梵声制呗记》第八"[①]，至唐宋时代，这方面的记载就更多。唐释道宣（596—667）对此是有所怀疑的，其《续高僧传》卷三十《杂科声德篇》第十"论曰"：

---

① 《出三藏记集》，苏晋仁、萧炼子校点，中华书局1995年版，第485页。

"呗匿之作，沿世相驱，转革旧章，多弘新势，讨核原始，共委渔山。或指东阿昔遗，乍陈竟陵冥授，未详古述，且叙由来，岂非声乖久布之象，唯信口传？在人为高，毕固难准，大约其体，例其众焉。"[1] 但他并未完全否定此事的真实性，如唐释道宣《集古今佛道论衡》卷甲载：

> 陈思王曹植，字子建，魏武帝第四子也。初封东阿郡王，终后谥为陈思王也。幼含珪璋，十岁能属文，下笔便成，初不改定。世间术艺，无不毕善，邯郸淳见而骇服，称为天人。植每读佛经，辄流连嗟玩，以为至道之宗极也。遂制转读七声升降曲折之响，世之讽诵咸宪章焉。尝游鱼山，忽闻空中梵天之响，清扬哀婉，其声动心。独听良久，而侍御莫闻。植深感神理，弥悟法应。乃慕其声节，写为梵呗，撰文制音，传为后式。梵声光显，始于此焉。其所传呗凡六契，见梁释僧佑《法苑集》。[2]

此外，如唐释道世（？—683）《法苑珠林》卷三十六《赞叹部》第三，宋赞宁（919—1001）《大宋僧史略》卷中"赞呗之由"条，宋释道诚（公元1019年前后在世）《释氏要览》卷上"梵音"条，元释觉岸（公元1354年前后在世）

---

[1] 《大正藏》，第50册，No.2060，《续高僧传》，0705c09。
[2] 《大正藏》，第52册，No.2104，《集古今佛道论衡》，0365c11；唐释道宣：《广弘明集》卷五《辩惑篇》第二，《大正藏》，第52册，No.2103，《广弘明集》，0119b06。

《释氏稽古略》卷一，明朱时恩（公元 1632 年前后在世）《佛祖纲目》卷二十二以及日本圣尊（公元 1357 年前后在世）《声明口传》等文献对此事均有转述。这些记载表明，人们对鱼山梵呗的历史真实性和文化价值是充分肯定的。曹植对各门艺术都有广泛的涉猎和浓厚的兴趣，无论是上层贵族形态的，还是下层民间形态的，无不纳入他的文化视野。曹植对鱼山梵呗的发现也与他的这一特点密切相关。因此，在没有确凿证据的情况下，我们决不能轻易否定其历史的真实性。实际上，鱼山梵呗已经成为我国佛教史中的一种精神现象，这种精神现象与佛教信仰是密切相关的，这是一种具有信仰力量的精神性的真实，在此背景下，如果纠结于其历史真实问题，已经没有任何意义了，这就如同求证我们是炎黄子孙或者龙的传人一样。与其如此，还不如回归鱼山梵呗内在问题。

梁释慧皎（497—554）《高僧传》卷十三《经师》"论曰"：

> 始有魏陈思王曹植，深爱声律，属意经音。既通般遮之瑞响，又感鱼山之神制。于是删治《瑞应本起》，以为学者之宗。传声则三千有余，在契则四十有二。其后帛桥、支籥亦云祖述陈思，而爱好通灵，别感神制，裁变古声，所存止一十而已。……原夫梵呗之起，亦兆自陈思。始著《太子颂》及《睒颂》等，因为之制声。

吐纳抑扬,并法神授。今之皇皇顾惟,盖其风烈也。[1]

"深爱声律",是说曹植对音乐艺术有浓厚的兴趣,"属意经音",表明他对诵经与音乐的关系是非常关注的。因此,对般遮翼的琴音瑞响和鱼山的神奇诵经,他都有独到的体悟和发现。在此背景下,他删治《瑞应本起经》,便成为佛门诵经者尊奉的规范唱本。此唱本有辞有乐,其中包含四十二个乐章,咏唱这些乐章需要三千余声才能完成。"今之皇皇"二句的意思是:"如今梵呗之皇皇大观,想来大概就是陈思王曹植的遗风。"慧皎直接将萧梁时代盛行梵呗的风尚追溯到曹植鱼山闻梵的故事。此外,曹植所撰《太子颂》和《睒颂》也是入乐歌唱的,前者赞颂佛祖本生故事,后者赞颂五睒菩萨本生故事,其唱法也是出于鱼山的"神授"。但陈寅恪指出:

又梵呗亦肇自陈思之说,因认《太子颂》及《睒颂》等为陈思所作之故。《太子颂》姑不论。《睒颂》者即据康僧会译《六度集经》五睒菩萨本生而作之颂。考《高僧传》一康僧会传云:会以赤乌十年始达建业。《魏志》十九陈思王植传云:(太和)六年发疾薨。吴大帝赤乌十年,即魏齐王芳正始八年,上距魏明帝太和六年,即植薨之岁,已十五年之久。陈思何能于其未死之前,预为未译之本作颂耶?其说与删治《瑞应本起经》事同为

---

[1] 《高僧传》,汤用彤校注,中华书局1992年版,第507—509页。

依托，而非事实，固不待详辨也。

这里陈氏忽略了佛学传播的口头传统，因为在没有康僧会译本《六度集经》出现的情况下，曹植也完全可能听过佛祖和五睒菩萨的本生故事。既然如此，缘何不能为之作颂？

《异苑》记述了曹植在田野状态下的文化发现及其创始鱼山梵呗的缘由，而《高僧传》则记载了鱼山梵呗的文化内涵。慧皎的记载是有充分的文献依据的，其《高僧传》卷十三相关记载的系统性与科学性不容置疑。而关于梵呗的问题，慧皎有更为确实的说明。《高僧传》卷十三《经师》"论曰"：

> 天竺方俗，凡是歌咏法言，皆称为呗。至于此土，咏经则称为转读，歌赞则号为梵呗。昔诸天赞呗，皆以韵入弦管。五众既与俗违，故宜以声曲为妙。[1]

也就是说，天竺"歌咏法言"的佛教音乐传统涉及了一切法言，统称为"呗"。这种佛教音乐形式传入中国以后，分化为转读和梵呗，转读属于声乐范畴，而梵呗则与器乐相结合，二者均体现了佛门的声曲之妙。《异苑》《宣验记》所载神奇的鱼山诵经，实际就是《高僧传》所说的"转读"。所谓"转读"，就是"啭读"，就是喉啭引声的诵经方式（关

---

[1] 《高僧传》，汤用彤校注，中华书局1992年版，第507—509页。

于这一点,笔者将另文说明)。

　　曹植在鱼山所遭遇的梵唱高人就是一位善声沙门,一位西域来华的胡僧。曹植作为一个具有极高音乐修养和文化修养的汉族知识分子能够充分领略它的美。他对《瑞应本起经》的删治,无疑是为了适应胡乐的音律;他之所以这样做,主要是因为受到了这一来自西域的运用特殊喉音咏唱技巧的声乐的感动。鱼山梵呗乃是由西域来华的佛乐中国化的开端,曹植是西方佛乐中国化的始作俑者。而子建之"删治《瑞应本起》",无疑开了鸠摩罗什时代"改梵为秦"之风的先声[1]。但是,鱼山梵呗是徒歌,是不"入弦"的,尽管它可以"入弦"。这种艺术特色在中古时代的善声沙门中一直保持不变。音乐艺术之形式(即《高僧传》所谓"声")及其所表达的内容(即《高僧传》所谓"文")在鱼山之音中是珠联璧合的,因而给曹植这位审音知律、才高八斗的汉魏诗神以强烈的"音乐感动",这种感动触发了他改造汉译佛典《瑞应本起经》的灵感。

　　(本文原载《文史知识》2019 年第 10 期)

---

[1] 《高僧传》卷二《鸠摩罗什传》。

武川追怀敕勒川
——北方游牧民族音乐史视域下的《敕勒歌》

2018年8月20—21日，笔者应邀参加由内蒙古武川县政协、中国魏晋南北朝史学会和中国敦煌吐鲁番学会联合举办的"草原丝绸之路第一站——武川和白道学术研讨会"，在会上我作了题为"昔日敕勒川，今日武川城"的即席发言。在此发言中，我大致表达以下的意思：第一，《敕勒歌》就是"敕勒川之歌"；第二，敕勒川是民间俗称，武川是官方设置城镇的称呼，武川古城距离敕勒川不远，今日武川县距离古代武川镇也很近，在武川古城可以眺望敕勒川；第三，敕勒川与武川在名称上不是偶然的巧合；第四，从武川镇的卫戍功能来说，敕勒川不仅在阴山之下，而且在阴山之北。这是笔者驱车翻越阴山时偶然想到的。笔者认为，确定北魏时期武川镇的位置，对于确定敕勒川的位置是至关重要的。据张郁调查考证，武川县土城梁古城为武川镇[1]，而苏哲推测武川镇可能在抢盘河上游、今武川县西部一带[2]；塔拉认为武川镇的发展分为早晚两期，希拉穆仁

---

[1] 张郁：《内蒙古大青山后东汉北魏古城遗址调查记》，《考古通讯》，1958年第3期。
[2] 苏哲：《内蒙古土默川、大青山的北魏镇戍遗址》，《国学研究》第三卷，北京大学出版社1995年版。

城圐圙古城是北魏六镇中的早期武川镇址所在，景明年间（500—503）武川镇迁至白道中溪水上游一带，位于今日武川县城西千米的下南滩遗址就是晚期的武川镇所在[①]。当然，关于武川镇的旧址所在，存在诸多说法，差异很大，如果彻底解决这个问题，尚需时日和证据。在这里，我们暂且搁置争议，结合内蒙古艾博云集博物馆收藏的一批敕勒人墓葬中出土的彩绘棺画，从北方游牧民族音乐史和音乐学的角度重新解读《敕勒歌》，期能成为读史者和读诗者之一助。

一

敕勒人就是高车人。高车是活跃于我国中古时代的一个游牧民族，其主要活动范围是从蒙古高原到西域的广大地区。这个民族在我国不同时期有不同的称呼，先秦时代称为钉灵、鬼方，至魏晋南北朝时期称为丁零、狄历、高车、敕勒、赤勒、铁勒等等，而其主要的人群高车六部中的袁纥（唐代称为回鹘）一部在公元4世纪以后西迁至我国现在的新疆地区，由此而成为维吾尔人的先民。其多姿多彩的文化艺术和生活习俗对北部草原各民族，包括北魏时期

[①] 塔拉主编：《草原考古学文化研究》，内蒙古教育出版社2007年版，第195页。

的鲜卑人以及后来崛起的蒙古民族都有深远的影响。《敕勒歌》是高车人创造的草原牧歌。关于高车的历史记载，主要见于北齐魏收（507—572）所撰《魏书》卷一〇三《高车传》：

> 高车，盖古赤狄之余种也，初号为狄历，北方以为敕勒，诸夏以为高车丁零。

"高车丁零"的"高车"，是一个起修饰作用的限定词，指当时在蒙古草原和北魏北部乘高车逐水草过着游牧生活的丁零人，"高车丁零"意为乘高车的丁零人，这是和当时已经迁居内地的高车人对言的（参见段连勤：《丁零、高车与铁勒》，广西师范大学出版社2006年版）。而高车之得名，与其生活习俗有密切的关系。《魏书·高车传》说高车人"迁徙随水草，衣皮食肉，牛羊畜产尽与蠕蠕（就是柔然——笔者注）同，唯车轮高大，辐数至多"，又说高车人"乘高车，逐水草，畜牧蕃息"。可见，使用高轮车是高车人的突出特征。高车与匈奴也有亲缘关系。《新唐书》卷二一七《回鹘传》说："回纥，其先匈奴也，俗多乘高轮车，元魏时亦号高车部。"回纥，也就是《魏书·高车传》所载高车六部中的袁纥。据此可知，高车的族名，并非这个民族的自称，而是其他民族对它的一种俗称。

敕勒人墓葬中出土的彩绘棺画

由此可见，这些彩绘棺画对高车人乘坐高车、居住高车的生活习俗表现得非常充分。从艺术表现手法来看，这些绘画作品具有极强的写意风格，即讲求神韵、神似，而不苛求比例对称与细节描写，所以我们常常可以看到许多车轮都没有辐条。与此相关，阿拉善曼德拉岩画也有关于高车人生活场景的描绘。曼德拉岩画是一个神奇的古代游牧文化的艺术世界，集中镌刻在阿拉善左右两旗公路中段的曼德拉山上。曼德拉山位于东经 39°4′、北纬 103°52′，在内蒙古阿拉善右旗孟根布鲁格苏木境内，平均海拔高度 1600 米，在方圆 18 平方公里的山梁和山坡上分布着 5000 幅左右的古代北方民族遗留下来的岩画作品。据岩画研究专家研究表明，参与曼德山岩画制作的民族有羌人、月支人、匈奴人、鲜卑人、突厥人、回鹘人、党项人以及蒙古人等，现在看来，还有高车人。这种情况正好与艾博云集博物馆收藏的这批彩绘棺画相互印证。

曼德拉岩画

显而易见，尽管以上两种绘画使用的材质（木与石）不同，但绘画的技法和风格却几乎是完全一致的。

上述情况为我们确定这些作品的创作时间提供了宝贵的线索。在出土彩绘棺画的墓葬中，随葬器物有耳杯一个，杯底刻有"太安二年阿真囗作自造"十字，其中一个字笔画不清，难以辨识。

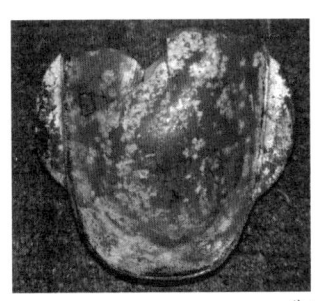

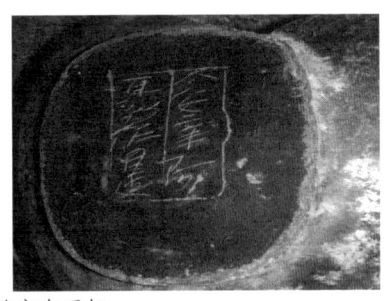

北魏高车耳杯

在我国历史上以"太安"为年号的国君有五位，即：西晋惠帝（302）、前秦苻丕（385）、后凉吕光（386）、北魏文成帝（455）和柔然侯伏代库者可汗（492）。其中晋惠帝和前秦苻丕没有"太安二年",故可排除,吕光与高车素来无关,亦可排除。"太安二年"也不可能是柔然候的年号,因为此时高车人大部分都已经西迁,走上了独立发展的道路,尽管柔然国对高车人有长达一百多年的统治。因此,这批彩绘棺画应当作于北魏文成帝在位时期(452—465)。在这个时期,由于北魏朝廷实行了"与时消息,静以饿之,养威布德,怀缉中外"的政策(《魏书·高宗纪》),高车人获得了一个相对和平、自由的环境。《魏书·高车传》:

> 高宗时,五部高车合聚祭天,众至数万。大会,走马杀牲,游绕歌吟忻忻,其俗称自前世以来无盛于此。

尽管后来漠南高车人不断发动反对北魏统治的斗争,但就整个北魏时期而言,高车与拓跋氏的关系是非常密切的,而鲜卑民族之深受汉文化影响是人所共知的。由于这只耳杯出土于漠北边缘的高车墓中(中蒙两国交界的中国一侧),所以我们断定它的主人很可能是斛律金一类的"雁臣"(参见下文),而这个墓葬也应当是高车贵族的墓葬。"阿真"二字尤足以证明这只耳杯与北魏的关系。《南齐书》卷五十七《魏虏传》:

> 什翼珪始都平城,犹逐水草,无城郭,木末始土著居处。佛狸破梁州、黄龙,徙其居民,大筑郭邑。截平城西为宫城,四角起楼,女墙,门不施屋,城又无堑。……佛狸所居云母等三殿,又立重屋,居其上。

饮食厨名"阿真厨",在西,皇后可孙恒出此厨求食。

国中呼内左右为"直真",外左右为"乌矮真",曹局文书吏为"比德真",檐衣人为"朴大真",带仗人为"胡洛真",通事人为"乞万真",守门人为"可薄真",伪台乘驿贱人为"拂竹真",诸州乘驿人为"咸真",杀人者为"契害真",为主出受辞人为"折溃真",贵人作食人为"附真"。三公贵人,通谓之"羊真"。

什翼珪就是拓跋珪(371—409)。根据以上记载,高车墓中出土的耳杯极可能与北魏的饮食厨"阿真厨"有关,当为北魏皇室赏赐高车贵族人物的饮酒器具。"真"字应当是当时语言中的一个词缀,大意是"以……为职业的人",相当于现在蒙古语中的"齐"(如"江格尔齐",意为讲唱江格尔史诗的人)。《南齐书》列出的"直真"等十三个语词大致上都属于这一类。《南齐书·魏虏传》又载:

其车服,有大小辇,皆五层,下施四轮,三二百人牵之,四施絙索,备倾倒。

这种高达五层的辇,实际上与高车人的多层高车也非常相似,多层高车已经见于艾博云集博物馆收藏的彩绘棺画和曼德拉岩画中。总之,艾博云集博物馆收藏的这批彩绘棺画当作于北魏太安二年(456)至和平六年(465)之间。因此,曼德拉岩画中的相关作品,大致也应当作于这个时期。

二

高车是创造并且歌唱《敕勒歌》的民族：

> 敕勒川，阴山下。天似穹庐，笼盖四野。天苍苍，野茫茫，风吹草低见牛羊。

这是一首境界阔大、风格雄浑的草原牧歌，短短二十七字的篇幅极为生动、形象地描绘了天空、高山、草原、牛羊和大地的苍茫景象，给人以壮美怡人的无限美感。而所谓穹庐，如果加上车轮，也就是高车。高车有单层的，也有多层的，既适应迁徙过程中载物、载人的游牧生产需要，也适应临时定居、便于集中的生活需求。高车人的穹庐与北方游牧民族特有的宇宙观念有密切的关系。"在对宇宙天体和自身游牧经济文化的长期认识中，北方游牧民族形成了穹庐宇宙观，这一宇宙观在长期的发展演变过程中，蕴涵着丰富的文化内容，形成了他们崇尚自然、自由开放的生活态度，'穹庐'除了有隐含游牧民族宇宙观以外，对其居住形态有较深的影响，形成了游牧民族特有的以毡帐为载体的草原文化特质。"[1]《敕勒歌》"天似穹庐"的诗句正是这种宇宙观念典型而生动的体现，而这首牧歌所展现的也正是草原人胸中的苍穹。《魏书·高车传》说高

---

[1] 杨福瑞：《北方游牧民族穹庐观念及对居住文化的影响》，《贵州社会科学》，2009 年第 7 期。

车"主人延宾亦无行位,穹庐前丛坐,饮宴终日,复留其宿","男女无小大皆集会,平吉之人则歌舞作乐"。高车棺画非常生动地表现了这种民族习俗,用艺术的方式真实地记录了高车人的日常生活(如图所示,高车人围车而舞,有人骑马观舞,车中还有夫妇安眠)。

高车棺画

最早见于文献记载的《敕勒歌》的歌唱者是敕勒族的名将斛律金(488—567)。敕勒有六部十二姓,斛律氏就是其中之一。斛律金本人曾被北魏政府任命为"第二领民酋长",秋天到京城朝见,春天又回到部落,号称"雁臣"。他后来在北齐天保年间(550—559)出任太师,升迁为左丞相,《敕勒歌》就是他唱给北齐高祖神武皇帝高欢(495—547)听的。宋郭茂倩在《乐府诗集》卷八十六《敕勒歌》的题目下引唐吴兢的《乐府广题》说:

北齐神武攻周玉壁,士卒死者十四五。神武恚愤疾发，周王卜令曰："高欢鼠子亲犯玉壁，剑弩一发，元凶自毙。"神武闻之，勉坐以安士众，悉引诸贵，使斛律金唱《敕勒歌》，神武自和之，哀感流涕。其歌本鲜卑语，易为齐言，故其句长短不齐。

这件事发生在南朝梁武帝中大同元年（546）十一月[①]，后来元代著名回族诗人丁鹤年（1335—1424）有感于此，乃赋诗一首："神龙归卧北溟波，愁绝阴山《敕勒歌》。惟有遗珠光夺目，万年留得照山河。"[②]诗中所说的"神龙"就是指神武帝高欢。也就是说，《敕勒歌》是以玉壁之战高欢率领东魏大军的惨败为背景的。

玉壁古战场（山西省稷山县稷峰镇白家庄村）

[①] 有关的记载最早见于唐李百药《北齐书》卷二《神武高欢本纪下》，唐李延寿《北史》卷六《齐本纪上》、司马光《资治通鉴》卷一五九《梁纪》十五也有记载。
[②] 《鹤年诗集》卷二《敬书宸翰后》。

玉壁古战场中的累累白骨

高车人斛律金虽然身居高官,但是并没什么学问,正如宋王灼(1081？—1160？)《碧鸡漫志》所言,"金不知书,能发挥自然之妙如此",金元好问(1190—1257)《论诗绝句》也说"慷慨歌谣绝不传,穹庐一曲本天然",这种音乐艺术奇迹的创造实际上与他对草原音乐特别是高车音乐的谙熟是分不开的。因此,斛律金的一曲《敕勒歌》极有感染力,竟然使"少有人杰之表"、性格"深密高岸,终日俨然"①的神武帝感慨泣下,足见其非同凡响。尽管斛律金演唱《敕勒歌》用的是鲜卑语,但其歌唱的发声方法却是非常特殊的。《魏书·高车传》:

> 匈奴单于生二女,姿容甚美,国人皆以为神。单于曰,吾有此女,安可配人,将以与天。乃于国北无人之地筑高台,置二女其上。曰,请天自迎之……复

---

① 《北齐书·神武高欢本纪下》。

一年，乃有一老狼昼夜守台嗥呼，因采穿台下为空穴，经时不去。其小女曰，吾父处我于此，欲以与天，而今狼来，或是神物，天使之然。将下就之。其姐大惊曰，此是畜生，无乃辱父母也。妹不从，下为狼妻，而产子。后遂滋繁成国。故其人好引声长歌，又似狼嗥。

"引声长歌"相当于今日的蒙古长调的唱法，而"又似狼嗥"作为同一逻辑层面的具有并列关系的语言表述，则其意义所指相当于今日蒙古族的浩林·潮尔（Holin-Chor，俗称呼麦，khoomei），也就是一种多声部的喉音唱法。就气源而言，这两种歌唱方法是完全相同的，所以唱同一首歌，如果混合使用，就会收到特殊的艺术效果。长调与呼麦的产生和发展，与草原民族对狼图腾的崇拜、模拟是分不开的。"对游牧民族而言，由于长时间和狼在大草原的共存，他们对狼颇为敬畏，由这种敬畏一转而为对勇猛、好战之勇士的激赏，称之为狼，狼形象已经融入到他们的精神深处，以至于他们往往自视为狼。……他们以狼为祖，以狼为神，以自己是狼的子孙而自豪。"[①]人们在崇拜狼的同时，也自然开始了对狼音的模拟。关于狼音的特点，姜戎有非常准确的描写：

狼鼻朝天的嗥叫姿态，也是为了使声音传得更远，

---

① 刘振伟:《狼叙事与西域诸民族》，朱玉麒主编《西域文史》，第一辑，科学出版社 2006 年版，第 247—266 页。

传向四面八方。只有鼻尖冲天,嗥声才能均匀地扩散音波,才能使分散在草原四面八方的家族成员同时听到它的声音。狼嗥哭腔的悠长拖音,狼嗥仰鼻冲天的姿态,都是草原狼为适应草原生存和野战的实践而创造出来的。……看来古代草原人早已对草原狼嗥的音调和姿态的原因做了深刻的研究。草原狼教会了草原人太多的本领。

小狼等了一会,不见回音,就自顾自地进一步开始发挥。它低头憋气,抬头吐出一长声……"呜……欧……",欧声悠长,带着奶声奶气的童音,像长箫、像薄簧、像小钟、像短牛角号,尾音不断,余波绵长。……它把长嘴的嘴形拢成像单簧管的圆管状,运足腹内的底气,均匀平稳地吐气拖音,拖啊拖,一直将一腔激情全部用尽为止。然后,再狠命吸一口气,继续长嗥长拖。[1]

如果我们将《狼图腾》的这些狼音描写全部挪移到呼麦上,也同样是非常准确的。事实上,1929 年,《蒙古的人和神》(Men and Gods in Mongolia)一书的作者丹麦探险家亨宁·哈士纶(H. Haslund)在蒙古草原录下的一支原生态呼麦乐曲正是典型的狼音。由此我们推想当年斛律金歌唱《敕勒歌》的音调,绝不是欢乐的愉悦的平和的,而应当极悲凉极哀怨极悠远的,神武帝的涕泗滂沱,雨泪青衫,

---

[1] 姜戎:《狼图腾》,长江文艺出版社,2004 年版,第 266、284 页。

就足以说明这一点。草原牧歌的文化特质已经被斛律金的歌音彰显得淋漓尽致了。

就这首牧歌的内容而言,它无疑是对"天真而又快乐的人性的富有诗意的描述","在这里自然是高贵的,聪慧的,极其素朴的,然而非常深奥的;这里是表现在最优美形式中的最崇高的人类实质"[1]。单纯的深刻与深刻的单纯,正是《敕勒歌》最突出的美学特质。《敕勒歌》生成于辽阔的草原,无论是高欢,还是斛律金,都是草原人。他们的唱和是其心灵对草原的回归,这种回归超越了铁马金戈,穿越了历史烽烟,而这首牧歌也带着深邃的草原记忆和草原大美永远凝结在华夏历史的深处。

(本文原载《草原丝绸之路第一站——武川与白道》,中国文史出版社2019年版)

---

[1] 〔德〕席勒:《论朴素的诗与感伤的诗·牧歌》,曹葆华译,《古典文艺理论译丛》,第1辑,人民文学出版社1961年版。

胡笳声与催奶调：对乾隆《咏驼》诗的蒙古音乐学解读

在日理万机的余暇中，乾隆皇帝写下了一首《咏驼》诗：

> 驼有懒乳者，忽复厌其驹。跽啮不肯哺，弱难饲以雏。嗷嗷待冻毙，行将弃诸涂。惟彼特墨赤，识性计有余。胡笳奏其旁，哀腔呜呜呜。感驼心生怜，乳驹乃如初。橐盐旋长成，致远收良图。口询非耳闻，此事信匪诬。呜呼！驼独非兽乎？凯风之母兽不如。

这首诗见于《四库全书》本《御制诗集》三集卷三十四。在"惟彼"一句下，乾隆自注："蒙古谓驼为特墨，特墨赤，牧驼者也。"乾隆深谙蒙古语言，他的自注是准确无误的。这首诗讲述了一个神奇动人的草原音乐故事：母驼忽然不愿哺乳幼驼，嗷嗷待哺的幼驼即将冻饿而死，于是骆驼主人开始为母驼吹奏胡笳，忧伤的音乐感动了母驼，在爱心的驱动下，它又重新开始给幼驼喂奶了。诗的最后一句用《诗经·凯风》"凯风自南，吹彼棘心"的典故：凯风就是南风，象征着温柔的母爱，而荆棘则喻指淘气的孩子，诗人的意思是说，为人子者如果不孝敬母亲，就禽兽不如了。这首诗前十二句叙事，后七句议论，最后一句张扬儒家诗教和传统孝道，上升到人性和伦理的高度，可谓曲终奏雅。乾隆给我们留下了珍贵的草原记忆,这首诗不仅有重要的文学意义,而且有极高的文化价值。当然,从文化角度看,这首诗并不容易读懂:第一,乾隆叙述的骆驼故事是真实的吗?第二,什么样的蒙古曲调能够使母驼受到感动?第三,胡笳是一种什么样的乐器?第四,这首诗具有怎样的历史文化背景?这些都是我们关注的问题。

与这首诗的描述颇为类似的情节,我们可以在德国拍摄的蒙古题材电影《哭泣的骆驼》(2003年柏林首映)中看到,只不过奏出感动母驼的音乐的乐器是马头琴,而不是胡笳。骆驼是蒙古民族的五畜之一(牛、马、驼、山羊、绵羊),或者用以负重运输,或者用以骑乘至远,给蒙古人民的生活带来了幸福和安康。至于拒绝哺乳的现象,不仅母驼有,母羊和其他家畜偶尔也有。为了避免幼畜被饿死,蒙古人创造了一种特殊的短调音乐,这就是催奶调,借助这样的音乐来解决母畜拒绝哺乳的问题。所以,"对牛弹琴"之类的事情在蒙古人的畜牧生活中是很正常的现象。即使是现在的蒙古牧区,仍然有极其丰富的催奶调遗存,急需专业的音乐工作者进行深入的挖掘和系统的整理。现代的马头琴是19世纪以来逐渐定型的乐器,而胡笳的历史最早可以追溯到汉代,所以乾隆的这首诗保留了有关蒙古催奶调的极为原始而重要的文化信息。

胡笳作为早期匈奴人的乐器,在草原音乐文化系统中占有重要地位。传世的蔡文姬《胡笳十八拍》"胡笳本自出胡中，缘琴翻出音律同"的诗句足以表明，这种乐器不仅曾经流行于匈奴人中，而且在音律上与汉乐同属于五音系统，所以胡笳曲可以"缘琴翻出"转换为琴曲。胡笳最初进入中原，与张骞（约前164—前114）出使西域的壮举有绝大的关系。《白孔六帖》卷六十二"出塞入塞"条：

> 胡笳者，张博望入西域，传其法于西京，唯得《摩诃兜勒》一曲。李延年因胡曲更造新声二十八解，以为武乐，有《出塞》《入塞》《杨柳》等十曲。

"摩诃兜勒"为早期阿尔泰语，在今日的蒙古语中为"颂赞"之意，今日仍然流行于新疆阿尔泰山区蒙古人和图瓦人中的一首著名的胡笳古曲就叫作《阿尔泰颂》[①]。根据以上文献记载，西汉著名宫廷音乐家李延年所作武乐十曲就是在《摩诃兜勒》的基础上产生的，其核心腔或者说主旋律肯定是胡笳曲《摩诃兜勒》的翻版。胡笳，蒙古人称为冒顿·潮尔（Wooden-Chor）；冒顿是木头的意思，潮尔是和声的意思，指同时发出两个以上的声音。1985年4月，著名蒙古族音乐家莫尔吉胡在新疆阿尔泰山罕达嘎图蒙古自治乡发现了浩林·潮尔（俗称呼麦）和"冒顿·潮尔"

[①] 《托布秀尔和楚吾尔曲选》，赵·道尔加拉、周吉编，玛尼达尔演奏，新疆人民出版社1985年版，第127—131页。

及相关乐曲的遗存——古代游牧民族音乐的活化石[1]，这一发现为我们进入古代蒙古音乐的绚烂世界提供了重要的线索。相关的历史文献足以证明"冒顿·潮尔"就是胡笳。《钦定皇舆西域图志》卷四十"绰尔"条：

> 形如内地之箫，以竹为之。通体长二尺三寸九分六厘。凡四孔，最下一孔距管端二尺一寸三分，次上一孔，距管端一尺九寸三分三厘，次上一孔，距管端一尺七寸二分，最上一孔距管端一尺五寸二分三厘，上口径九分六厘四毫，管末口径六分三厘。以舌侧抵管之上口，吹以成音。

"绰尔"就是潮尔，"以舌侧抵管之上口，吹以成音"正是冒顿·潮尔的基本吹奏方法。《钦定元史语解》卷十、卷十五"超尔"条皆曰："超尔，笳也。""潮尔""绰尔""超尔"都是胡笳的不同译音。这些文献都可以证明"冒顿·潮尔"就是胡笳，当然，胡笳并不一定是冒顿·潮尔[2]，它们不是一对一的等同关系。从目前我见到和搜集的

---

[1] 详见莫尔吉胡：《"潮儿"现象及"潮儿"音乐——试论阿尔泰蒙古古音乐文化圈》，《追寻胡笳的踪迹——蒙古音乐考察纪实文集》，上海音乐学院出版社2007年版，第202—226页；《"浩林·潮儿"之谜》，《追寻胡笳的踪迹——蒙古音乐考察纪实文集》，上海音乐学院出版社2007年版，第33—37页。

[2] 因为北方游牧民族所用的乐器，如羌笛、筚篥以及其他一些加簧片或哨片的吹管乐器等，古人有时也称为胡笳，而其乐理与冒顿·潮尔完全不同，清代宫廷使用的胡笳就是一个例证。

胡笳实物来看,胡笳有三孔、四孔、五孔(前四孔,后一孔)的,长度56—79厘米不等,一概没有哨片或者簧片,更没有用于振动发声的笛膜,纯是上下通透、外加按孔的空管;但清代宫廷所用一种胡笳属于特例,长约90厘米,吹口设角哨。《皇朝礼器图式》卷九"本朝定制燕飨笳吹乐":

> 胡笳,木管三孔,两端加角,末翘而上口哆。管长二尺三寸九分六厘,内径五分七厘,角哨长三寸八分四厘,径三分六厘,口径一寸七分二厘,长八寸九厘。管以桦皮饰之。

这种用于宫廷礼仪的三孔胡笳既已添加了角哨,则属于后起的次生态乐器,在乐理上就完全不同于冒顿·潮尔了。所谓"末翘而上口哆",翘起的部分起到扬声器的作用,哆(读 chǐ,形容张嘴的样子)起的部分就是角哨,这两部分是在三孔潮尔的基础上增加的,只要把它们去掉,就可以还原出三孔的潮尔。

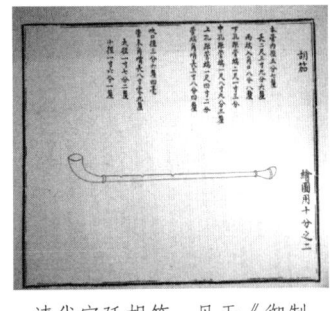

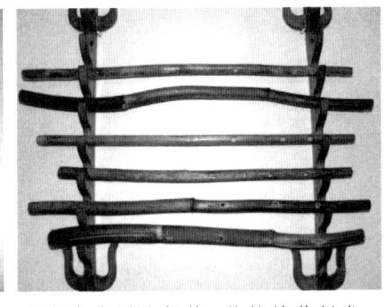

清代宫廷胡笳,见于《御制律吕正义后编》卷七十四　　阿尔泰类型的胡笳,扎拉特草制成,范子烨啸轩藏品

由此可知，清人所说的胡笳分为带哨的和不带哨的两种。冒顿·潮尔，这一名称代表了胡笳的民间状态，或者说田野状态，即"原生态"；而吹口加哨、装饰华丽的胡笳则代表了"绰尔"的宫廷状态，或者说礼仪状态，即"次生态"；后者来自前者，前者的吹奏一般要添加喉音背景，而后者则必须纯用清气吹奏。冒顿·潮尔既是最原始的胡笳，又是人类木管乐器的鼻祖，喉音吹奏法也是最原始的胡笳吹奏法，至今仍然为蒙古族所传承。这种吹奏法，古人称为"喉啭引声"，其实就是呼麦的西奇（Sygyt）唱法（即哨音呼麦）。建安十七年（212）正月，著名诗人和音乐家繁钦（？—218）在给曹丕的一封信中记述了曹操军中一位匈奴少年"喉啭引声，与笳同音"的歌唱艺术（《文选》卷四十《与魏文帝笺》）。"喉啭"即是呼麦（Troat Singing），标准的名称是浩林·潮尔（Holin-Chor）。"浩林"在蒙古语中是喉咙的意思。呼麦是由喉咙产生的和声。这八个字准确揭示了呼麦与胡笳吹奏的关系，同时也足以表明今日蒙古族的冒顿·潮尔就是匈奴时代的胡笳。呼麦大师松迪指出："潮尔（指胡笳）实际上就是呼麦在作响。没有胡笳管子，呼麦本身也可以发出胡笳的效果。吹奏胡笳，其持续音还是原来呼麦的低音部，只是把高声部吹入管子里，成为胡笳的上声部而已。"①这就是"喉啭引声，与笳同音"所蕴含的基本乐理。

浩林·潮尔是一人多声的声乐现象，而冒顿·潮尔则是一管多声的器乐现象。下面是莫尔吉胡在阿尔泰山记录的两位蒙古牧民泰宾太和玛尼达尔演唱呼麦和吹奏胡笳的乐谱：

莫尔吉胡指出，其中的"吟"，"是持续的低音，一直延续到全曲结束"。"泛音旋律线与持续低音的有趣结合，构成了奇妙的二重结构的音乐（原始多声部音乐），其音响多彩，令人感到空旷而神奇。"他又指出："在吹奏笳管之前，演奏者先要发出持续的低音。"在"吟"的基础上，"再用突出的气息吹奏笳管，构成一种双重结构的音乐织体"。因此，"二声部音乐产生在吹管的独奏过程中，形成人声（主

---

① 转引自 D.布贺朝鲁：《喉音艺术——呼麦初探》，C.巴音吉日嘎拉编：《潮尔歌及浩林·潮尔》，内蒙古人民出版社2006年版，第212—213页。

音持续低音）与笛管音乐的结合。在低沉、浓重而稳定的调性主音的衬托下，几乎相隔二至三个八度上面奏出清晰而圆润的笛管旋律"。就三孔的胡笳而言，利用音孔开闭、风门大小和气息控制可以吹出 11 个音，音域将近两个不完全八度，特别长于吹奏悠长、抒情、深沉和悲哀的乐曲，悲苦与哀怨是胡笳之音最鲜明的情感特征。传统的蒙古音乐生成于充满文化信仰的真纯美好的游牧生活，胡笳奏出的是来自长生天的声音。那是一种神秘而静穆的声音，从皓齿丹唇之间，从悠悠笳管之内，时升时沉，时缓时急地飘出——仿佛是林壑的鸟鸣，温馨而温情；仿佛是煦日的风语，轻柔而轻盈；仿佛是高柳的蝉唱，悠远而悠扬；仿佛是巫峡的猿啼，悲怨而悲伤；仿佛是深山的虎啸，清雄而清壮；仿佛是沧海的龙吟，广袤而广远……种种杳渺、空灵、淳厚、深邃的音乐胜境，来自蒙古人的灵魂深处。它永远让人激情澎湃，永远让人浮想联翩，在徘徊顾望、俯仰咨嗟、唏嘘流泪之际，我们的心灵缓缓地进入了一个玉宇无尘、无限宽广的彼岸世界。因此，母驼受到胡笳之声的感动，绝非天方夜谭，而《咏驼》诗描写的特墨赤当然是一位蒙古牧民。

乾隆之所以熟知并喜欢这个蒙古音乐故事，既和满蒙之间的军事征战与文化融合的历史有关，也与其深湛高雅的文化修养和游牧民族的欣赏趣味有关。蒙古民族的胡笳艺术是伴随着惨烈的战争而被满族人所吸纳的。从 1608

年开始，后金努尔哈赤（1559—1626）与林丹汗（1592—1634）统辖的漠南蒙古发生了多次军事冲突，连年征战，双方互有胜负。1632年（天聪六年）5月，皇太极（1592—1643）初步平定了蒙古察哈尔部，结束了蒙古最后一任大汗林丹汗的统治（1604—1634年在位）；1635年4月，林丹汗残部被彻底消灭，漠南蒙古人归降后金。《清会典》卷四十二《乐部》在"北曰蒙古"一句下有注曰：

> 太宗文皇帝平定察哈尔，获其乐，列于燕乐，是曰蒙古乐曲。有笳吹，有番部合奏。笳吹用司胡笳、司胡琴、司筝、司口琴各一人，司章四人。进殿一叩，跪一膝奏曲。

这里明确指出笳吹是由司胡笳、司胡琴、司筝、司口琴四人组成的乐队，司胡笳是乐队的核心。可知皇太极在彻底收服蒙古察哈尔部之时，不仅获得了完整的蒙元宫廷音乐蒙古乐曲，而且获得了与之配套的乐器、乐师和歌工——一个完整完美的蒙古乐队。1695年4月，康熙大帝亲征准噶尔部（卫拉特蒙古），大败噶尔丹，同年11月中旬进驻归化城（今呼和浩特），举行了盛大的庆典活动。魏源《圣武记》卷三《康熙亲征准噶尔记》载：

> 次归化城，躬犒劳西路凯旋之师，辍膳大享士。献厄鲁特之俘，弹筝笳歌者毕集。有老胡工笳，口辩有胆气，兼能汉语，上赐之潼酒，使奏技。音调悲壮，

歌曰："雪花如血扑战袍,夺取黄河为马槽。灭我名王兮虏我使歌,我欲走兮无骆驼。呜呼黄河以南奈若何?呜呼北斗以南奈若何?"遂伏地谢。上大笑,手书以告皇太子。①

在平定噶尔丹叛乱的过程中,清军俘虏了一大批卫拉特蒙古乐人,集中在今日呼和浩特的旧城之内。其中一位擅长吹胡笳的卫拉特老艺术家,在胡笳的悲凉之音中,即兴高歌一曲,咏叹卫拉特人丧国亡家的不幸命运,这就是著名的《卫拉特悲歌》。于是,蒙古乐队再次走进了清宫。康熙五十二年(1713),康熙下诏编纂《御制律吕正义》,对历代音乐资料进行整理,而乾隆遵从祖制,在乾隆十四年(1749)也下诏编纂《御制律吕正义后编》,林丹汗宫廷的蒙古乐曲被完整地著录其中(见于该书之卷四十七和卷四十八)。同时,乾隆为进一步扩大蒙古乐曲的社会影响,采取了满、蒙、汉三种文字形式合刊其歌词,乐谱则统一采用工尺谱,予以广泛普及。这就是著名的《笳吹乐章》与《番部合奏》。

这就是《咏驼》诗所赖以产生的宏伟的历史文化背景。这篇作品所表现的人与驼的关系是自然的平等的和谐的彼此尊重的关系,生命之河的流动依靠母亲的乳汁,人类如此,动物也是如此。爱乐之心,爱乐之情,周流于自然界的生命,

---

① 《魏源全集》,第三册,岳麓书社2004年版,第116—117页。

在音乐声中，一切都变得那样和谐那样可爱，从茫茫的草原到苍苍的大漠，从巍巍的群山到涛涛的江河，音乐之声，无所不在。因此，今日我们读乾隆的《咏驼》诗，确实可以领略一位伟大君王的宇宙深情，其所张扬的博爱情怀与自然法则，无疑可以使这首诗成为中国诗史中的绝唱。

（本文原载《文史知识》2015 年第 8 期）

人类初音与民族风采：说口弦琴

这是一种微小的神秘的乐器：它曾经遍布我们人类生活的星球，渗透在各个民族的日常生活之中；它激扬着人类童年时代的初音，震荡着洪荒时代的回响；它是草原萨满的呼唤，它是爱情幸福的表达，它是平安吉祥的象征，它是为歌舞伴奏的雅器，它是遣兴娱宾的道具，它是娓娓道来的话语，它能够表情达意，它能够祛除邪恶，它可以保健身心，它富有诗意，它充满人性，它具有神性……种种文化功能神秘地集于一身。这就是口弦琴。口弦是人类最古老的音乐艺术形式之一，曾经是真正为全人类所共有所共享所共爱的乐器，有着悠久、辉煌的历史，有着精彩的艺术展演；而在绚丽多姿的现代社会中，口弦琴又重新焕发出勃勃的生机。孤芳的艺术与生命的交响，在口弦琴中有充分的体现。

一

口弦琴，又称口弦、口簧和响篾等等，古人又称为口琴或嘴琴，西方人称为 Jew's Harp 或者 Jawharp，其实它并不是弦乐器，而是一种拨奏体鸣乐器，不同民族对它有不同称谓。口弦琴具有极为广泛的民族性，在不同的区域环境中，口弦

西方中世纪壁画中天使弹奏口弦。残片，教堂壁画，巴约（1412?），法国

琴得到了发展，在发展中不断创新，与各种地方的乐调、不同民族区域的审美选择有密切的关系，音乐审美的差异性赋予口弦艺术以丰盈而特殊的文化气质。

口弦琴的发源地在今日黑吉辽蒙交接之红山文化区域，由此向西部传播，直至川藏甘陕的交界地区，具体位置就是今日黄河、长江发源之河曲地区，其中，今日甘肃省的天水市和通渭县是早期口弦琴传播的核心区域。口弦琴红山区域的民族之发明，历经红山文化期、夏家店文化期，乃至山戎、古羌人等古代的族群。古羌人最初生活在我国西北地区。口弦琴通过草原丝绸之路跨越欧亚大陆向西方传播，后来随着羌人的大规模迁移，成为我国西南地区常见的民族乐器，它在南下之后又进入海洋岛国，沿海上丝绸之路不断传播。由此，口弦琴走向了全世界。

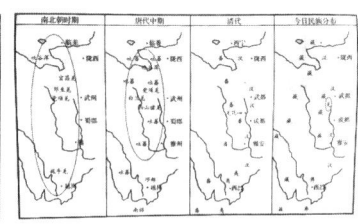

羌人演奏口弦与羌人迁徙图

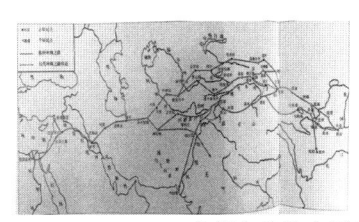

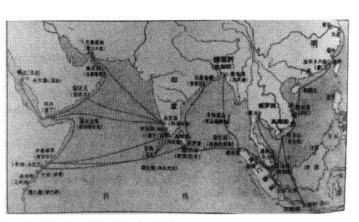

人类初音与民族风采：说口弦琴 　|卷|二| 　179

丝绸之路陆上图与丝绸之路海上图

二

口弦琴是一种构造简单的原始乐器，主要分为骨制、竹制、金属制以及竹子与金属结合的等四种。金属制的口弦，涉及铁、铜、钢等金属。

最早的口簧是骨头制作的。迄今为止，以陕西神木石峁遗址出土的23件口簧为最早，这些骨簧的考古断代在四千年以上。

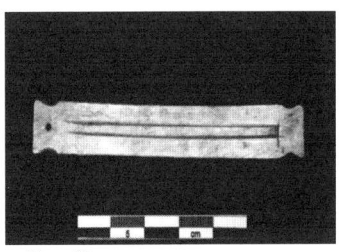

石峁遗址与石峁口簧

竹簧产生于周代，至春秋时代开始广泛流行。北京市延庆区军都山戎人墓地出土的竹簧即属于这一时期。

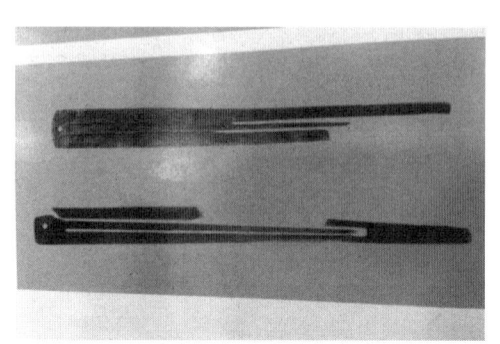

春秋时期拉线式竹簧残件

竹口簧的产生与原始人的狩猎和生产活动有密切关系。《吴越春秋》记载了上古时代的一首《弹歌》："断竹，续竹，飞土，逐宍（肉）。"在制作狩猎工具的过程中，古人很容易发现竹子因破裂而发声的现象。撒尼族长诗《阿诗玛》："破竹成四块，划竹成八片，青青的竹子啊，拿来做口弦。口弦轻轻地响，弹出心里的话，甜甜的声音啊，爱它和宝贝一样。"竹簧的制作完全取材于大自然。从弹奏方法上看，竹口簧主要分为拉线竹簧（又称绳振式竹簧）和弹拨竹簧两种；就造型而言，又有网针形竹簧、剑形竹簧和平头形竹簧等多种。由于古代技术条件的限制（如不能制造螺丝、不能焊接、不能拼版等等），所以纯粹竹簧的结构清一色是自体簧结构，即簧片和框架都是在一块竹片上切割出来的。

口弦琴的制作，通常是手工技术与机械使用相结合，其工艺并不复杂，但制作者必须具有丰富的经验，尤其是调式的确定，是制作口弦最难的一个环节。制作竹口簧，主要环节包括取材、熟材、切割、焙烤、调音等过程，金属口弦琴的制作过程主要包括取材、弯钢、锯槽、打磨簧片、安装簧片、弯尖硬化、锯尾和测音等步骤。

铁簧在汉代开始流行，其直接的源头是箭弓，由箭弓产生弓琴，又由弓琴产生金属口簧。

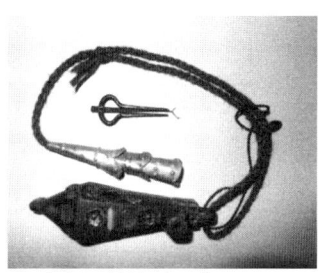

图瓦人弹奏口弓　　　　清代银制钳形口簧

金属口簧以钳形居多，而钳形口簧是弓琴的缩小版。汉刘熙《释名》卷七："竹之贯匏，以匏为之，故曰匏也。竽亦是也，其中洼空以受簧也。簧，横也，于管头横施于中也；以竹、铁作，于口横鼓之，亦是也。"在这里，刘熙明确记载了两种簧：一种是管乐器内的簧片，一种是作为独立乐器的口簧，或用竹制，或用铁制。在汉代著名的建章宫中，曾有一座独具特色的鼓簧宫。《三辅黄图》卷三《建章宫》：

鼓簧宫周匝一百三十步，在建章宫西北。

足见汉代贵族对口簧的重视，口簧是当时流行于贵族间的雅器。今日和林格尔壁画墓就反映当年汉代宫廷演奏口簧的情况。

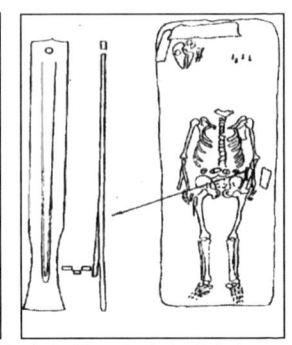

内蒙古和林格尔汉墓壁画中的金属口弦演奏（左），
内蒙古出土的匈奴时期的骨制口弦（右）

宋代著名音乐学家陈旸在《乐书》中详细记载了竹簧与铁簧的形制，为我们留下了珍贵的资料。铁制口簧在我国清代达到一个新的高峰，而以蒙古口簧为代表。《钦定皇舆西域图志》卷四十"特木尔呼尔"条：

> 即口琴也。以铁为之。一柄两股，中设一簧。柄长三分二厘四毫，股长二寸八方八厘。股本相距三分六厘四毫。股末相距七厘二毫。簧长与股等。簧末上曲七分二厘九毫。簧端点以蜡珠，横衔其股于口，以指鼓簧，转舌，嘘吸以成音。

"特木尔"是蒙古语铁的意思，"呼尔"是琴的意思，此外，蒙古语中的"额墨特呼尔"（口琴）和"海力呼尔"（舌头琴）也都指口弦琴而言。"簧端点以蜡珠"是说口簧的调音技巧，"蜡珠"指蜂蜜蜡珠，有很强的黏度；"横衔其股于口"是说左手持琴，含在口中，"以指鼓簧"是说用手指弹拨琴舌,"转舌"是说不断变化舌位,改变口腔的共鸣,"嘘吸以成音"是说用气的技巧。古代正统的口簧音乐与演奏者的口腔气息有密切关系,即在持续低音(基音)的基础上不断调整口腔、唇、颊、舌的位置而发出闪颤的实音与泛音交替的旋律,从而形成二重或三重结构的复音音乐。

清代的乾隆皇帝,就是爱新觉罗·弘历(1711—1799),酷爱蒙古音乐,他曾经写过一首歌咏蒙古口弦琴的诗,这就是见于《御制诗集二集》卷五十一《口琴》诗,诗序曰:"制如铁钳,贯铁丝其中,衔齿牙间,以指拨丝成声,宛转顿挫,有筝琵韵。"《口琴》诗"口上弹琴乃铁为"是说弹奏铁制的口弦琴,"宛合宫商凭两叶"是说这种铁制口簧是双叶簧,"高山流水分明在"是说这种口弦琴能够发出如同古琴曲《高山流水》一般的声韵。乾隆二十五年(1760),意大利著名画家郎世宁创作《塞宴四事图》,描写乾隆皇帝在木兰秋狝(秋狝就是秋季的皇家狩猎活动,狝,读 xiǎn)后,于避暑山庄举行诈马(赛马)、什榜(蒙古音乐)、布库(相扑)、教駣(驯马,駣指三四岁的马,读 táo)等四种活动的场景。在为乾隆皇帝表演的由十位蒙古乐人组成的宫廷乐队中,有一位弹奏口弦琴的乐人(第一排左一),称为"司口琴"。

《塞宴四事图》中的蒙古乐队

这种金属口弦琴在东西方均有非常精彩的艺术表现。例如，德国是哲学之国，也是音乐之国。在德国的文化传统中，情感与艺术，科学与理性，现实与理想，此岸与彼岸，执着与超越，得到了完美的统一。德国的口弦琴就托身于这样一个伟大的文化传统之中。1770年，伟大的音乐家贝多芬（Ludwig van Beethoven，1770.12.17—1827.3.26）的钢琴老师阿尔布雷希茨贝格（Johann Georg Albrechtsberger，1736.2.3—1809.3.9）爵士创作了《口弦协奏曲》。该曲演奏难度极大，代表了次生态口弦艺术的最高境界。该曲以口弦为主奏乐器，占据高音部，以印度的曼陀林为配奏乐器，占据中音部，以整个交响乐队的合奏为低音部伴奏，创造了华美庄严、清灵优美、深邃恢宏、浑然一体的美学胜境，具有强大的艺术感染力和震撼力。

阿尔布雷希茨贝格 　　《口弦协奏曲》　　德国七音调式汞镍合金
　　　　　　　　　　　黑胶唱片　　　　　　　　口弦琴

三

　　口弦琴在人类的听觉神经里埋下对音的美感情趣与对音与音之间的距离感（音程），为人类听觉意识种下了音的逻辑思维种子。口弦音列应是人类第一音列。人类最初的爱乐精神以及对音乐的感知能力是通过口弦建立并表现出来的。口弦的音阶是不固定的，它是在自然谐音系列这个特殊的音律环境中汲取的，它的基音决定了口弦曲的调式稳定感，而谐音系列属于一种史前律制。因此，通过口弦琴艺术，我们现代人可以回归史前的音乐时代，进入并且探讨人类先民的乐感初心。这对于重新塑造人类的音乐文明及其文化品格具有非常重要的意义。

　　薛艺兵指出，"口簧是所有常见民间乐器中发音最微弱的一种乐器，奏者只有在幽静场合才能静心取音，听者只能在咫尺之内方可闻其声调。微弱的音量和特殊的演奏方式使人们无法在公众场合演奏，除了用以抒发个人感情外，口簧也只能在一定环境下的小范围内充当人际间表达心声和抒发情怀的工具。……它既是人们闲暇时自我娱乐的一种乐器，也是情人间谈情说爱时交流感情的一种工具。由于口簧是借助人的口腔和舌位的变化来调节音调，这种音调产生于乐器和口形的结合，它几乎接近说话时的语言音调，这也是口簧不同于其他乐器的特点之一。《诗经·巧言》有'巧言如簧'，说明簧与'巧言'一样动人。正因为如此，利用口簧来传达语意信息便成为这种乐器常见的特定功能。尤其是在许多少数民族地区，当口簧的某些常用音调成为人们熟悉的和约定俗成的语意对应物时，或者当情侣之间已经有了心领神会的共同语言时，口簧便可充当'说话'的工具"[1]。而口弦"说话"的实质，"是口弦音乐中，有一部分旋律的走向与声调曲折一致。演奏者靠声调曲折作为口弦音乐创作的依据，听者靠音乐旋律所反映的声调曲折来判断语义"[2]。这就是深藏在"巧言如簧"这句诗以及由此形成的"巧舌如簧"这个成语内部的口簧演奏的乐理机制。曾遂今以凉山彝族口弦为核心，对口簧的话语功能进行了深入的研究，为我们正确理解《诗经》这个名句提供了有力的音乐学支撑。

口弦琴首先具有突出的自慰性、自悦性、自娱性和自

---

[1] 薛艺兵：《中国乐器志·体鸣卷》，人民音乐出版社2003年版，第224页。
[2] 曾遂今：《口弦"话语"》，《中国音乐》，1985年第1期。

足性，其次是具有慰他性、悦他性、娱他性和足他性。现代科学证明，弹奏口弦确实具有良好的养生功用：（1）对大脑海马体的震动，有利于大脑的保健；（2）心、口、意和手的密切配合，可以锻炼、培养协调性，避免老年痴呆的发生；（3）目送手挥、随意生成的曲调，可以使人性情怡悦，内心蕴结的情绪可以得到淋漓尽致的抒发；（4）口弦之声对人体内部的震动，可以破除体内生成的硬性物质，避免结石病的发生（相当于跑步的作用）；（5）尤其重要的是，弹奏口弦时的呼吸吐纳，可以有效地排出体内的浊气，吸入体外的新鲜空气，促进人体内部系统的循环（相当于气功的作用）；（6）培养优雅幽美的艺术修养，培育健康快乐的个人性情。可以说，自从有了口弦琴，人类便不再寂寞了。

四

关于口弦琴的起源，我国一向有女娲作簧的古史传说。女娲是传说中的人类先祖之一，曾经抟土作人，曾经炼石补天，曾经断竹作簧。《世本》："女娲作簧。"《魏书·乐志》："女娲之簧，随感而作，其用稍广。"在神话传说中，女娲的配偶叫作伏羲，是古史传说中琴的发明者，后人称为伏羲氏古琴。这两个传说本身恰好彰显了口弦琴与琴的关系。"西王母命侍女许飞琼鼓震灵之簧"（《汉武内传》）

的传说，也足以表明新石器时代母系氏族社会部落首领开创了远古时代的口簧艺术。今日甘肃省天水市秦安县一向被视为娲皇故里。从女娲开始，口弦琴便与女性结下了不解之缘，开创了口弦艺术的女性传统。

周代的国姓为姬姓，周人的母系先祖是姜嫄，姜姓属于世居渭水流域的西戎部落，姜太公钓鱼的故事反映了姬姜联盟建立的历史事实。姜、羌属于同一个族源，女性为姜，男性为羌，分属于母系氏族社会和父系氏族社会两个不同的阶段。周人与姜氏为世婚，在这种背景下，口弦琴作为羌人的乐器，自然就从民间的田野状态进入了周人的宫廷之中，成为宴乐系统中的乐器。作为先秦时代的歌诗选集，《诗经》描写口簧的三首诗就反映了这种民族文化交融的情况。"君子阳阳，左执簧。"（《诗经·国风·王风·君子阳阳》）这描写的是一场优雅的宫廷口弦舞。"既见君子，并坐鼓簧。"（《诗经·国风·秦风·车邻》）这是用口弦传达的一对夫妻的深情。"吹笙鼓簧，承筐是将。"（《诗经·小雅·鹿鸣》）这是贵族宴饮的华彩乐章。在《诗经》中，所有口弦琴的演奏者都是女性。汉王逸《九思·伤时》："使素女兮鼓簧，乘弋和兮讴谣。"表现了女性的鼓簧艺术。晋陆云《为顾彦先赠妇往返诗》四首其四："鸣簧发丹唇，朱弦绕素腕。"这是一位美丽的女艺术家的拉线式竹簧演奏。基于以上传统，口弦艺术先天便带有女性的气质，尤其是竹制口簧。与这一艺术传统相呼应，在我国当代也出现了许多优秀的女性口弦艺术家，主要的代表人物有塞里麦·安妮（回族）、索丽娅·安宇歌（回族）、文丽（蒙古族）和马国国（彝族）。

安宇歌　　　　　文丽　　　　　马国国

口弦琴是人类拥有的第一件乐器，是具有胚胎型意义的最原始的乐器，是人类远古音乐的"活化石"。口弦琴弹出了人类音乐文明的第一道曙光。在皎洁的月光下，在燃烧的篝火旁，在寂静的竹林间，在温暖的毡房内，在长河的落日下，在大漠的孤烟中，它演绎了一曲曲生命的欢歌与无尽的遐想。口弦琴是弹拨乐器的鼻祖。在它的影响下，拇指琴（Mbira）产生了，而拇指琴是现代钢琴的前驱型乐器；在它的影响下，齐特（zither）类乐器和鲁特（lute）类乐器也产生了。原始的口腔共鸣被现代的音箱共鸣取代了。在无数音乐家的目送手挥中，人类的音乐史走向了峰巅。

（本文原载《中国艺术时空》2017年第3期）

"自然之至音"：中国古代的长啸艺术

在东方古国的五音繁会中，长啸是一种颇为神奇的声乐艺术，对于我国的文学艺术和文人生活皆有广泛而深刻的影响。但是，长啸就是吹口哨吗？现在的口哨就是古代长啸的文化遗存吗？多年来，我带着这个巨大的疑问仔细审核古人遗留给我们的种种文献记载，最后得出了一个新的结论：口哨仅仅是啸的一个类型，仅仅属于啸的一个品种，它与啸并非对等的关系；不仅如此，口哨基本上停留在民间的状态，对高层知识分子的生活和思想也没有太多的渗透。原因有五：第一，由于没有声带的振动，口哨的声音比较微弱，缺乏穿透力，所以传播的距离和传播的范围十分有限；第二，口哨没有宏大的气势，也难以创造奔放的音乐风格，其在情绪的表达上以欢乐为主，绝难体现大悲的意绪和巨痛的情怀；第三，口哨不能用于吟诗和诵经，因而也就不能创造古人所谓"吟啸"或"啸咏"乃至"转读"的艺术盛业；第四，口哨不能用于祭祀，不具备沟通人神的宗教艺术功能；第五，古代喜爱吹口哨者，多有民间之流氓阶级和底层人物，如杂剧演员、市井小民乃至绿林中人之类的社会角色，所谓"啸聚山林"就是这种意义上的啸，这与中古世族之文化精神甚不相侔。我们试看中古时期的汉译佛经：

尔时南方国大萨遮尼干子与八十八千万尼干子俱，游行诸国教化众生，次第到于郁阇延城。复有无量百千诸众，或歌、或舞、吹唇、唱、啸，作百千万种种伎乐。（《大正新修大藏经》，第9册，No.0272，《大萨遮尼干子所说经》卷第二）

或笑，或舞，或鼓唇、弹鼓簧，或啸。或鼓口作吹贝声，或作孔雀鸣，或作鹤鸣。（同上，第22册，No.1428，《四分律》卷第十二）

有男有女同一床坐，同一器食，同一器饮，歌舞戏笑作众伎乐。若他作者，即复唱和共作。或吹唇，或弹鼓簧，或作吹贝声，或作孔雀声，或作鹤鸣，或走，或伴跛行，或啸，或作俳说人。（同上，卷第四十）

这些文献描写了佛陀时代天竺国流行的民间文艺，诸如口技、杂耍、俳优和弹奏口弦之类。在这些文献中，"吹唇""鼓唇"与"啸"是并列的关系。这足以表明在早期的印度民间艺术系统中，口哨与长啸是截然不同的艺术品种，人们对这一点是有充分认识的。因此，笔者逐渐放弃"啸即口哨"这一传统观点。那么，究竟什么是长啸？1996年，赵磊发表《啸与浩林·潮尔》一文（《草原艺坛》，1996年第1期），1998年，莫尔吉胡发表《试论阿尔泰蒙古古音乐文化圈》（《音乐艺术》，1998年第1、2期）一文，提出了"啸即浩林·潮尔"的新说。所谓浩林·潮尔（Holin-Chor），俗称呼麦（图瓦语 Хөөмей，蒙古语 Хөөмий，古蒙古语 kμgemi，西文 khoomei）。"潮尔（Chor）"，蒙古语义为和声。"浩林"，蒙古语本义指喉咙，由此引申为喉音之义。浩林·潮尔就是喉音咏唱。目前，呼麦主要流行于东北亚、中亚、蒙古（Mongolia）、图瓦（Tuva）、哈卡斯（Khakass）、阿尔泰（Gorno-altaisk）和巴什基尔（Bashkirs）等地区，有多种发声方法与演唱类型，最基本的特征是一位歌唱者能够同时唱出两到三个声部，在一个持续不变的基音之上发出泛音，形成旋律，以图瓦呼麦和蒙古呼麦最为引人注目。关于呼麦的唱法，莫尔吉胡指出："先发出主音上的持续低音，接着便同时在其上方（相差三个八度）发出一个音色透明的大调性旋律，最后结束在主音上。同胡笳曲一样，全曲是单乐句构成的乐段。"以下是1985年4月他在新疆阿尔泰山区记录的呼麦乐谱：

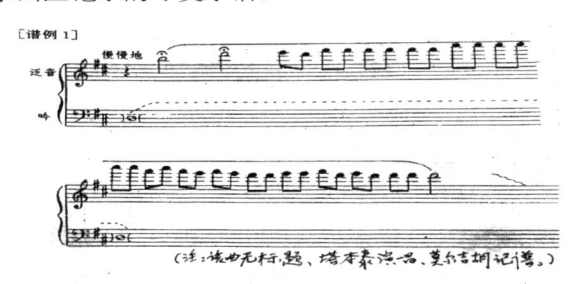

[谱例1]

（注：该曲无标题，塔本泰演唱，莫尔吉胡记谱。）

浩林·潮尔是蒙古族复音唱法潮尔（Chor）的演唱形式，是一种高超的喉音艺术。"啸即浩林·潮尔"这一学说的出现，使我们的文化视野从狭小的中原地区走向了广阔的江山塞漠，从恒河流域到雪域高原，从昆仑山到阿尔泰山，从蒙古高原到西伯利亚，从亚洲腹地到北欧各国，人类文化的万千气象和波谲云诡纷然闯入我们的文化视野。

一、"一声能歌两曲"：长啸与浩林·潮尔在音乐形态上的同一性

在音乐形态上，长啸与浩林·潮尔的吻合主要表现在三个方面，即五声音阶的调式特征，一口气旋律与拖腔的吟唱特征，以及二重音乐织体的结构特征。啸的音乐调式属于传统的五声音阶。唐袁郊《甘泽谣·韦驺》："韦驺者，明五音，善长啸，自称逸群公子。"而采用拖腔旋律，也正是长啸的突出特征之一。唐范摅《云溪友议》卷三"舞娥异"条记一善啸的囚犯"清声上彻云汉"，只有采用浩林·潮尔的拖腔，才能创造这样的艺术效果，因为呼麦的泛音激扬在悠长的拖腔内，其穿透力是很强的。宋张淏《云谷杂记》说有一位道士"善歌，能引其喉于杳冥之间，作清徵之声，时或一二句，从天风飘下"，这也就是"清声上彻云汉"的意思，明显是呼麦的拖腔。同时，这也表明这位道士的清啸乃是一口气的旋律，在每个乐句之间存在着空白和间隔，而且没有固定的曲调。这种具有间歇性的一口气旋律恰好是浩林·潮尔的突出特征之一，因为喉音艺术是建立在强大的体内气息的基础之上的，各种呼麦唱法都决定于一口气旋律的音乐特质。由于长啸具有这样的音乐特质，

因此啸声能够传播很远。宋普济《五灯会元》卷五《药山惟俨禅师传》：

> 师一夜登山经行，忽云开见月，大啸一声，应澧阳东九十里许，居民尽谓东家，明晨迭相推问，直至药山。徒众曰："昨夜和尚山顶大啸。"李（翱）赠诗曰："选得幽居惬野情，终年无送亦无迎。有时直上孤峰顶，月下披云啸一声。"

类似的记载在古籍中有很多。而二重结构的音乐织体是长啸与浩林·潮尔最主要的吻合之点，这也是二者最本质的艺术特征，这种艺术特征上的吻合在人类的声乐艺术中是独一无二的。元伊世珍《琅嬛记》引《志奇》说曹操的歌女："绛树一声能歌两曲，二人细听，各闻一曲，一字不乱。人疑其一声在鼻，竟不测其何术。"所谓"一声能歌两曲"说的就是浩林·潮尔，就是长啸。"一声在鼻"表明绛树所采用的具体歌唱方式是"鼻腔呼麦"。而针对《文选》卷十八晋成公绥《啸赋》"乃慷慨而长啸……随事造曲"一段，莫尔吉胡指出："这段记述已相当清晰地描绘了啸。首先，啸的结构是由'丹唇'发出的'妙声'同'皓齿'激出的'哀音'同时发出，其次，双声之间又有着和谐的音程关系。即宫音与角音相谐（三度关系），商音羽音夹杂徵音（五度、四度关系）；第三，二声部结构的音乐自始至终运作在同宫系统之内（即自然大调式）。"不仅如此,《啸赋》所说的"大而不洿,细而不沈。清激切于笙竽,优润和于瑟琴",也是对长啸的多声部特质的生动表述:"大"是高音部,"细"是低音部,"清激"是高音部,"优润"是低音部。据晋人王隐《晋书》的记载,魏末名士孙登善长啸,其特点是"如箫、鼓、笙、簧之音,声震山谷",王隐连用四种乐器作为喻体,也是意在凸显其多声部的音乐结构特征。《世说新语·栖逸》说"苏门真人"之啸"如数部鼓吹,林谷传响",更足以表明长啸乃是一种由一人创造的多声部声乐艺术。

二、缩喉与反舌:长啸与浩林·潮尔在发声方法上的同一性

长啸的发声方法与呼麦的发声方法是完全相同、完全一致的。不仅如此,在人类的声乐艺术乃至非声乐艺术层面的声音现象中,这种相同或一致具有唯一性。根据当代音乐学者的研究以及我个人的吟唱体会,浩林·潮尔发声的要领有二:一是缩喉,一是反舌。缩喉在先,反舌在后,但先后相承的间隔是很短的,几乎缩喉的同时就要反舌。反舌,就是舌尖上卷,缩喉,就是憋气;反舌时气流直冲上颌,会发出金属般的泛音;缩喉时胸腔和口腔被连接共振,出现低音。"缩喉"的作用在于通过"憋""顶""挤"的过程,将丹田之气提升到喉部,用回旋气流同时冲击主

声带和次声带。宋释赞宁《宋高僧传》卷二十九《杂科声德篇》第十之一《南宋钱塘灵隐寺智一传》:

> 释智一者,不详何许人也。居灵隐寺之半峰,精守戒范,而善长啸。啸终,乃牵曳其声,杳入云际,如吹筎叶,若揭游丝,徐举徐扬,载哀载咽,飔飔凄切,听者悲凉,谓之《哀松之梵》。颇生物善,或在像前赞咏流靡。于灵山涧边养一白猿,有时蓦山逾涧,久而不还。一乃吮吻张喉,作梵呼之,则猿至矣,时人谓之曰"猿梵",名一公为"猿父"。

这里所说的"长啸"——"吹筎"式的《哀松之梵》,具有极长的拖音;而智一长啸的方式是"吮吻张喉":"吮吻"就是收唇,双唇向前突起,"张喉"就是缩喉。所谓"作梵"是指啸出《哀松之梵》一曲,至于"在像前赞咏流靡",其所采用的方式亦当为喉音咏唱。而"反舌"的作用在于分气,呼麦正是利用舌把气流分开,所谓分气法的喉音艺术。舌头乃是将气息一分为二的工具,由此而创造一种神奇的复音声乐。元刘赓《啸台》诗:

> 舌如卷叶口衔环,裂石穿云讵可攀。鸾凤不鸣人去久,荒台无语对共山。

"舌如"一句将长啸的发声方法和口型特征说得既贴切又形象,"裂石"句则是夸饰长啸的艺术效果。宋释觉范《石门文字禅》卷六《王仲诚舒啸堂》"齿应衔环舌卷桂"

的诗句也准确地写出了啸者的口型与舌位特征，所谓"桂"是指桂皮，其内卷之形态与长啸时舌之特征十分吻合。另外，桂皮又是芳香的，这种比喻也是形容啸者气息的美好。晋人王嘉《拾遗记》卷五载：

> 太始二年，西方有因霄之国，人皆善啸，丈夫啸闻百里，妇人啸闻五十里，如笙竽之音，秋冬则声清亮，春夏则声沉下。人舌尖处倒向喉内，亦曰两舌重沓。

太始为汉武帝年号，太始二年即公元前95年；所谓"因霄之国"，当为"吟啸之国"，"因霄"与"吟啸"发音相近，由音近而致讹。这虽然是小说家言，却是证明"啸即浩林·潮尔"的核心性文献之一，因为它同时点明了舌、喉对长啸的生理意义。所谓"舌尖处倒向喉内"，是说用舌头制造一个封闭的共鸣咽腔，在气流对声带的冲击下，喉头不断振动，发出持续的啸声。特别值得注意的是唐人孙广的《啸旨》强调"和其舌端"，并且详细记载了以反舌之法为核心的十种啸法，如"外激"："以舌约其上齿之里，大开两唇而激其气，令出入，谓之外激也。"对于其他九种啸法，《啸旨》都说如此用舌，而"以舌约其上齿之里"就是反舌，就是《吕览》所说的"人舌尖处倒向喉内"，就是"两舌重沓"。可见用反舌之法对长啸的发声是至为关键的。在人类声乐艺术的现代遗存中，只有呼麦歌唱采用这种方法。事实上，在通常情况下，当一个人用舌头抵住上腭时，不仅不能唱歌，甚至连话都说不出来。这就是呼麦与长啸所具有的特殊的一致性。

三、长啸与胡笳：从音乐演奏者和欣赏者的民族属性看长啸与浩林·潮尔的同一性

中古时代的许多啸者都是胡人或胡人的后裔。如"纵酒长啸，声调亮然，坐者为之流涕"的刘元海（《晋书·刘元海载记》），是南匈奴单于於夫罗之孙，匈奴左贤王刘豹之子，十六国匈奴汉国的创立者；羯族（匈奴之别部）政治家石勒在少年时代曾经倚啸于洛阳上东门（《晋书·石勒载记》），震惊了一代名士王衍，后来成为十六国时期后赵的建立者；契胡人尔朱兆"手舞马鞭，长啸凝望"（《魏书·尔朱兆传》），其为人则极其凶暴残忍。《艺文类聚》卷四十四《乐部四》引《世说新语》：

> 刘越石为胡骑所围数重，城中窘迫无计。刘始夕乘月，登楼清啸，胡贼闻之，皆凄然长叹；中夜次奏胡笳，贼皆流涕，人有怀土之切；向晓又吹，贼并弃围奔走。

这里所谓胡兵，实际是匈奴兵。就发生在西晋末年的这场太原保卫战而言，刘琨（字越石）率领的晋军已经陷入了绝境，他既没有与匈奴人对抗的实力，也没有实施诸葛亮式的空城计的机会，然而，他的音乐艺术却创造了军

事史上的奇迹：他的一声清啸以及胡笳的吹奏，使匈奴人愀然动容，凄然长叹，深受感动的侵略者们带着一颗颗悲哀的心灵悄然退走了。如果说垓下之战中的四面楚歌是以敌军的乡音作为瓦解敌军斗志的手段而颇有落井下石的意味的话，那么，刘琨却是纯粹以一位个体的音乐家的情怀凭借长啸和胡笳征服强敌的。胡笳之音既能鼓舞士气，亦能激起胡人的故园情思而瓦解其斗志，因为就本源而言，胡笳乃是胡人的艺术。这也就是刘琨在皎洁的月光之下吹笳、长啸的文化背景。这无疑是人类极深沉的大悲调，它唤起了匈奴人对故乡对草原生活的记忆，唤醒了他们曾经拥有的情感体验。刘琨以清啸之音感动胡人，已经向我们传递出一个极为重要的文化信息：长啸乃是当时的胡人，尤其是匈奴人的声乐艺术。《文选》卷四十一汉李陵《答苏武书》：

远托异国，昔人所悲，望风怀想，能不依依！……凉秋九月，塞外草衰。夜不能寐，侧耳远听，胡笳互动，牧马悲鸣，吟啸成群，边声四起。晨坐听之，不觉泪下。

尽管《答苏武书》可能出于后人的拟托，但是，这封书信却足以说明"胡笳"与"吟啸"都是塞外胡人的音乐艺术。胡笳的哀怨，骏马的悲鸣，牧人的吟啸，构成了诗意盎然、如泣如诉的塞外边声。这是何等壮美的民族生活画卷！

蒙古民族的呼麦艺术作为人类原始音乐世界的活化石，

为我们研究长啸艺术的历史提供丰厚的文化资源。"良自然之至音，非丝竹之所拟。""信自然之极丽，羌殊尤而绝世。""乃知长啸之奇妙，盖亦音声之至极。"(《啸赋》)成公绥对长啸艺术的深情礼赞深刻地传达了他亲证自然的体验。啸的本质和最根本的文化意义就在于它是人类对自然的一种复归。如果说哲学始于仰望星空的话，那么，音乐则始于一声长啸。长啸是人类的最高音，是对人类集体记忆的深情呼唤，是东方文化的声音符号，它自始至终都与华夏文明相依相伴。一部辉煌的中国诗史，实际上就是一部伟大的啸史。由此我们能够发现音乐是如何书写并表征历史的，也能够找到一条东方世界连接并维系游牧文明与农耕文明之密切关系的纽带，从而为伟大的华夏古国的多元文化共同体的形成提供了有力的现代性阐释。聆听啸声，就是在聆听历史老人的述说，因为长啸作为人类的艺术音声，对人类的情感具有最广大的包容力和最集中的显现力，东方社会乃至东方各民族的情感赖此得以凝聚。长啸，这种似歌非歌、似唱非唱、似吟非吟的喉音艺术，在我国文化史上实际构成了另一种历史书写方式——其本质就是声乐形态的诗史，就是精神史。

(本文原载《文史知识》2017年第10期)

辛苦·幸福·陶醉
——《自然的亲证：啸音与乐诗研究》后记

时而如龙吟大泽，时而如虎啸深山，时而如凤鸣朝阳，时而如雁叫霜天，时而如鹤唳晴空，时而如蝉唱高枝，时而如万马奔腾，时而如广漠长风，时而如惊雷激越，这就是东方古国的长啸之音。在百转千回、千回百转的长达二十余年的苦苦追寻中，我终于找到了这种神奇而伟大的声乐艺术的主体性的现代遗存，那就是蒙古人所说的浩林·潮尔（Holin-Chor），俗称呼麦（khoomei）——我国西部和北部游牧民族的喉音艺术。

在最终揭开这个巨大的历史文化之谜的时候，我感觉自己确确实实同一个未知的音声世界遭遇了。由此我实现了听觉感知上的革命性转换。我发现，在长啸之音中，人们几乎可以同时实现对历史、现实和未来的参与；换言之，在一位啸者的心中，历史也不是过去，现实也不是现在，未来也不会到来，因为他们在特殊的心理时间的支配下，能够从容地与天地、宇宙、自然和谐共振，与历史、现实和未来自由交流。如果说哲学始于仰望星空的话，那么，音乐则始于一声长啸。长啸是人类的最高音，是对人类集体记忆的深情呼唤，是东方文化的声音符号，它自始至终都与华夏文明相依相伴。一部辉煌的中国诗史，实际上就是一部伟大的啸史。从穹庐民族"天苍苍，野茫茫"（《敕勒歌》）的自然歌唱，到士林精英们的嗜啸成风以及中国文学的一种特殊的音乐意象的生成，从萨满的欢歌到佛门释子的转读和道教黄冠的秘术，长啸成为连接游牧文明与农耕文明的和谐纽带，成为兼容儒释道多元文化的艺术法宝，成为华夏文明的声音载体。

长啸是什么？是一种超现实的声音存在？还是人与神的对话？是神的创造？还是神的默示？抑或是苍天之音与大地之声的同步映射？无论如何，能够走出历史的迷雾，并在时贤提出的假说的基础上最终较为彻底地完成相关的学术论证，我是万分怡悦的。在长啸的历史之音中，我的心灵也似乎不断经历着约翰·克里斯朵夫式的洗礼、升华与超越；而当我发出声声长啸的时候，我的震撼与感动也常常使自己流泪。我很辛苦。我很幸福。我很陶醉。

2020 年 4 月 2 日于五柳斋

（本文系作者《自然的亲证：啸音与乐诗研究》一书的后记，略有删节，中国社会科学出版社出版）

在文化的原野上

卷三

"机关木人"与"愚公移山"

关于《列子》的成书和旨趣问题,从宋代到近现代学术界一直都在讨论,参与讨论者不乏国学大师一流人物,今人甚至有篇幅不小的专著问世[①]。古今研究者公认的事实是:《列子》的思想、语言和故事与佛学有一定的联系。而在先秦时期,佛教尚未进入中国,如汤用彤先生所言:"佛教自西汉来华之后,自己有经典,惟翻译甚少,又与道流牵合附益,遂不显其真面目。……及至桓灵之世,安清、支谶相继来华,出经较多,释迦之教乃有所据。"[②]也就是说,在东汉中后期,汉译佛典才开始较多出现,而佛经的广泛流行,则是在三国、西晋时代。因此,从佛教史和佛学史的角度为《列子》的成书断代就是非常合理的学术选择。季羡林先生在 1949 年 2 月撰写的《〈列子〉与佛典——对于〈列子〉成书时代和作者的一个推测》[③]一文,就是此方面的代表作。季先生发现,《列子·汤问篇》和西晋高僧竺法护所译《生经》都有关于"机关木人"(就是木制机器人)的记述。在经过细致的文本比对和深入的考察、探

---

① 马达:《〈列子〉真伪考辨》,北京出版社 2000 年版。
② 《汉魏两晋南北朝佛教史》,北京大学出版社 1997 年版,第 43 页。
③ 《季羡林文集》第六卷《中国文化与东方文化》,江西教育出版社 1996 年版,第 41—53 页。

讨之后,他指出:"《列子》与《生经》里机关木人的故事绝不是各不相谋的独立产生的,一定是其中的一个抄袭的另外一个。现在我们既然确定了印度是这个故事的老家,那么,《列子》抄袭佛典恐怕也就没有什么疑问了。""《列子》既然抄袭了太康六年译出的《生经》,这部书的纂成一定不会早于太康六年(公元285年)。"如此为《列子》成书断代是非常科学的。其实,对季先生的观点,有更多的汉文佛典堪为佐证。譬如,竺法护所译《修行地道经》卷第七《弟子三品·修行品》第二十八也提到了"机关木人":

> 犹如合材机关木人,因对动摇,愚者睹之,谓为是人,慧明察之,合木无人。一切三界皆空如是。[①]

但在汉译佛典系统中,涉及"机关木人"的最早记述见于后汉支娄迦谶所译《道行般若经》卷第八《摩诃般若波罗蜜道行经守行品》第二十三:

> 般若波罗蜜无有形故,譬如工匠黠师,克作机关木人。[②]

支谶本为月支国三藏,大月氏在印度所建立的贵霜王朝奉佛教为国教,"佛法之传布于西域,东及支那,月氏领地实至重要也"。"大月氏固东汉时所认为佛教之重镇

[①] 《大正藏》,第15册,No.0606。
[②] 《大正藏》,第08册,No.0224。

也。"① 因此，支谶译经足以表明"机关木人"的文化渊源就是天竺之佛教。事实上，"机关木人"是天竺佛典极为重要的象喻之一，也是人们经常使用的典故之一。例如：

（1）譬如工匠于机关木人，若男若女，随所为事，皆能成办，而无分别。（后秦龟兹国三藏鸠摩罗什译《小品般若波罗蜜经》卷第九《称扬菩萨品》第二十三）②

（2）如机关木人，能出种种声。彼无我非我，业性亦如是。（于阗国三藏实叉难陀奉制译《大方广佛华严经》卷第十三《菩萨问明品》第十）③

（3）如机关木人若无有楔，身即离散，不能运动，菩萨摩诃萨亦复如是。（于阗国三藏实叉难陀奉制译《大方广佛华严经》卷第七十八《入法界品》第三十九之十九）④

（4）同机关木人，亦如幻化像。（唐三藏义净译《大宝积经卷》第五十七《佛说入胎藏会》第十四之二）⑤

（5）譬如幻主机关木人，人虽睹见屈伸俯仰，莫知其内而使之然，佛法不尔，咸令众生悉得知见。（北凉天竺三藏昙无谶译《大般涅槃经》卷第五《如来性品》第四

---

① 汤用彤：《汉魏两晋南北朝佛教史》，第34页。
② 《大正藏》，第08册，No.0227。
③ 《大正藏》，第10册，No.0279。
④ 《大正藏》，第10册，No.02790。
⑤ 《大正藏》，第11册，No.0310。

之二）①

（6）如机关木人，所作无分别。（北凉天竺三藏昙无谶译《大方等大集经》卷第十四《虚空藏品》第八之一《所问品》第一）②

（7）无有实事，如机关木人，识亦如是，从颠倒起虚妄，因缘和合，故有。（姚秦龟兹三藏鸠摩罗什译《持世经》卷第二《持世经五阴品》第二之二）③

（8）犹如机关木人，筋牵屈申，举下而已。（宋罽宾三藏昙摩蜜多译《佛说转女身经》）④

（9）机关木人无众生体，依毘舍阇力，依巧师力，作去来事，而诸愚痴凡夫，执着以为实有。（元魏天竺三藏菩提留支译《入楞伽经》卷第三《集一切佛法品》第三之二）⑤

（10）汝应学作机关木人，若男若女。（后秦北印度三藏弗若多罗译《十诵律》卷第九二《诵》之三《明九十波夜提法》之一）⑥

（11）为儿作机关木人、象马、车乘、弓箭，种种戏具，随时娱乐之。（后秦北印度三藏弗若多罗译《十诵

---

① 《大正藏》，第12册，No.0374。又见昙无谶译《大般涅槃经》卷第五《四相品之余》，卷第十三《圣行品》之下，卷第十四《圣行品》第七之四，卷第十七《梵行品》之第四，卷第十九《梵行品》第八之五。
② 《大正藏》，第13册，No.0397。
③ 《大正藏》，第14册，No.0482。
④ 《大正藏》，第14册，No.0564。
⑤ 《大正藏》，第16册，No.0671。
⑥ 《大正藏》，第16册，No.0671。

律》卷第二十五第四《诵》之五《七法》中《皮革法》第五)[1]

（12）同机关木人，亦如幻化像。（三藏法师义净奉制译《根本说一切有部毘奈耶杂事》卷第十二第二门第十《子摄颂难陀因缘之余》）[2]

（13）为机关木人，为是梦中事。（龙树菩萨造，后秦龟兹国三藏法师鸠摩罗什奉诏译《大智度论》初品中十《喻释论》第十一）[3]

（14）如机关木人，虽能动作，内无有主，身亦如是。（圣者龙树造，后秦龟兹国三藏鸠摩罗什译《大智度论》释初品中《善根供养义》第四十六）[4]

（15）譬如工匠作机关木人，行住坐卧，唯不能言，众生亦尔。（唐清凉山大华严寺沙门澄观述《大方广佛华严经随疏演义钞》卷第六十六）[5]

（16）但从因缘，妄相缘起，如机关木人也。（沙门吉藏撰《金光明经疏》）[6]

（17）如机关木人，但由业风所转。（唐三藏法师义净奉制译，翻经沙门慧沼撰《金光明最胜王经疏》卷第四《净

---

[1] 《大正藏》，第23册，No.1435。
[2] 《大正藏》，第24册，No.1451。
[3] 《大正藏》，第25册，No.1509。
[4] 《大正藏》，第25册，No.1509。
[5] 《大正藏》，第36册，No.1736。
[6] 《大正藏》，第39册，No.1787。

地陀罗尼品》第六)①

（18）谓观阴界入种种身色，如机关木人。(《注大乘入楞伽经》卷第三)②

（19）唤取机关木人问，求佛施功早晚成。(唐慎水沙门玄觉撰《永嘉证道歌》)③

（20）种种施为，如幻如化，如机关木人，毕竟无有心量，于一切处无执系，无住着，无所求，于一切时中，更无一法可得。(慧日永明寺主智觉禅师延寿集《宗镜录》卷第四十九)④

（21）从忆想分别起，无有实事，如机关木人，识亦如是。(《宗镜录》卷第六十九)

（22）如机关木人，能出种种声，彼无我非我，业性亦如是。(《宗镜录》卷第八十五)

（23）幻无定相如旋火轮，如干闼婆城，如机关木人，如阳焰，如空华，俱无实法。(《景德传灯录》卷第二十八《诸方广语》)⑤

（24）机关木人修道，何时得达彼岸。(《景德传灯录》卷第二十九)⑥

---

① 《大正藏》，第39册，No.1788。
② 《大正藏》，第39册，No.1791。
③ 《大正藏》，第48册，No.2014。
④ 《大正藏》，第48册，No.2016。
⑤ 《大正藏》，第51册，No.2076。
⑥ 《大正藏》，第51册，No.2076。

(25)善解机关木人,幻化呪术也;一切工巧者,知机关幻化也。(《胜鬘义记》)①

(26)如今于一机一境,一经一教,一世一时,一名一字,六根门前领得,与机关木人何别。(《天圣广灯录》卷第八)②

可见在佛家的语境中,"机关木人"的寓意是"色空"(如例18)、"自性空"(如例17)或者"幻化"(如例4、5、12、13、20、23、25)、"非实有"(如例7、9、21)乃至"自性"(如例2、16、22)、"机械"(如例1、3、6、8、10、11、14、15、24、26)和"无生"(如例19、24)等等。以上所举二十六例足以将季先生的观点彻底坐实。

"机关木人"在《列子》中并非孤立的佛家物语③。《列

---

① 《大正藏》,第85册,No.2761。
② 《卍新纂续藏经》,第78册,No.1553。
③ 《列子》中有非常多的晋代汉译佛典的语词。这也是其成书于西晋时代的一个方面的铁证。奥地利学者温特尼兹(Maurice Winternitz)在《印度文学》第二卷《佛教文学》中指出:"对于《法华经》来说,要想确定其确切的时代完全是难以成效的,因为它包含的部分属于不同时期。用纯梵文书写的散文,用混合梵文书写的偈颂,不可能处于同一时期,因为,在内容里,其彼此间相互背离。"(University of Calcutta,1927,第302页)《列子》呈现的是上古语与中古语的混合状态,其上古语部分来自先秦典籍,其中古语部分主要来自晋人口语和晋代之汉译佛典。因此,正与《法华经》的情况相反,根据语词的使用情况为《列子》之最后成书断代是行之有效的方法。张永言先生所撰《从词汇史看〈列子〉的撰写时代》一文可以为此做千古之定论。譬如,《列子·周穆王篇》说:"周穆王时,西极之国有化人来。"张先生指出,"化人"当作"幻师",相当于见于《史记》《汉书》

子·汤问篇》所述"愚公移山"的寓言是另一个显著的例证。这个故事在古代就已经受到关注。如《文苑英华》卷二十九所载唐人邱鸿渐的《愚公移山赋》对这个故事进行了淋漓酣畅的文学演绎：

> 止万物者艮，会万灵者人。艮为山以设险，人体道以通神。是知山之大，人之心亦大，故可以议其利害也。昔太行耸峙，王屋作固。千岩纠纷，万仞回互。蓄冰霜而居夏凝结，源流联而飞泉积素。爰有谆谆愚叟，面兹林麓。怆彼居之湫隘，惩祁寒之惨毒。激老氏之志，且欲移山；当算亥之年，宁忧就木。乃言："日月无私照也，山则蔽之；春夏无伏阴也，山则藏之。倾阻我比屋，拥隔我通逵。我将拔本塞源，使无孑遗。得则为功之美，否则为身之耻。终当诒厥孙谋，施于冀子。"于是协室而一乃心力，荷担而三夫杰起。畚斫斯备，其功聿修。于涧于沼，爰始爰谋。一之日土垦石凿，二之日崩崖陨崿，三之日夷峰弥壑。云林摧以盖偃，火石迸而星落。尔其洞突堙塞，阴阳交错。飞禽走兽，魄褫气慑，而不复巢居穴托。王乔握佺，

接上页）的"眩人"，即魔术师，但《列子》作者为了自示'不知有汉'而暗袭佛典用词，却又不自觉地用错了。"如此以今日之眼光抉发古人因弄巧成拙而造成的失误，实乃旷世罕见之大家手笔，而此文亦堪称我国当代中古语言研究领域的绝唱。张文载《语文学论集》（增补本），语文出版社1999年版，第368—392页。

低徊频蹙,而无所骖鸾驾鹤。山神操蛇闻之,乃壮其功,深其计。将惧不已,先谒于帝。命夸娥二子,发神威,振猛厉。始将怒目决眦,终欲飙举电逝。遂乃斡砀荟,挟崔嵬。下拔乎三泉,上冲乎九垓。突兀云动,磅礴天回。遽投雍朔,而不复来。世人始知愚公之远大,未可测已;夸娥之神力,何其壮哉! 傥若不收遗男之助,苟从智叟之辨,则居当困蒙,往必遇蹇,终为丈夫之浅。今者移山之功既已成,河冀之地又以平,则愚公之道行。客有感而叹曰:"事虽殊致,理或相假。多岐在于亡羊,齐物同于指马。我修词而忘倦,彼移山之不舍。吾亦安知夫无成与有成,谅归功于大冶。"[1]

在当代中国,"愚公移山"的故事文本一再入选多种语文教科书[2],更为它的传播和普及推波助澜。在这一背景下,《列子·汤问篇》"愚公移山"[3]的原创性似乎无可置疑,譬如,刘勰在《文心雕龙·诸子篇》中就说"列子有移山跨海之谈","列御寇之书气伟而采奇"[4],对此大加赞赏。但是,笔者注意到,《大正藏》收录了竺法护的另一种译经,

---

[1] 《文苑英华》,第一册,中华书局1966年版,第134页。
[2] 如九年义务教育三年制初级中学教科书《语文》第四册,北京出版社、开明出版社2002年1月第5版,第188—191页。
[3] 杨伯峻:《列子集释》,中华书局1979年版,第159—161页。
[4] 范文澜:《文心雕龙注》,人民文学出版社1958年版,第309页。

题为《佛说力士移山经》①（以下简称为《移山经》）。经文开篇曰：

> 闻如是：一时佛游拘夷那竭国力士所生地大丛树间，与比丘千二百五十人俱。临灭度时，时国臣民皆出来会。佛问阿难："斯国大众，何故云集？"贤者阿难白世尊曰："有大石山去此不远，方六十丈，高百二十丈，妨塞门途，行者回碍。五百力士同心议曰：'吾等膂力，世称希有，徒自畜养，无益时用，当共徙之，立功后代。'即便并势，齐声唱叫，力尽自疲，不得动摇。音震遐迩，是故黎民辐凑来观。"

我们试比较"愚公移山"的开篇：

> 太行、王屋二山，方七百里，高万仞；本在冀州之南，河阳之北。北山愚公者，年且九十，面山而居。惩山北之塞、出入之迂也，聚室而谋，曰："吾与汝毕力平险，指通豫南，达于汉阴，可乎？"杂然相许。

尽管故事的主角不同，二者描述移山背景的语言和情节却非常相似，如"太行、王屋二山"三句与"有大石山去此不远"三句，"惩山北之塞"二句与"妨塞门途"二句，"聚室而谋"与"五百力士同心议曰"，再如：

> 其妻献疑，曰："以君之力，曾不能损魁父之丘。

---

① 《大正藏》，第 02 册，No.0135，第 857—859 页。

如太行、王屋何？且焉置土石？"

这段话与《移山经》"吾等膂力"四句的表述，似相反而实相承；至于下文愚公"虽我之死，有子存焉……何苦而不平"的陈述，也不过是对《移山经》"当共徙之，立功后代"的进一步发挥。《移山经》随后说：

> 于是世尊问诸力士："汝等何故体疲色悴？"答曰："今此大石方六十丈，高百二十丈，欲共举移。始从一日，勤身勠力，至于一月，永不可动，惭耻无效，取笑天下。是以疲竭，姿色憔悴。""此何所希冀？"力士答曰："唯然大圣，我之福力，莫能逾者，庶几欲徙石，光益于世，著名垂勋，铭誉来裔，使王路平直，荒域归伏。"佛告力士："明汝至愍，意不堪任，吾为尔移，遂汝本愿，使汝戴功，慎无愧惧。"力士欢喜，启曰："敬从！"于时世尊更整法服，以右足大指蹴举山石，挑至梵天，手右掌持抟之，三转置于虚空，去地四丈九尺，还着掌中。

我们再比较"愚公移山"：

> 操蛇之神闻之，惧其不已也，告之于帝。帝感其诚，命夸蛾氏二子负二山。

"明汝至愍，意不堪任"就是"帝感其诚"的意思，在这里，释迦世尊以神力移山被置换为天帝"命夸蛾氏二子负二山"。

因此，我们可以断定，《列子》"愚公移山"与《移山经》在文本上的相似，绝非是偶然的巧合。然而，此二者孰先孰后？晋人张湛的《列子注序》为我们提供了可靠的线索：

> 湛闻之先父曰："吾先君与刘正舆、傅颖根，皆王氏之甥也。"并少游外家，舅始周，始周从兄正宗、辅嗣，皆好集文籍，先并得仲宣家书，几将万卷。傅氏亦世为学门，三君总角，竞录奇书。及长，遭永嘉之乱，与颖根同避难南行。车重，各称力，并有所载，而寇虏弥盛，前途尚远。张谓傅曰："今将不能尽全所载，且共料简世所希有者，各各保录，今无遗弃。"颖根于是唯赍其祖玄父咸子集。先君所录书中，有《列子》八篇。及至江南，仅有存者，《列子》唯余《杨朱》《说符》、目录三卷。比乱，正舆为扬州刺史，先来过江。复在其家得四卷，寻从辅嗣女婿赵季子家得六卷，参校有无，始得全备。其书大略：明群有以至虚为宗，万品以终灭为验，神惠以凝寂常全，想念以著物自丧，生觉与化梦等情，巨细不限一域，穷达无假智力，治身贵于肆任，顺性则所之皆适，水火可蹈，忘怀则无幽不照，此其旨也。然所明往往与佛经相参，大归同于老庄，属辞引类，特与《庄子》相似。《庄子》《慎到》《韩非》《尸子》《淮南子》，玄示旨归，多称其言。遂注之云尔。[1]

---

[1] 《全晋文》卷一百三十八，《全上古三代秦汉三国六朝文》第三册，[清] 严可均辑校，中华书局1958年版，第2256页。

这段记载说明：（一）著名诗人王粲的万卷藏书传给了他的三个后人①，其中包括著名玄学家王弼（字辅嗣）；（二）王氏的藏书又为其三个外甥所得，其中包括张湛的父亲；（三）永嘉之乱后，王粲的遗书随着外甥的后人南渡了，其中包括王弼的女儿和女婿；（四）《列子》在过

---

① 所谓"王粲遗书"实际上来自蔡邕。《三国志》卷二十一《王粲传》："献帝西迁，粲徙长安，左中郎将蔡邕见而奇之。时邕才学显著，贵重朝廷，常车骑填巷，宾客盈坐。闻粲在门，倒屣迎之。粲至，年既幼弱，容状短小，一坐尽惊。邕曰：'此王公孙也，有异才，吾不如也。吾家书籍文章，尽当与之！'"《三国志》卷二十八《钟会传》附《王弼传》裴松之注引《博物记》："初，王粲与族兄凯俱避地荆州，刘表欲以女妻粲，而嫌其形陋而用率，以凯有风貌，乃以妻凯。凯生业，业即刘表外孙也。蔡邕有书近万卷，末年载数车与粲，粲亡后，相国掾魏讽谋反，粲子与焉，既被诛，邕所与书悉入业。业字长绪，位至谒者仆射。子宏字正宗，司隶校尉。宏，弼之兄也。"又引《魏氏春秋》："文帝既诛粲二子，以业嗣粲。"可知蔡邕藏书的流传顺序是：蔡邕→王粲→王业→王宏、王始周（佚名）、王弼→张湛祖、张湛父，刘正舆（刘陶），傅颖根（傅敷）→张湛、赵季子（王弼女婿）等，特别是张湛序所说的"几将万卷"，与《博物记》所说"蔡邕有书近万卷"是完全吻合的。这就是蔡邕藏书下江南的一条主要渠道。《列子》在江南的传播实际上依托于北方文化南下这一总体背景之上。陶渊明所读之书，有相当一部分来自南渡士人，譬如，由傅敷带到江南的《傅玄集》（见前引张湛序）在陶诗中就有明显的印记。陶渊明《杂诗》："愁人难为辞，遥遥春夜长。"古直注引傅玄《杂诗》"愁人知夜长"。因此，尽管我们难以确定流传到江南的蔡邕藏书究竟有哪些典籍，但可以肯定，这批典籍在江南流传得很快很广，东晋初建，这也是当时国家文化发展的实际需要。我推测，蔡邕藏书大部分毁灭在公元554年11月（萧梁承圣三年）的江陵焚书，那是一个自号为金楼子的读书人——一代政治庸才梁元帝亲手制造的一场空前的文化浩劫！可能是因为《列子》抄本太多，所以幸存下来了。

江后,已经散佚了,张湛汇集本家以及赵家、刘家三家所藏残本,"参校有无",使之成为完备之足本,并进行注释,《列子》各篇在散而复聚的同时,又以张氏注增添光彩;(五)先秦一些经典已经引述《列子》之言。在这里,张湛根本没有提及所谓刘向在"永始三年八月壬寅"向朝廷进呈的《列子书录》[①],所以这篇文献肯定出于后人的伪造,而这种伪造很可能与《列子》升格为《冲虚至德真经》有关[②]。作为《列子》最早的整理者和注释者[③],张湛对《列子》的流传和文本情况当然也是比较了解比较熟悉的。张湛此序已经非常明确地告诉我们,《列子》一书不是先秦古籍,尽管张湛不是始创者,却是最后的纂定者。所以,其对《列子》"所明往往与佛经相参"的阐释,就值得我们予以特别的关注。在张湛看来,《列子》一书的内容颇多佛学思想的渗透,章炳麟《菿汉昌言》卷四"湛谓与佛经相参,

---

① 见金高守元编《冲虚至德真经四解》卷首,《道藏》,文物出版社、上海书店、天津古籍出版社 1988 年版,第 15 册,第 1 页;宋林希逸《冲虚至德真经鬳斋口义》,《道藏》,第 14 册,第 734 页。
② 《冲虚至德真经》,见《道藏》,第 11 册。
③ 《列子》的历代注本主要有《冲虚至德真经义解》(宋徽宗赵佶撰),《冲虚至德真经解》(宋杭州州学内舍生江遹撰),《冲虚至德真经鬳斋口义》(宋林希逸撰),见《道藏》,第 14 册;《冲虚至德真经四解》(晋张湛注,唐通事舍人卢重玄解,宋政和训,宋左丞范致虚解,和光散人高守元集),《冲虚至德真经释文》(唐当涂县丞殷敬顺撰,碧虚子陈景元补遗),见《道藏》,第 15 册。

实则有取于佛经尔"①，如此理解是正确的。季羡林先生对"机关木人"的故事来源和张永言先生对《列子》语言的考索以及笔者对"愚公移山"与佛典之关系的发现都足以印证张湛之说。

张湛《列子注序》称"遭永嘉之乱……仅有存者"云云，对此，季先生指出："永嘉之乱大概是指的永嘉五年（公元311年）晋怀帝的被虏。""永嘉五年上距太康六年只有二十六年。我们绝对不能相信，在《生经》译出后短短二十几年内，在当时书籍传播困难的情况下，竟然有人从里面抄出一段凑成一部《列子》。"此说似可商榷。其实，古人编书和传播书籍，速度非常之快，主要原因是新书太少，所以新书一出，人人争阅，立即风行士林。即以《列子》为例，其《周穆王篇》乃摄取汲冢书《穆天子传》而成，甚至连"机关木人"也被套装在"穆王西巡狩"的叙述中。《晋书》卷五十一《束晳传》："太康二年，汲郡人不准盗发魏襄王墓，或言安釐王冢，得竹书数十车。……《穆天子传》五篇，言周穆王游行四海，见帝台、西王母。……武帝以其书付秘书校缀次第，寻考指归，而以今文写之。晳在著作，得观竹书，随疑分释，皆有义证。迁尚书郎。"因此，《穆天子传》的流传必在束晳等人的整理本完成以后，即太康

---

① 转引自季羡林《〈列子〉与佛典——对于〈列子〉成书时代和作者的一个推测》。

二年至太康六年之间（281—285）。再如，陶渊明作诗喜欢引经据典，朱自清先生曾依据古直的《陶靖节诗笺定本》做过统计，"从引书切合的各条看，陶诗用事，《庄子》最多，共四十九次，《论语》第二，共三十七次，《列子》第三，共二十一次"①。但实际上，陶诗用《列子》远超此数②。如《读〈山海经〉》十三首其八：

> 自古皆有没，何人得灵长？不死复不老，万岁如平常。

首句脱化于《列子·杨朱篇》："万物所异者生也，所同者死也。生则有贤愚、贵贱，是所异也；死则有臭腐、消灭，是所同也。虽然，贤愚、贵贱非所能也，臭腐、消灭亦非所能也。故生非所生，死非所死；贤非所贤，愚非所愚，贵非所贵，贱非所贱。然而万物齐生齐死，齐贤齐愚，齐贵齐贱。十年亦死，百年亦死。仁圣亦死，凶愚亦死。"③次句也脱化于《列子·杨朱篇》："人肖天地之类，

---

① 《陶诗的深度——评古直〈陶靖节诗笺定本〉》，《朱自清古典文学论文集》，上海古籍出版社 1981 年版，第 568 页。
② 东晋初期，以建康（今南京）为中心，张湛注本《列子》在长江流域迅速传播开来，并逐渐进入文化经典的廊庑。在《列子》经典化的过程中，陶渊明曾起到了非常重要的作用。大通元年（527），即在距陶渊明去世一百年之际，萧统完成了八卷本《陶渊明集》的编纂，此后又有北齐阳休之编纂的十卷本《陶渊明集》出现。在南北朝时代，陶渊明的诗文裹挟着御风而行、泠然而善的列子流传于黄河南北。
③ 杨伯峻：《列子集释》，第 221 页。

怀五常之性，有生之最灵者也。人者，爪牙不足以供守卫，肌肤不足以自捍御，趋走不足以逃利害，无毛羽以御寒暑，必将资物以为养，任智而不恃力。"[1] 后二句诗不仅从《列子·汤问篇》化出，甚至直用其语："山之中间相去七万里，以为邻居焉。其上台观皆金玉，其上禽兽皆纯缟；珠玕之树皆丛生，华实皆有滋味；食之皆不老不死，所居之人皆仙圣之种；一日一夕飞相往来者，不可数焉。"[2] 对此，陶诗各家注本均失注。陶渊明《读〈山海经〉》十三首其一：

泛览《周王传》，流观《山海图》。

《周王传》，就是《穆天子传》，属于束皙等人整理后的汲冢书。同组诗其二：

高酣发新谣，宁效俗中言？

同组诗其三：

恨不及周穆，托乘一来游。

二诗皆用《穆天子传》之故实。《山海图》是指郭璞注本《山海经》，《隋书·经籍志》："《山海经图赞》二卷，郭璞注。"郭璞比陶渊明长一辈，换言之，在郭氏完成此注三十年左右，陶渊明就已经读到这部书了。由此我们可以断定，《列子》一书应当始创于太康六年之后至永嘉五

---

[1] 杨伯峻：《列子集释》，第234页。
[2] 同上书，第152页。

年之前这二十六年之间（285—311）。而特别令人惊喜的是，《生经》的译者竺法护也是《移山经》的译者！而"愚公移山"和"机关木人"的故事也都见于《列子·汤问篇》！如此看来，《列子》的始创者曾经比较系统地阅读了法护译经。但是，这种阅读极可能处于隐而不发的私密状态，当时多数士人并没有这样的阅读机会和阅读兴趣，因而《列子》的作者得以在佛典中施展手脚，但这位作者绝非俗人。

《佛说力士移山经》，又称《力士移山经》或《移山经》。南朝梁释僧祐《出三藏记集》卷第二："《移山经》一卷，旧录云《力士移山经》。"[1]隋沙门法经等撰《众经目录》卷第三："《移山经》一卷，一名《力士移山经》，晋世竺法护别译。"[2]唐智升《开元释教录》卷第十三："《力士移山经》一卷（或直云《移山经》），西晋三藏竺法护译。"[3]其作为法护译经的真实性是没有问题的。实际上，移山神话乃是中古时期汉译佛典的常见物语。我们试读：

> 昔佛在王舍城竹园中说法，时有梵志兄弟四人，各得五通，却后七日，皆当命尽。自共议言五通之力，反复天地，手扪日月，移山住流，靡所不能。[4]

---

[1] 《出三藏记集》，中华书局1995年版，第35页。
[2] 《大正藏》，第55册，No.2146。
[3] 同上书，No.2154。
[4] 晋法炬、法立译《法句譬喻经》卷第一，《大正藏》，第04册，No.0211。

姚秦竺佛念译《出曜经》卷第二、卷第九和卷第三十都有相似的表述[1]，东晋太元时期的名僧竺昙无兰所译《佛说忠心经》也有关于"梵志三尽道力"的移山故事[2]。凡此均导源于《移山经》，由此足见其流布之广与影响之深。

令人惊异的是，熟读《列子》的刘勰本来具有深湛的佛学修养和极高的佛学造诣，却竟然对《列子》"愚公移山"与《力士移山经》的文际关系视而不见。《梁书·刘勰传》载："勰早孤，笃志好学。家贫，不婚娶。依沙门僧佑，与之居处，积十余年。遂博通经论；因区别部类，录而序之。今定林寺经藏，勰所定也。"可知刘勰是僧佑的入室弟子，直接参与了僧佑《出三藏记集》（即著名的《佑录》，《移山经》见于此书之著录，引见上文）的编纂[3]，所以刘勰本人对竺法护的这部译经应当是非常熟悉的。如果刘勰不是"揣着明白装糊涂"的话，那么，这一事实足以表明：第一，《列子》的儒、道文化背景以及"愚公移山"寓言对儒家典籍的融化，使其得以瞒天过海，所以，连刘彦和的法眼都被蒙住了（参见下文）；第二，在齐梁时代"愚公移山"的寓言广为人知，《列子》已经成为文化界尊奉的经典，

---

[1] 《大正藏》，第04册，No.0212。
[2] 《大正藏》，第17册，No.0743。
[3] 因此，古天竺雅利安人深邃细密之因明学（即佛家逻辑学）对其理性思维和理论建构必然有直接的影响，这或许就是体大思精的《文心雕龙》如奇峰突起、横空出世的深层原因。

如庾信《哀江南赋》"非愚叟之可移山"①,《和张侍中述怀》诗"负锸遂移山"②,《拟连珠》"愚公何德,遂荷锸而移山"③,都提到了愚公移山的故事。在此情况下,刘勰未遑甄别,故亦落入《列子》的文学陷阱。事实上,愚公移山作为典故在后世已经出现在佛学的语境中。如孙觌《鸿庆居士集》二十三《崇安寺五轮藏记》说:"世人之贪,皆无欲于其间,尽破赀,聚作大佛事,如愚公移山,秉持一心,不入诸相,感通幽明。"如此用典,真是把愚公移山还归到本源了,这让我们格外惊喜,并对这位宋代作家心怀感激。陈寅恪说:"外来之故事名词,比附于本国人物事实,有似通天老狐,醉则见尾。"④良有以也!

当然,《移山经》仅仅是"愚公移山"的"前文本"之一。《山海经》卷第三《北山经》:

> 北二百里,曰发鸠之山,其上多柘木。有鸟焉,其状如乌,文首、白喙、赤足,名曰精卫,其鸣自詨。是炎帝之少女名曰女娃,女娃游于东海,溺而不返,故为精卫,常衔西山之木石,以堙于东海。⑤

---

① 〔清〕倪璠:《庾子山集注》,许逸民校点,中华书局1980年版,第151页。
② 同上书,第252页。
③ 同上书,第618—619页。
④ 《〈三国志·曹冲华佗传〉与佛教故事》,《寒柳堂集》,三联书店2001年版,第180页。
⑤ 袁珂:《山海经校注》,上海古籍出版社1980年版,第92页。

愚公移山的寓言正是对精卫填海神话的模拟[1]，同时又摄取天竺佛典《移山经》的文本创作而成，移山与填海正好匹配，因为这两个故事张扬了同样的人文精神。刘向《说苑》卷七《政理篇》：

> 齐桓公出猎，逐鹿而走，入山谷之中，见一老公，而问之曰："是为何谷？"对曰："为愚公之谷。"桓公曰："何故？"对曰："以臣名之。"桓公曰："今视公之仪状，非愚人也，何为以公名之？"对曰："臣请陈之，臣故畜牸牛，生子而大，卖之而买驹。少年曰：'牛不能生马。'遂持驹去。傍邻闻之，以臣为愚，故名此谷为愚公之谷。"桓公曰："公诚愚矣！夫何为而与之？"桓公遂归，明日朝，以告管仲。管仲正衿再拜曰："此夷吾之过也，使尧在上，咎繇为理，安有取人之驹者乎？若有见暴如是叟者，又必不与也，公知狱讼之不正，故与之耳。请退而修政。"孔子曰："弟子记之，桓公霸君也，管仲贤佐也，犹有以智为愚者也，况不及桓公、管仲者也！"[2]

而据《艺文类聚》卷九和《太平御览》卷五十四所引《韩子》佚文，这个故事本出于《韩非子》[3]，经刘向加工，篇

---

[1] 如《山海经》夸父逐日的神话被《列子》摄取，其文本位置紧随"愚公移山"之后，见杨伯峻《列子集释》，第161—162页。
[2] 向宗鲁：《说苑校证》，中华书局1987年版，第148页。
[3] 参见陈奇猷：《韩非子集释》，中华书局1962年版，第1156页。

幅变长，情节也更丰富了，特别是请出孔子为此点赞，凸显了儒家的智慧和训诫意味。在孔子看来，愚公是一个有智慧的人，他卖了牛犊，买了马驹，又将马驹给了少年人，显示了无私与高尚的精神。齐桓公以"诚愚"评价愚公，而管仲认为少年人公然将老人的马驹据为己有，这是不文明的行为，但愚公又无可奈何，因为他深知"狱讼之不正"，所以，管仲则由此反思自己在政治上失误，表示要"退而修政"。庾信《拟咏怀》诗"君见愚公谷，真言此谷愚"①，即用此典。愚公居住的山谷称为"愚公之谷"，《列子》"愚公移山"所谓"北山愚公者，年且九十，面山而居"，显然由此脱化而来。在"北山愚公者"一句下，张湛注曰："俗谓之愚者，未必非智也。"这也不过是上引《说苑》孔子"以智为愚者"之言的翻版。因此，我们可以肯定，《说苑》的"愚公"故事，也是《列子》"愚公移山"故事的前文本。以上两个"前文本"都比较显豁，而另一个基于儒学语境（《列子》有《仲尼篇》）被内置被涵化的"前文本"则相对深隐一些：

> 子曰："唯上智与下愚不移。"（《论语·阳货篇》）②

所谓"北山愚公"与"河曲智叟"之名，即从孔子"上智""下愚"之说而来，《列子》的作者反其意而用之，故"上

---

① ［清］倪璠：《庾子山集注》，第241页。
② 杨伯峻：《论语译注》，中华书局1980年版，第181页。

智"与"下愚"是"可移"的,而非"不移"的,可见作者颇有深意存乎其间。《论语·子路篇》:

> 樊迟请学稼。子曰:"吾不如老农。"请学为圃。曰:"吾不如老圃。"樊迟出。子曰:"小人哉,樊须也!上好礼,则民莫敢不敬;上好义,则民莫敢不服;上好信,则民莫敢不用情。夫如是,则四方之民襁负其子而至矣,焉用稼?"①

孔子并非鄙视劳动,更非鄙薄体力劳动者,而是客观说明其与农圃社会分工之不同。《孟子·滕文公》所载孟子关于社会分工的言论实际就是对孔子这种思想的进一步发挥,其结论是:

> 或劳心,或劳力;劳心者治人,劳力者治于人;治于人者食人,治人者食于人,天下之通义也。②

而《列子》"愚公移山"的寓言则张扬了劳心者未必智、劳力者未必愚的人类平等思想,于是,我们看到了"叩石垦壤"、志在移山的劳动人民的身影,我们也由此体察到了一种弱者的普通人的奋斗精神。在魏晋门阀世族主导的等级森严的社会中,这是极其光辉灿烂极其神圣崇高的文学书写!这种文学书写乃是基于对传统儒学思想的吸纳与

---

① 杨伯峻:《论语译注》,中华书局1980年版,第135页。
② 杨伯峻:《孟子译注》,中华书局1960年版,第124页。

反思。由此可见，《列子》充分吸纳了华夏本土的文化资源，其儒学背景是非常深厚的。故就文本的生成机制而言，"机关木人"是《列子》对汉译佛典的生吞活剥，而"愚公移山"则是中印文化的合璧，具有更深的文化意涵。此二者均可证明《列子》成书于西晋时代这一事实。

需要特别指出的是，在吸纳儒学思想的同时，《列子》又援佛入道，融化西来之佛学思想，以沟通释、道二家之津梁，其孤明先发已经为南北朝时代儒释道的文化融合导夫先路了。在儒释道合流的前夜，在历史天宇的深处，《列子》仿佛是一颗幽栖的孤星，虽然光彩熠熠，而周遭的却是难以穿越的寂寥。《力命篇》仿佛是日神的恣意欢歌，《杨朱篇》仿佛是酒神的猖狂舞蹈，其作为全书之核心（其他六篇都是对此二篇的"学术掩护"），无疑是与其所处时代的主流意识形态——司马氏集团所倡导的伪儒学以及在此伪儒学支配下的行为方式相背离相抵牾的（嵇康正是死于其与伪儒学的冲突）[①]，故《列子》的作者不得不托名于古人，不得不暗淡了自我。《列子》向江南的传播无疑为齐梁时代多元文化的完美融合开辟了坚实而宽广的道路。众所周知，齐梁时代（479—557）是我国文化史上儒释道

---

① 司马昭的岳父王肃曾经伪造《孔子家语》《孔丛子》和《圣证论》等书，肆意绑架孔子。孔子的言论在《论语》之后不断递增，今人甚至发现了孔子说诗的讲稿（即所谓"孔子诗论"），真不知孔子一生能说多少话。这种现象令人回味。

融合的成熟时期，按照《列子》成书于太康六年至永嘉五年之间（285—311）来考量，我们可以发现《列子》在思想领域比齐梁时代的人们足足领先了两个世纪！而回顾《列子》下江南的艰辛历程，我们仿佛看到，当年在中原大地的铁马金戈中，一队队一辆辆满载着中原士人和珍贵典籍的辚辚大车，一路上抵御着风和雨的侵袭，冲破了血与火的包围，从寥复的北方奔向凄迷的南国，从咆哮的黄河走向浩荡的长江。"见此茫茫，不觉百端交集，苟未免有情，亦复谁能遣此！"（《世说新语·言语》第三十二条）卫洗马仓皇渡江之际的一声浩叹，千古传响。然而，晋人国运衰颓、山河破碎之时，也正是新文化昌明之始。在刘越石的慷慨悲歌中，在新亭泣泪的凄凉无奈中，一个华彩激扬、莺飞草长的新时代即将来临了。于是，我们在伟大诗人陶渊明的作品中看到了《列子》的智慧镜像，在刘勰、庾信等文学巨擘的笔下看到了愚公的崇高身影。愚公及其家族成员的草根精神张扬了一种正能量，一种蕴蓄在普通人民群众中间的伟大力量，这种力量也注入到中国古代文学的浩浩洪流中，并凝聚为我们民族精神血液的一部分。对此种民族精神，人民领袖毛泽东在1945年发表的《愚公移山》（"老三篇"之一）一文中曾经做过深刻而生动的阐发，千年古典由此焕发出勃勃的生机。"人民，只有人民，才是创造世界历史的动力。"毛主席的文章写得好啊！

"橘迁地而变为枳,吾民族同化之力可谓大矣!"[①]

(本文原载《中国文化》,2016年春季号,总第43期,题为《"机关木人"与"愚公移山"——季羡林〈列子〉成书于西晋时代说续貂》)

[①] 陈寅恪:《莲花色尼出家因缘跋》,《寒柳堂集》,三联书店2001年版,第174页。

"王戎如意舞"及其他

王戎舞动如意的形象见于 1960 年南京西善桥南朝大墓出土的砖刻壁画《竹林七贤和荣启期》。画中的王戎,头露髻,一手靠几,一手弄如意,仰首、屈膝、赤足,坐于皮褥上(南京博物院、南京市文物保管委员会:《南京西善桥南朝墓及其砖刻壁画》,《文物》,1960 年 8、9 期合刊)。唐人孙位所绘《高逸图》中的王戎也是踝足趺坐,右手执如意,左腕懒洋洋地搁在右手上,面前虽放着卷帙,但掩而不展,两目凝神静观,若有所思。北周庾信《对酒歌》曾提到"王戎如意舞"(倪璠《庾子山集注》卷之五)。尽管此事在史传中没有记载,但这些诗画作品的描绘当有历史事实为依据。在南朝砖刻壁画中,王戎所执的如意形制较小,头部为手爪之形,近似于僧具中的如意,而王戎左脚支地,右脚平展,脚心朝上,右膝据地。这个动作近似于佛徒之跏趺,非长期修行、深谙趺功的人是做不出来的。其实王戎没有佛教信仰,更未必会趺坐,但六朝人多信佛,故王戎的趺坐可能是创作者想象使然。《高逸图》中的王戎,所执如意较长,头部亦为手形,王戎采取单跏趺的姿态静坐,也颇有僧徒念佛的意味。

竹林七贤及荣启期砖画（局部）　唐孙位《高逸图》中手执如意的王戎（左）

如意本来是中古僧侣常用的法器。南朝梁释慧皎《高僧传》卷六《释慧远传》：

> 曾有沙门持竹如意，欲以奉献，入山信宿，竟不敢陈，窃留席隅，默然而去。

《高僧传》卷十一《竺昙猷传》：

> 后移始丰赤城山石室坐禅。有猛虎数十，蹲在猷前，猷诵经如故。一虎独睡，猷以如意叩虎头，问何不听经，俄而群虎皆去。

无论是将心爱的如意奉献给自己敬仰的高僧，还是用如意叩击老虎的脑袋，都显示了这种法器在僧侣生活中的重要性。《南齐书》卷五十四《明僧绍传》：

> （齐太祖高帝萧道成）遗僧绍竹根如意，笋箨冠。僧绍闻沙门释僧远风德，往候定林寺，太祖欲出寺见之。僧远问僧绍曰："天子若来，居士若为相对？"

萧道成之所以送给僧绍一支竹根如意，是因为他是佛教徒。如意作为僧具，本来出于印度。其柄端作手指形，以示手所不至搔之可如人意。佛家之如意,还有柄端作心字形者,以竹角、竹木、玉石、铜铁等制之,长三尽许,僧讲持之,可记文于上,以备遗忘,此即所谓"如意杖"。在古代石窟壁画中,与维摩论辩的文殊菩萨通常手持如意,如敦煌石窟榆林窟第二十五窟西壁北侧之中唐壁画。如意,梵文名阿那律(aniraddha),最初由西域传入中原,并逐渐与我国固有的搔痒仗一类的器物合流(参见白化文:《试释如意》,《中国文化》,1996年春季号,总第13期),于是得以广泛普及。中国本土的如意,为搔痒之用具,因其便于使用,如人之意,故以为名。这种意义上的如意,一般认为起源于战国时代(参见宋高承《事物纪原》卷八"如意"条)。用"如意"对译aniraddha,乃是一种格义,就是用人们熟知的固有的事物来比拟人们感到生疏的外来的事物,而就功能而言,此二者有本质的不同。

首都博物馆藏清代沉香木雕
八仙寿纹如意

天津博物馆吉祥文物展厅
清代青玉灵芝形如意

魏晋时代的清谈家,谈玄时主讲者通常手执麈尾,偶尔亦持如意。麈尾是软性的,如意则是硬性的;麈尾取材于麈鹿，如意取材于木、玉、铁等。清谈中如意的使用，既与其清谈功能有关，也与其搔痒功能有关。明曹学佺《蜀中广记》卷八十一《智炫传》：

> 隋益州孝爱寺智炫者，成都人也，俗姓徐氏。初生，室有异光。少小出家，入京听学。数年，请令覆讲，若泻瓶无遗。会周武帝废佛法，欲存道教，乃下诏集诸僧道士试取优长者留，庸浅者废。于是诏华野高僧、方岳道士，千里外有妖术者，大集京师，于太极殿陈设高座，帝自躬临勒。道士先登，时有张宾最为首长，高唱言曰……襄城公何妥自行如意座首，少林寺等行禅师发愤而起，诸僧止之曰："今日事大，天帝在此，不可造次。知禅师为佛法大海，然应对之间，复须机辩，若非蜀炫无以对！"炫共推如意，以将付炫。既为众所推，安详而起徐，升论座，坐定，执如意谓张宾曰……

在这里，如意的文化功能与麈尾是完全相同的。我们读《陈书》卷三十三《张讥传》：

> 后主在东宫，集官僚置宴。时造玉柄麈尾新成，后主亲执之，曰："当今虽复多士如林，至于堪此者，独张讥耳。"即呼授讥。后主尝幸钟山开善寺，召从臣坐于寺西南松林下，敕召讥竖义。时索麈尾未至，后主敕取松枝，手以属讥，曰："可代麈尾。"

没有麈尾,主讲人不能"竖义"(提出问题并阐述己见),清谈也就不能进行。对于智炫大师而言,如意也是同样的重要。中古时代名士与名僧颇多交游,所以如意自然和麈尾一同进入清谈场中,并流行起来。《世说新语·排调》(以下简称为《世说》)第二十三条:"庾征西大举征胡,既成行,止镇襄阳。殷豫章与书,送一折角如意以调之。"殷羡送给庾翼一支折角如意,意思是说他的北征壮举未必完全如意,而庾翼完全没有把这件事放在心上。所以庾翼在答书中说:"得所致,虽是败物,犹欲理而用之。"《世说·雅量》第四十一条:

> 殷荆州有所识作赋,是束晳慢戏之流,殷甚以为有才,语王恭:"适见新文,甚可观。"便于手巾函中出之。王读,殷笑之不自胜;王看竟,既不笑,亦不言好恶,但以如意帖之而已。

王恭的达意方式亦如王中郎之缄默,浸透了"无"的味道。玄学之"无"与佛家的色空观相通。《世说·豪爽》第十一条:

> 陈林道在西岸,都下诸人共要至牛渚会。陈理既佳,人欲共言折,陈以如意拄颊,望鸡笼山叹曰:"孙伯符志业不遂。"于是竟坐不得谈。

陈逵乃善于谈理之士,故手执如意,但他又不同于一般虚浮不实的清谈家。"为西中郎将,领淮南太守,戍历阳"

（本条刘孝标《世说注》引《晋阳秋》），他肩负的重担使他时刻想到匡复中原、统一天下的责任，他感叹"孙伯符志业不遂"乃是以孙策自况，意谓英雄无用武之地，只好进行清谈。于是诸名士就只好闭口不言了。清谈家们聚在一起讨论问题，一般持续的时间都比较长，所以往往身体会有不太舒适的感觉，这样，如意的搔痒功能也就发挥了作用。裴启《语林》第一一四条：

> 王濛与诸人谈，有时或排摈高秃，以如意注林公云："阿柱，汝忆摇橹时不？"阿柱乃林公小名。

林公就是一代名僧支道林，是一位高度名士化的名僧，而王濛则是纯粹的清谈名流。

行伍中人有时喜欢铁如意。《世说·豪爽》第四条：

> 王处仲每酒后，辄咏"老骥伏枥，志在千里。烈士暮年，壮心不已"。以如意打唾壶，壶口尽缺。

大将军王敦用的可能是铁如意。《世说·汰侈》第八条写"石崇与王恺争豪"，用铁如意将王氏所藏一棵二尺多高"枝柯扶疏，世罕其比"的珊瑚树击碎，可见这种铁如意比较坚硬、沉重，击打力量较大。因此，铁如意不仅可以用于清谈，亦可用作兵器。当然，也有军人持兽角如意和竹如意的。《南史》卷五十八《韦睿传》：

> 明旦，元英自率众来战，睿乘素木舆，执白角如意以麾军，一日数合，英甚惮其强。……睿雅有旷世

之度,……被服必于儒者,虽临阵交锋,常缓服乘,执竹如意以麾进止。与裴邃俱为梁世名将,余人莫及。

韦睿手中的两种如意,相当于诸葛亮手中的鹅毛扇,真可谓是风流将军。东晋的谢万也具有同样的风采,《世说·简傲》第十四条:

谢万北征,常以啸咏自高……召集诸将,都无所说,直以如意指四坐云:"诸君皆是劲卒!"

其狂傲不羁由此毕现无遗。昭明太子萧统曾经获得御赐水犀如意一枚,这是十分珍贵的,所以他作了一篇《谢敕赉水犀如意启》呈给父皇:

臣统启:应敕左右伯佛掌奉宣敕旨,垂赉水犀如意一柄,式是道义所须。白玉照采,方斯非贵;珊瑚挺质,匹此未珍。(《全梁文》卷十九)

萧统信佛,如意是宣讲"道义"所必需的,水犀如意乃如意中之上品,所以如果随身携带,还需得到皇帝的批准。明方以智《通雅》卷四十四《杂考之属》"如意因于爪杖而谈者以代麈尾"条引《音义指归》:

如意者,古之爪杖也。或骨、角、竹、木作人手指,柄三尺许。背痒可搔,如人之意,清谈者执之,铁者兼藏御侮。

这段话对中古时代如意的功用作了全面、准确的总结。

南朝以后，如意的形制越来越大，制作材料也越来越考究，逐渐成为一种贵族名流案头的具有观赏性的豪华摆件，其讲经说法和谈玄论道的文化功能以及祛除身体不适的实用功能已经荡然无存了。当然，就雕刻艺术而言，如意在明清时代的造型和制作成就最高，天津博物馆吉祥文物展厅和首都博物馆都有许多高档次的藏品，可供人们欣赏。至于搔杖意义上的如意，俗称"老头乐"，今日仍然流于民间，大雅君子已不再随身携带，更不会向人夸示了。

（本文原载《文史知识》2016年第5期）

六朝名僧与麈尾风流

麈尾是中古士林中流行的一种用麋鹿的尾毛制成的雅器，这一微小之物凝聚了清谈的至道与辉煌，昭示着士人的倜傥和风流。清赵翼在《廿二史札记》卷八"清谈用麈尾"条中指出："六朝人清谈，必用麈尾。……亦有不必谈而用之者。……盖初以谈玄用之，相习成俗，遂为名流雅器，虽不谈亦常执持耳。"（《廿二史札记》卷八"清谈用麈尾"条，中国书店1987年版，第104—105页）挥麈谈玄以及由此构建的名士风流乃是南北朝时代活跃在黄河流域与长江流域的长达四百年的极为绚丽的文化景观。尤其值得注意的是，从东晋开始，名士与名僧交往渐密。名僧尚玄，且出入于清谈场中，蔚然成风；随着名僧的名士化，麈尾也成为常常与名僧相伴的风流雅器。南朝梁释慧皎《高僧传》卷四《康僧渊传》附《康法畅传》：

畅亦有才思，善为往复……常执麈尾行，每值名宾，辄清谈尽日。庾元规谓畅曰："此麈尾何以常在？"畅曰："廉者不取，贪者不与，故得常在也。"

南朝石刻维摩像，1995年5月成都出土

《世说新语·赏誉》（以下简称为《世说》）第一百一十条刘《注》引康法畅《高逸沙门传》：

> 王濛恒寻（支）遁，遇祇洹寺中讲，正在高坐上。每举麈尾，常领数百言，而精理俱畅，预坐百余人皆结舌注耳。濛云："听讲众僧，向高坐者，是钵盂后王、何人也。"

支遁是晋代清谈名僧之代表人物，故王濛视之为佛门中的王弼与何晏。然而名僧自是名僧，麈尾在他们手中，由最初的参与清谈，转而用于清谈式的讲经说法，后来成为释家的重要法器之一。徐陵《麈尾铭》曰："既落天花，亦通神语。用动舍默，出处随时。扬斯雅论，释此繁疑。"（《艺文类聚》卷六十九引）"天花""神语"，皆佛家之物语。显然，此铭之作，与中古僧徒挥麈说经的风气有关。

《高僧传》卷十三《释法平传》附《法等传》：

> 后东安严公发讲，等作三契经意，严徐动麈尾曰："如此读经，亦不减发讲。"

严公是主讲人，所以才手执麈尾。中古名士之清谈，通常采取主客问答的方式。主是主讲人，客是问难者。麈尾是主讲人身份的标志，在通常情况下，客是不拿麈尾的。麈尾象征着颠扑不破的真理、坚如磐石的俊辩和在士林中的赫赫声名。清陈元龙《格致镜原》卷八十三"麈"条引《释藏指归》："群鹿随之，皆看麈所往，随麈尾扭转为准。今讲僧执麈尾拂子，盖象彼有所指挥者耳。"由于麈尾名僧的清谈活动多与传播佛学思想有关，所以"麈尾一振"或"捉麈尾"，便成为中古名僧弘扬佛法之代语。《高僧传》卷七《释慧通传》：

> 少而神情爽发，俊气虚玄，止于冶城寺。每麈尾一振，辄轩盖盈衢。

《南齐书》卷四十一《周颙传》：

> 西凉州智林道人遗颙书曰："……贫道捉麈尾以来四十余年，东西讲说，谬重一时，余义颇见综寻。"

"放麈尾"则是讲经说法遭遇劲敌而甘拜下风的表现。唐释道宣《续高僧传》卷五《释僧旻传》：

> 文宣尝请柔、次二法师，于普弘寺共讲《成实》。

大致通胜，冠盖成阴。旻于末席论议，词旨清新，致言宏邈，往复神应，听者倾属。次公乃放麈尾而叹曰："老子受业于彭城……每恨不逢勍敌，必欲研尽。自至金陵累年，始见遏于今日矣。"

麈尾飘坠则为名僧归天之象征。《高僧传》卷七《竺道生传》：

以宋元嘉十一年冬十一月庚子，于庐山精舍升于法座。神色开朗，德音俊发，论议数番，穷理尽妙，观听之众，莫不悟悦。法席将毕，忽见麈尾纷然而坠，端坐正容，隐几而卒。

因之，名僧们对麈尾也寄托了堪与名士埒美的情思。《高僧传》卷八《释道慧传》：

临终，呼取麈尾授友人智顺。顺恸曰："如此之人，年不至四十，惜矣！"因以麈尾纳棺中而敛焉。

我们试对比《世说·伤逝》第十条：

王长史病笃，寝卧灯下，转麈尾视之，叹曰："如此人，曾不得四十！"及亡，刘尹临殡，以犀柄麈尾著柩中，因恸绝。

在智顺的眼中，道慧无异于英年早逝的王濛。麈尾不仅可以为名僧陪葬，而且能够随之轮回。《高僧传》卷七《释昙谛传》：

母黄昏昼寝，梦见一僧呼黄为母，寄一麈尾，并铁镂书镇二枚。眠觉，见两物具存，因而怀孕生谛。谛年五岁，母以麈尾等示之，谛曰："秦王所饷。"

根据该传的记述，原来弘觉法师是僧谛的前身，他生前曾经为姚苌讲《法华经》，麈尾和书镇都是姚苌所赐。这个诞妄不经的故事告诉我们：麈尾在中古名僧的手中代代相传，与弘扬佛法之大业珠联璧合，故虽幽明异路，而轮回不穷。

中古时代，儒、释、道三家合流，互融互补。无论是名士追慕名僧，还是名僧攀附名士，都是由这一大文化背景决定的。而在名士与名僧之间，有一位中介人物，他就是古天竺的大德居士维摩诘。手持麈尾的维摩诘形象，多见于中古时代的佛教造像和寺窟壁画。如天龙山第三洞东壁南端东魏石刻维摩像，维摩身踞莲花宝座，手执麈尾，身着宽博大衣，颇具潇洒超迈、沉着睿智的名士风采；山西沁县二郎山南涅水石刻馆藏北魏造像塔残石，维摩手执麈尾与手里提着鱼前来探病的文殊菩萨侃侃论道，格外有趣；1995年5月在成都出土的南朝石刻维摩像，维摩也是手执麈尾（见成都市文物考古工作队、成都市文物考古研究所：《成都市西安路南朝石刻造像清理简报》，《文物》，1998年第1期），俨然是一位讲经说法的高僧，等等。维摩诘，略称维摩，梵文 Vimalakirti，意译无垢称，或净名，为古天竺吠舍厘城神道广大的佛教居士。释迦世尊尝应五百长者子之请，在城中的庵罗树园说法，维摩示疾不往，佛遣文殊菩萨等前往问疾。维摩随机说法，成一经妙义，这就是大乘教义的宝典——《维摩诘所说经》，略称《维摩经》。值得注意的是，这部经典竟无一字涉及麈尾。古天竺是否有此物，今日难以确证。但我们可以肯定的是，在中国佛教艺术中，与维摩形象相伴的麈尾是中国的，是中国的艺术家们赋予他的。这种文化嫁接与《维摩经》对中古士人的深刻影响是分不开的。

山西沁县二郎山南涅水石刻馆藏北魏造像塔残石，维摩执麈尾与手里提着鱼前来探病的文殊菩萨侃侃论道

天龙山第三洞东壁南端东魏石刻维摩像

《维摩经》是流行于中古士林僧俗两界的枕中秘宝。《高僧传》卷六《释僧肇传》：

> 爱好玄微，每以《庄》《老》为心要。尝读《老子德章》，乃叹曰："美则美矣，然期神冥累之方，犹未尽善也。"后见旧《维摩经》，欢喜顶受，披寻玩味，乃言始知所归矣。因此出家。

而先后宣讲《维摩经》的名僧，孙吴有康僧会，晋朝有支遁、释法绪、竺法纯和释僧睿，刘宋有释昙谛、释僧导、释僧谨、释僧猷、释僧隐、释法宗、释慧基、释僧侯、释僧辩和释昙度，梁朝有释宝亮，等等；为《维摩经》作注、疏的名僧，有晋朝的鸠摩罗什、释道祖和释道融以及刘宋的竺道生、释慧静和释僧镜等等（见《高僧传》以上各名僧本传）。在什公新译本完成以后，《维摩经》广传于大江南北，人们对它的兴趣更为浓厚。随着《维摩经》的流传，维摩的精神特质自然影响于中古名士。

首先是维摩的辩才与智慧。《维摩经》卷二《方便品》：

> 维摩诘……辩才无阂，游戏神通。……善于智度，通达方便，大愿成就。明了众生心之所趣，又能分别诸根利钝。久于佛理，心已纯熟，决定大乘。诸有所作，能善思量，住佛威仪。心如大海，诸佛咨嗟。

《维摩经》卷五《文殊师利问疾品》：

> 尔时佛告文殊师利："汝行诣维摩诘问疾。"文殊师利白佛言："世尊！彼上人者难为酬对。深达实相，能说法要。辩才无滞，智慧无阂。"

辩者多智，智者善辩。维摩无滞的辩才与圆通的智慧，特别使中古名士心仪。在他们看来，维摩与文殊的论辩，俨然中国清谈场上的往复，堪为师法。换言之，维摩首先是以近似于清谈家的精神风貌被中土知识分子所接受的。

因此，在中古时期的石窟造像中，维摩与文殊多在同一龛中相对出现，其论辩的场面成为表现的重点。

其次是"不二法门"——"无"的境界。《维摩经》卷八《入不二法门品》：

> 文殊师利问维摩诘："……仁者当说何等是菩萨入不二法门？"时维摩诘默然无言。文殊师利叹曰："善哉！善哉！至乃无有文字语言，是真入不二法门。"

"默然无言"，正体现了"无"的境界。《世说·文学》第三十五条："支道林造《即色论》，论成，示王中郎，中郎都无言。支曰：'默而识之乎？'王曰：'既无文殊，谁能见赏？'"

王坦之的话，正出自《维摩经》。此种精神是我国圣贤所固有的。如《论语·阳货》孔子有"予欲无言"云云，而《庄子·在宥》曰："君子苟能无解其五藏，无擢其聪明，尸居而龙见，渊默而雷声，神动而天随，从容无为，而万物炊累焉。"《庄子·天运》亦载："子贡曰：'然则人固有尸居而龙见，雷声而渊默，发动如天地者乎？'"佛学与儒、道在"无"的精神上的会同，使初读佛书的中古名士有一见如故之感。《世说·文学》第二十三条："殷中军见佛经，云：'理亦应阿堵上。'"玄理与佛理是相通相应的。《维摩经》卷五《文殊师利问疾品》：

> 文殊师利入其舍……时维摩诘言："善来！文殊

师利！不来相而来，不见相而见。"文殊师利言："如是居士，若来已更不来，若去已更不去。所以者何？来者无所从来，去者无所至，所可见者更不可见。"

而《世说·简傲》第三条：

> 钟士季精有才理，先不识嵇康。钟要于时贤隽之士，俱往寻康。康方大树下锻，向子期为佐鼓排。康扬槌不辍，旁若无人，移时不交一言。钟起去，康曰："何所闻而来？何所见而去？"钟曰："闻所闻而来，见所见而去。"

不难发现，嵇、钟之对话是维摩、文殊带有禅家机锋之语意的逆向翻版。曹魏末年，《维摩经》尚未在华夏流行，嵇、钟二人平生之事迹和文章与佛学亦无丝毫牵连，如何能够如此娴熟地驱使其故实？此中必有待发之覆。据笔者推断，这个故事可能出自晋宋人物的造作。而造作的本身，恰好足以显示其时之名士与维摩在"无"的精神上的契合无间。

第三是"火中莲花"式的人生追求。在佛教文化中，莲花是纯洁、空明、美丽而高雅的圣花，因而贵逾群芳。《高僧传》卷二《鸠摩罗什传》："什……每至讲说，常先自说譬喻：如臭泥中生莲花，但采莲花，勿取臭泥也。"如果说莲花生于臭泥是客观事实，那么"火中生莲花"则是不可思议的神奇物语。《维摩经》卷七《佛道品》：

火中生莲花，是可谓希有。在欲而行禅，希有亦如是。

"火"，象征着人类的七情六欲，生者必受其灼烧：四体焦热，大汗淋漓，苦痛不堪。然而道行高卓者，虽处此炎焰的焚炽中，仍然能够保持其内心世界的莹洁与清爽。维摩即其人也。《维摩经》卷二《方便品》对他作了这样的描述：

虽为白衣，奉持沙门，清净律行；虽处居家，不著三界，示有妻子，常修梵行，现有眷属，常乐远离；虽服宝饰，而以相好严身；虽复饮食，而以禅悦为味。

《维摩经》通过维摩与文殊共论佛法，宣扬达到解脱之境，关键在于主观修养，不一定非得过严格的出家生活。维摩式的人生境界即是这一思想的具体实践。而这与中古名士又构成了另一个重要契合点。中古隐逸之风炽盛。士林名流，多怀嘉遁之思，又不愿舍弃荣华。《世说·言语》第六十九条：

刘真长为丹阳尹，许玄度出都，就刘宿，床帷新丽，饮食丰甘。许曰："若保全此处，殊胜东山。"刘曰："卿若知吉凶由人，吾安得不保此！"王逸少在坐，曰："令巢、许遇稷、契，当无此言。"二人并有愧色。

其实长林丰草和温柔富贵，如熊掌与鱼，不可得兼。众所周知，中古士人之人生观重在得意。既然如此，其归思田园、希企隐逸，也自然是追求内心世界的超然无累。换言之，只要能得其意，就不一定非得栖居山泽、餐菊茹菘了。晋王康琚《反招隐诗》说"小隐隐陵薮，大隐隐朝市"（《文选》卷二十四），在这一观念的支配下，"朝隐""市隐"之高士层出不穷。对此，梁元帝作了深刻的理论总结。《艺文类聚》卷二十一引其《全德志论》曰："物我俱忘，无贬廊庙之器；动寂同遣，何累经纶之才。虽坐三槐，不妨家有三径；接五侯，不妨门垂五柳。但使良园广宅，面水带山，饶甘果而足花卉，葆芸筥而玩鱼鸟。九月肃霜，时饷田畯；三春捧茧，乍酬蚕妾。酌升酒而歌南山，烹羔豚而击西缶。或出或处，并以全身为贵；优之游之，咸以忘怀自逸。若此，众君子可谓得之矣。"尽管我们不能说中古时代的"众君子"都是盛开于烈火中的莲花，但他们确确实实是在烈火中追求莲花式的美。

　　以上三个契合点，决定了中古名士必然在文化心理上肯定、接受维摩。于是，人们便有意或无意地，自觉或不自觉地，将中国的麈尾塞进维摩的手中，使之登上了华夏佛教艺术的殿堂。这样，古天竺的维摩诘便六朝化——中国化了。实际上，维摩诘在中古文化史中所扮演的是双重角色：大乘功深、明达禅理的居士和风流俶傥、不舍世俗的名士。他是将惝恍、缥缈的佛陀世界和中古士族社会的烟光声色联为一体的媒介，或者说是沟通二者的津梁。中国六朝的莺飞草长与古天竺的落英缤纷，由维摩而凝结为一片阳春，绚烂、旖旎，令人目眩神迷。法国学者戴密微曾经指出，《维摩经》是"少数真能融入中国文化本位的一部佛典。……它向来是中国思想家、诗人、艺术家的灵感泉源。很早以前，这本十足外国的作品，无论形式和内容都已经成功地捉住中国人的感受"[1]。这就是文化的魅力。

（本文原载《文史知识》2017 年第 3 期）

---

[1] 〔法〕保罗·戴密微（Paul Demieville）著，刘楚华译：《维摩诘在中国》，文载《中国佛教史论集》，台北华宇出版社 1987 年版，第 241 页。

"狂泉"与"贪泉"的佛典渊源

《三国演义》第八十九回写诸葛亮率部南征,一些士兵误饮"哑泉"之水,不能说话了,后来山神显灵,告诉诸葛亮:"军所饮水,乃哑泉之水也,饮之难言,数日而死。此泉之外,又有三泉:东南有一泉,其水至冷,人若饮水,咽喉无暖气,身躯软弱而死,名曰柔泉;正南有一泉,人若溅之在身,手足皆黑而死,名曰黑泉;西南有一泉,沸如热汤,人若浴之,皮肉尽脱而死,名曰灭泉。敝处有此四泉,毒气所聚,无药可治。"小说家言虽然未必可信,却也能增加读者的好奇心。与这些要命的毒泉相比,《宋书》中的"狂泉"更为特别:

> 昔有一国,国中一水,号曰狂泉。国人饮此水,无不狂,唯国君穿井而汲,独得无恙。国人既并狂,反谓国主之不狂为狂,于是聚谋,共执国主,疗其狂疾,火艾针药,莫不必具。国主不任其苦,于是到泉所酌水饮之,饮毕便狂。君臣大小,其狂若一,众乃欢然。

(中华书局 1974 年版,标点本,第 8 册,第 2231 页)

这眼"狂泉"真是厉害,它不仅能使饮者发狂,而且能够让发狂者把正常人视为狂人。这个故事见于《宋书》卷八十九《袁粲传》,是传主袁粲(419—477)对自己经常交往的朋友讲的。沈约的《宋书》完成于南朝齐武帝萧赜永明六年（488）二月，是一部很有价值的史书。最初读《宋书》，我就认定这个故事绝非袁粲自造，因为袁粲文才平平，喜欢模仿前人的作品。如《宋书》说袁粲"清整有风操，自遇甚厚，常著《妙德先生传》以续嵇康《高士传》以自况"，据我观察，这篇《妙德先生传》完全是陶渊明《五柳先生传》的拟作。陶渊明说："先生不知何许人也。"袁粲说："有妙德先生，陈国人也。"陶渊明说："闲静少言，不慕荣利。"袁粲说："气志渊虚，姿神清映，性孝履顺，栖冲业简，有舜之遗风。"陶渊明说："好读书，不求甚解；每有会意，便欣然忘食。"袁粲说："九流百氏之言，雕龙谈天之艺，皆泛识其大归，而不以成名。"陶渊明说："性嗜酒，家贫不能常得。""忘怀得失，以此自终。"袁粲说："家贫尝仕，非其好也，混其声迹，晦其心用，故深交或迕，俗察罔识。""修道遂志，终无得而称焉。"又如《妙德先生传》"所处席门常掩，三径裁通，虽扬子寂漠"云云，也本于陶渊明《归园田居》其二"野外罕人事，穷巷寡轮鞅。白日掩荆扉，虚室绝尘想"以及《归去来兮辞》"三径就荒"，等等。元嘉二十九年（452），即在陶渊明去世二十五年之后，鲍照写了一首《学陶彭泽体》。这首诗的出现，标志着陶渊明已经开始步入经典作家的行列，《陶渊明集》也开始广泛流传。这就是袁氏拟陶的文学史背景。基于对袁氏这种创作特点的认识，长期以来，我一直试图找到"狂泉"

故事的文本渊源，找到其所模拟的对象。最近读《纪伯伦散文诗全集》，看到《疯人》集中有一篇《明智的国王》（伊静译，北京燕山出版社2011年版，第127页）：

  从前，一位威严而贤明的国王统治着远方的维兰尼城。他的威严使人敬畏，他的智慧令他倍受爱戴。

  那时市区中心有一口水井，井水清冽透澈，全城居民都从这口水井中汲水饮用，即使国王与大臣也不例外，因为这是城池中唯一的一眼井。

  一天夜里，当大地万物都沉沉睡去，一个女巫进入城中，在井中点了七滴魔液，然后说："从现在起，凡饮用了这井水的人就会发疯。"

  第二天清晨，所有居民——除了国王与侍从长——都饮用了这井里的水，于是都变成了疯人，正如女巫预言的那样。

  这一天，狭窄的小街上，市场中，人们都在窃窃私语，除此而外什么事情也不做："国王疯了，咱们的国王与侍从长都失去了理智，我们不能让一个疯国王统治国家，我们必须废黜他。"

  这天晚上，国王命人从井里汲来满满一金杯水。水一送到，国王便大饮了一口，然后把剩下的水赏与侍从长。

  于是遥远的维兰尼城热烈欢庆，因为他们的国王及其侍从长又恢复了理智。

读完这篇散文诗，我不禁大吃一惊：难道伟大的阿拉伯诗人卡里·纪伯伦（Kahlil Gibran，1883—1931）读过《宋书》吗？旧疑未消，新疑又生，令我不胜苦恼。《疯人》(The Madman)是纪伯伦在1918年用英文发表的第一本散文诗集，那一年他只有35岁。事实上，最后在1931年，当纪伯伦怀着弗兰兹·卡夫卡（Franz Kafka，1883—1924）式的失望情绪在美国去世的时候，他还没有接触过中国文化，而直到现在，《宋书》也还没有西文译本出现。因此，纪伯伦接触《宋书》的可能性是不存在的。在人类文化史上，纪伯伦乃是一个草根版的泰戈尔，也是一位诗人化的施韦泽（Albert Schweitzer，1875—1965），其崇高的文化精神不是自命清高自贻伊戚而实无一能的袁粲所能比拟的。因此，在他的笔下，愚昧的草根们迫害智慧的君王，就有极深的现实寓意，而维兰尼城那令人发疯的井水究竟源自何处，也就很值得研究。袁粲在讲完"狂泉"的故事之后说道："我既不狂，难以独立，比亦欲试饮此水。"这实际上是他决意步入仕途的宣言，他后来竟然为此死于非命，看来仕途的"狂泉"还是不能喝的，特别是像袁粲这样缠绵多情的书生。多年的阅读经验告诉我，这个"狂泉"故事所表现的思维方式以及主题思想似乎不是中国本土的，而在我国中古时代，外来的文化主要是从古印度输入的佛教。这又使我想到高呼"整个地球都是我的祖国，全部人类都是我的乡亲"的纪伯伦，尽管他不信佛，但博爱的精神在不同的宗教领域总是主流意识(他在1928年出版的散文诗集《人之子耶稣》足以表明他的基督教信仰),所以我料定"狂泉"的故事极可能与佛典有关。但是,学术研究光凭主观感觉是不行的,自说自话也往往重复前人的劳动,变得滑稽可笑,于是,我从研究史的角度对"狂泉"问题进行了仔细的查考。首先,友人蒋述卓先生在《佛经翻译与中古文学思潮》(江西人民出版社1990年版)一书中指出,《宋书》的"狂泉"故事源于《杂譬喻经》第十七条叙述的"恶雨"故事;其次,宋闻兵在《南朝正史与佛典二题》(《中国典籍与文化》,2001年第4期)一文中,也发表了同样的观点,其解说比蒋先生更为深入、全面,可惜没有注明蒋先生十年前发表的卓见,令人感到遗憾。但无论如何,这两位学者的研究完全证实了我当初的预感。《杂譬喻经》第十七条原文如下:

> 外国时有恶雨,若堕江湖河井城池水中,人食此水,令人狂醉,七日乃解。时有国王多智善相,恶雨云起,王以知之,便盖一井,令雨不入。时百官群臣食恶雨水,举朝皆狂,脱衣赤裸,泥土涂头,而坐王厅上。唯王一人,独不狂也,服常所著衣、天冠、璎珞,坐于本床。一切群臣不自知狂,反谓王为大狂。"何故所著独尔?"众人皆相谓言。此非小事,思共宜之。王恐诸臣欲反,便自怖懅语诸臣言:"我有良药,能愈此病。诸人小停,待我服药,须臾当出。"王便入宫,脱所著服,以泥涂面,须臾还出。一切群臣见,皆大喜,谓法应尔,不自知狂。

七日之后，群臣醒悟，大自惭愧，各著衣冠而来朝会。王故如前，赤裸而坐。诸臣皆惊怪，而问言："王常多智，何故若是？"王答臣言："我心常定，无变易也。以汝狂故，反谓我狂。以故若是，非实心也。"如来亦如是。以众生服无明水，一切常狂，若闻大圣常说诸法不生不灭，一相无相者，必谓大圣为狂言也。是故如来随顺众生，现说诸法，是善是恶，是有为是无为也。

（《大正新修大藏经》，第 4 册，No.0207，第 526 页）

  所谓譬喻经，就是以譬喻故事的形式彰显佛理的经文。这部《杂譬喻经》由比丘道略集录，北朝佛学大师鸠摩罗什（344—413）翻译。"狂泉"的故事只见于这部罗什译经，后汉支娄迦谶译的《杂譬喻经》，西土贤圣集、吴康僧会译的《旧杂譬喻经》，僧伽斯那集撰、求那毗地译的《百喻经》以及失译的《杂譬喻经》均未涉及此事。罗什的这部译经在其生前就已经广传大江南北。袁粲接触《杂譬喻经》可能有多重渠道。他的母亲是王导的曾孙王诞（375—413）的女儿。早在东晋初年，王导就与僧徒建立了密切的关系，所以琅邪王氏虽然世奉五斗米道，却不乏出家为僧者，如王导的弟弟道宝、王羲之的曾孙道敬等。总之，袁粲或读过《杂譬喻经》，或听僧人讲过《杂譬喻经》，因而在此基础上推出了一个"袁粲版狂泉"故事，貌似自造，实为剽窃，当然，就文学创作的机制而言，这也是比较典型的"互文性"写作。但是，袁粲和纪伯伦都只摄取了这个佛教寓言的前半部分，突出"众人皆醉而我独醒"造成的不幸，以及孤独的高贵的人物为愚昧的低贱的草根所压迫，由于不为草根们所容而不得不随顺草根们的疯狂意志乃至最后被迫草根化魔鬼化的主题。这个主题是有趣的，令人回味的。但相比之下，《杂譬喻经》的"恶雨"叙事更为曲折，主题更为深刻，也更有启示意义。"百官群臣"在"恶雨"的毒害下，从正常人变成疯人，在"恶雨"的毒性消退之后，又从疯人恢复为正常人；处于疯人阶段，他们认为正常的国王是疯人；处于正常人阶段，他们认为装疯卖傻的国王是疯人。如此，"百官群臣"与国王的矛盾纠葛错综在一起，波澜起伏，趣味横生，如来以入世的情怀和现实的姿态超度众生的伟大意旨和卓绝努力由此得以充分彰显。

与"狂泉"类似的是东晋后期出现在广州的"贪泉"，传说饮此泉水者即贪得无厌，如果确有这样的泉水的话，那对形成反腐倡廉的社会风气自然是很不利的，必须把它清除掉。《世说新语·德行》第四十七条刘孝标注引《晋安帝纪》曰：

> （吴）隐之既有至性，加以廉洁，奉禄颁九族，冬月无被。桓玄欲革岭南之敝，以为广州刺史。去州二十里有贪泉，世传饮之者其心无厌。隐之乃至水上，酌而饮之，因赋诗曰："石门有贪泉，一歃重千金。试使夷齐饮，终当不易心。"

廉洁的吴刺史以饿死首阳、不易气节的伯夷和叔齐自命，以格调高昂的《贪泉诗》显示自己的人格自信和道德自律，仿佛就是在欲望的烈火中绽放的莲花。贪泉的故事也有其佛学的渊源。后秦弘始年佛陀耶舍共竺佛念译《佛说长阿含经》卷第六第二分初《小缘经第一》载：

> 天地始终，劫尽坏时，众生命终皆生光音天，自然化生，以念为食，光明自照，神足飞空。其后此地尽变为水，无不周遍。当于尔时，无复日月星辰，亦无昼夜年月岁数，唯有大冥。其后此水变成大地，光音诸天福尽命终，来生此间。虽来生此，犹以念食，神足飞空，身光自照。于此住久，各自称言："众生！众生！"其后此地甘泉涌出，状如酥蜜。彼初来天性轻易者，见此泉已，默自念言："此为何物？可试尝之。"即内指泉中，而试尝之。如是再三，转觉其美。便以手抄自恣食之，如是乐着，遂无厌足。其余众生复效食之，如是再三，复觉其美，食之不已。其身转粗，……失天妙色，无复神足，履地而行，身光转灭，天地大冥。（《大正新修大藏经》，第1册，No.0001，《长阿含经》，第37页）

原来，人类的纵欲和堕落乃是由于贪饮光音天的甘泉所致：由于过度贪饮那清美的甘泉，人类的形体越来越丑，"光明自照，神足飞空"的本领完全丧失了，最后沦落为互相嫉恨、不断争吵的低等智慧动物，人们的身上没有光彩，只能彳亍而行，步履蹒跚，在人类的头顶之上充斥在苍天与大地之间的是一片茫茫无边的晦暗。《长阿含经》中的甘泉就是中古传说中的"贪泉"的原型！为进一步扩大此方面的"研究战果"，我们不妨再读一下萧梁释慧皎《高僧传》卷二《鸠摩罗什传》所载盘头达多大师给鸠摩罗什大师讲的一个譬喻故事：

> 汝说一切皆空，甚可畏也，安舍有法而爱空乎？如昔狂人，令绩师绩线，极令细好，绩师加意，细若微尘，狂人犹恨其粗，绩师大怒，乃指空示曰："此是细缕！"狂人曰："何以不见？"师曰："此缕极细，我工之良匠，犹且不见，况他人耶？"狂人大喜，以付织师，师亦效焉，皆蒙上赏，而实无物。汝之空法亦由此也。（汤用彤校注，中华书局1992年版，第49页）

在盘头大师的譬喻故事中出现的"良匠"，与丹麦作家安徒生（1805—1875）的经典寓言《皇帝的新衣》中的骗子何其相似！这再次使我惊讶了。是安徒生模仿《高僧传》，还是叙事情节的偶然巧合？纪伯伦又是从哪里获知"狂井"故事的？我推测这两位作家，特别是纪伯伦，很可能看过某些佛经的早期西文译本或研究著作，如英国佛学家李斯·戴维斯（Thomas William Rhys Davids，1843—1922）夫妇在19世纪后期就曾将斯里兰卡的"巴利三藏"

全部译为英语，收在《东方圣书》和《佛教圣书》内。但由于学力所限，我已经不能解决这些问题了，希望在此方面素有专攻的学界同仁能够继续追踪下去，以匡我不逮。或许，我们由此可以确立一个"西方文学与东方佛教"这样一个研究课题。我的意思是说，不要一说西方文学，就只提《圣经》，在西方文学中也有佛的光影，也有东方的智慧。质之高明，不知以为然否？

（本文原载《文史知识》2015年第5期）

辞曹归刘的隐情
——重读《三国志·关羽传》

从宋代开始，"三国"被人们不约而同地赋予了极高的历史地位，而在此前，特别是两晋南北朝时代，主流学者大都认为魏、蜀、吴不过是临时性的割据政权而已。如常璩的《华阳国志》、习凿齿的《汉晋春秋》，都竭力张扬晋承汉统的历史观念，他们认为，汉代以后的历史根本就与"三国"无关；因此，即使是西晋时代的大史学家陈寿著《魏书》《蜀书》和《吴书》，也不以"三国"为名，而所谓《三国志》者，乃出于宋代文人的再造与当时出版商的合刻。随着《三国志》这一历史文本的广泛流传，"三国人物"在宋代以后也步步升格，其中最为耀眼的人物就是铁匠出身的关羽——他既以武圣的身份与文圣孔子并驾，又以关帝的尊严超越现实的君王。笔者无意挑战和否定关帝信仰以及相关的民俗学研究，但无论历史如何演绎，对历史人物的还原性认知对学术研究总是至关重要的。这里，我仅就关羽辞曹归刘的历史个案略陈管见。

对关羽辞曹归刘的记载，主要见于《三国志》卷三十六《关羽传》（第四册，中华书局1959年版，第939—942页）。据此传可知：（一）关羽辞曹归刘一事发生在建安五年（200）被俘之后；（二）辞曹归刘的原因是关羽同刘备"恩若兄弟""誓以共死，不可背之"；（三）曹操对关羽礼遇甚厚，关羽解白马之围，意在报恩；（四）曹操知其必去，嘉其高义，对此，裴松之注（以下简称为"裴注"）说："臣松之以为曹公知羽不留而心嘉其志，去不遣追以成其义，自非有王霸之度，孰能至于此乎？斯实曹公之休美。"由此，关羽的节义与"曹公之休美"构成了在宋代以后广泛传扬的历史佳话。但是，《三国志·关羽传》裴注所引《蜀记》却有这样的记载：

  曹公与刘备围吕布于下邳，关羽启公，布使秦宜禄行求救，乞娶其妻，公许之。临破，又屡启于公。公疑其有异色，先遣迎看，因自留之，羽心不自安。

《蜀记》出自东晋著作郎王隐的手笔，《隋书·经籍志》有"晋著作郎《王隐集》十卷"，故《蜀记》当为严谨的国别史著作。但"布使"两句话的表述非常含混，令人有点摸不着头脑。如果说这纯属不可信据的"小道消息"的话，那么，东晋常璩《华阳国志》卷六《先主志》却印证了它的真实性：

  五年，公东征先主。先主败绩，妻子及关羽见获。……公壮羽勇锐，拜偏将军。初，羽随先主从公围吕布于濮阳，时秦宜禄为布求救于张杨。羽启公："妻无子，下城，乞纳宜禄妻。"公许之。及至城门，复白。公疑其有色，自纳之。后先主与公猎，羽欲于猎中杀公。先主为天下惜,不听。故羽常怀惧。公察其神不安,使将军张辽以情问之。羽叹曰:"吾极知曹公待我厚。然吾受刘将军恩,誓以共死,不可背之。要当立效以报曹公。"公闻而义之。是岁,绍征官渡,遣枭将颜良,攻东郡太守刘延于白马。公救延,使辽、羽为先锋。羽望见良麾盖,策马刺良于万众中,斩其首还,绍将莫敌,遂解延围。公即表封羽汉寿亭侯,重加赏赐。尽封其物,拜书告辞而归先主。左右欲追之。公曰:"彼各有主。"

显然,《华阳国志》比《蜀记》的记载更为清晰,更有逻辑性。综合这两种文献的记载可知:(一)当初,即建安三年(198),关羽和刘备曾经跟从曹操在濮阳(今河南省濮阳市)围困吕布,吕布手下的将军秦宜禄为吕布向张杨求援;(二)知道吕布和秦宜禄已经成为瓮中之鳖,关羽因自己的妻子没生儿子,便向曹操请求在攻陷濮阳城后纳秦宜禄之妻为己妻;(三)曹操已经答应了关羽的请求,在到达濮阳城门时,关羽再次重申了自己的请求;(四)由此引起了曹操对秦宜禄之妻的特别关注,先派人前往迎看,发现其美色后即据为己有;(五)职此之故,关羽和曹操产生矛盾,关羽"心不自安";(六)由此关羽对曹操产生憎恶、仇恨的心理,在刘备与曹操一同射猎时,关羽想借机暗杀他,但刘备顾全大局,阻止了他的行动,由于担心事情泄露,关羽在曹操身边常常感到心神不宁。《三国志·关羽传》裴注又引王隐《蜀记》云：

> 初，刘备在许，与曹公共猎。猎中，众散，羽劝备杀公，备不从。及在夏口，飘飘江渚，羽怒曰："往日猎中，若从羽言，可无今日之困。"备曰："是时亦为国家惜之耳；若天道辅正，安知此不为福邪！"

可见常氏的记载确实是有依据的。其实，关羽梦想得到的女人是秦宜禄的前妻杜氏。《三国志》卷三《明帝纪》青龙元年裴注引《献帝传》：

> 朗父名宜禄，为吕布使诣袁术，术妻以汉宗室女。其前妻杜氏留下邳。布之被围，关羽屡请于太祖，求以杜氏为妻，太祖疑其有色，及城陷，太祖见之，乃自纳之。宜禄归降，以为铚长。及刘备走小沛，张飞随之，过谓宜禄曰："人取汝妻，而为之长，乃萤萤若是邪！随我去乎？"宜禄从之数里，悔欲还，飞杀之。朗随母氏畜于公宫，太祖甚爱之，每坐席，谓宾客曰："世有人爱假子如孤者乎？"

秦宜禄用前妻保住了性命并换得官职，张飞对他极端蔑视并将他杀掉，看来秦、曹之间可能有交易，张飞对曹操亦当十分憎恶，但是，如果他的"关二哥"在"夺妻之战"中获胜，不知他是否还会取宜禄的小命？真是可悲可怜可叹。无论如何，在关、曹之间，由女色造成了非常严重的心理危机，由此随时可能演化为生存危机，关羽曾对曹操动过杀心,便足以说明这一点。在这种心理背景之下,关、曹是不可能长期和谐相处的。因此,无论曹操在表面上如何礼贤下士,关羽也注定是要走的。所以,在为曹操解了白马之围后,他便借着台阶溜之大吉了。既然在曹营心里不舒服,就不如回到"大哥"身边混饭吃。令人欣慰的是,杜氏在嫁给曹操后,生活似乎很美满。据《三国志》卷九《诸夏侯曹传》裴注引《魏略》的记载,"太祖为司空时","秦宜禄儿阿苏亦随母在公家","见宠如公子",这个阿苏就是后来步步高升享尽荣华富贵的一代庸才秦朗。他的母亲杜夫人为曹操生了两个儿子,这就是沛穆王曹林和中山恭王曹衮。嵇康之妻就是曹林的孙女长乐亭主。《三国志》卷二十《王粲传》裴注引《嵇氏谱》:"嵇康妻,林子之女也。"如此看来,关羽在选择女性方面还真是有眼光,我们是否应该为他的失意感到遗憾?然而,他的失意是"欲场失意",而不是"情场失意"。凡人皆有情欲,但情不是欲。元好问《雁丘词》曰:"问世间,情是何物?直教生死相许!"以生死相许者乃是人间的至情,关铁匠与这种至情是风马牛不相及的。清代著名文学家和学者王士禛在《居易录》卷十五中曾发出过一连串的疑问,其中就包含着对"关羽求他人之妻"事件的审视:

> 史传记载有可疑者,如《三国志·关侯传》注:曹操围吕布于下邳,侯启操,布使秦宜禄行求救,乞娶其妻。操许之。临破,又屡启于操。疑其有异色,

先遣迎看，因自留之。侯心不自安。又姚宽《西溪丛语》云："范文正仲淹守鄱阳，喜一乐籍。未几，召还到京，以绵胭脂寄其人，题云：'江南有美人，别后长相忆。何以慰相思？赠汝好颜色。'至今墨迹在鄱阳士大夫家。"以二公风节行义殊不类，何耶？

在他看来，关羽和范仲淹的爱美之心与求美表达同其平生的"风节行义"是极不吻合的，所以，这类"史传记载"是非常"可疑"的，但既然"可疑"，王渔阳为何还要如此饶舌？显然，他意在唤起人们对"二公隐情"的特别关注。其实，明人徐应秋的感叹或许更为中肯：

项王喑哑叱咤，当时粗豪男子，而眷恋虞姬，临亡不舍。苏子卿吞毡啮雪，视死如归，而娶胡妇生子。关忠义忠肝义胆，可对天日，而启曹公求秦宜禄妻，曹又疑而自取之。赵阅道为铁面御史，乃悦一营妓，令老兵召之。范文正守鄱阳，属意小妓，既去，乃以诗寄魏介而取之。……情欲之于人甚矣哉！（《玉芝堂谈荟》卷七"情欲难割"条）

徐氏历数历史上的豪杰之士，从叱咤风云的楚王项羽，到牧羊北海的汉使苏武，从忠肝义胆的关云长，到宋仁宗时代的铁面御史赵阅道以及"先天下之忧而忧，后天下之乐而乐"的范仲淹，结果发现他们都未能超越情欲的藩篱。老曹本是好色之徒、纵欲之辈，但有诗人气质和政治地位，所以人家广纳妻妾也还算过得去，但关羽借助老曹的军事胜利，喋喋不休地请求，试图得到一位败军之将的漂亮老婆，则未免气格卑下，令人恶心，不如老曹远矣，这与《三国演义》中那抑强扶弱、义薄云天的汉寿亭侯形象真是相差十万八千里。或许，张飞应该对"二哥"痛下针砭——用手中的丈八蛇矛猛戳他几下才是。

这就是关羽辞曹归刘的隐情。所谓"身在曹营心在汉"，良有以也。

（本文原载《中华读书报》2013年12月11日第15版"国学"）

卷四

在文化的原野上

《古诗十九首》的时代与作者之谜

在我国文学史上,《古诗十九首》(以下简称为《十九首》)乃是流照艺林、光景常新的经典作品,明人王世懋(1536—1588)誉之为"五言之诗经"(《艺圃撷余》),可谓中肯之评。但是,关于这组诗产生的时代和作者问题,却一直众说纷纭,困扰着古往今来的诸多选家和诗人。南朝梁萧统(501—531)编纂《文选》,在"杂诗"类首列《古诗十九首》(今本卷二十九),这组诗即由此而得名。在《十九首》的诗题下,唐人李善(630?—689)注:"并云组诗,盖不知作者。或云枚乘,疑不能明也。"南朝陈徐陵(507—583)编纂《玉台新咏》,卷一开篇的作品就是《古诗》八首,均未题作者姓名,但其中的《凛凛岁云暮》《冉冉孤生竹》《孟冬寒气至》和《客从远方来》,分别属于《十九首》的第十六、第八、第十七和第十八首。而同书同卷收录的枚乘《杂诗》,其中的《西北有高楼》《东城高且长》《行行重行行》《涉江采芙蓉》《青青河畔草》《庭中有奇树》《迢迢牵牛星》和《明月何皎皎》等八首诗,分别属于《十九首》的第五、第十二、第一、第六、第二、第九、第十和第十九首。枚乘(?—前140)是西汉作家,代表作是著名的大赋《七发》。班固(32—92)说:"赋者,古诗之流也。"(《汉书·艺文志序》)赋家当然也就是诗人。

南朝梁刘勰（465？—520）在《文心雕龙·明诗》中指出："《古诗》佳丽，或称枚叔，其《孤竹》一篇，则傅毅之词，比采而推，两汉之作乎！观其结体散文，直而不野，婉转附物，怊怅切情，实五言之冠冕也。"他也提到了古诗出于枚乘之手的传统说法，而古诗《冉冉孤生竹》则出于东汉作家傅毅（？—90？）之手，同时，刘勰非常肯定地说古诗乃是"两汉之作"。钟嵘（468？—518）《诗品序》也说："古诗眇邈，人世难详，推其文体，固是炎汉之制，非衰周之倡也。"他的意见与刘勰颇有一致之处。钟嵘称"古诗"：

> 其体源出于《国风》。陆机所拟十四首。……其外"去者日以疏"四十五首，虽多哀怨，颇为总杂。旧疑是建安中曹、王所制。"客从远方来""橘柚垂华实"，亦为惊绝矣！人代冥灭，而清音独远，悲夫！（《诗品》卷上"古诗"）

这里涉及三个问题：（一）西晋陆机（261—303）所作《拟古诗》原有十四首，未题原诗作者姓名，现存《拟行行重行行》《拟今日良宴会》《拟迢迢牵牛星》《拟涉江采芙蓉》《拟青青河畔草》《拟明月何皎皎》《拟兰若生朝阳》《拟青青陵上柏》《拟东城一何高》《拟西北有高楼》《拟庭中有奇树》和《拟明月皎夜光》等十二首，见于今本《文选》卷三十，其中《拟兰若生朝阳》与《十九首》无关；

（二）锺嵘见到的古诗篇目，除了陆机模拟的十四首外，还有另外四十五首，其中"去者日以疏""客从远方来"分别属于《十九首》的第十四和第十八首，"橘柚垂华实"与《十九首》无关；（三）"旧疑是建安中曹、王所制"，表明在锺嵘之前有一种存疑的说法，即认为"去者日以疏""客从远方来"等古诗出自曹植（192—232）和王粲（177—217）的手笔（《诗品序》所谓"昔曹、刘殆文章之圣"也指此二人）。在这里锺嵘并没有提到枚乘。南朝宋刘铄（431—453）作《拟古》二首，即《拟行行重行行》和《拟明月何皎皎》（《文选》卷三十一），也未题写原诗作者姓名。又如《世说新语·文学》载：

> 王孝伯在京行散，至其弟王睹户前，问："古诗中何句为最？"睹思未答。孝伯咏"所遇无故物，焉得不速老？"："此句为佳。"

王恭（？—398，字孝伯）是东晋人，他吟咏的这两句诗出自《十九首》第十一首"回车驾言迈"。这些情况表明，古诗一直是以无作者姓名的状态流传的，至于作者究竟是何人，无论是枚乘、傅毅，还是曹植、王粲，人们都只是猜测而已，并没有可靠的文献依据。在1920年以后，随着关于五言诗起源问题讨论热潮的出现，《十九首》的作者和时代问题，又被重新提起，其争论首先在铃木虎雄（1878—1963）和朱偰（1907—1968）之间展开，随后是徐中舒（1898—

1991）和古直（1885—1959），争论的焦点在于《十九首》是否成于汉末建安时代（196—219）。古直在其《汉诗研究》卷四《古诗十九首辨证余录》中指出：

> 日人铃木云："史传凡关于五言诗无记载。"以此断定五言诗成立于后汉章和之际。此至浅陋之见也。国中学者如朱偰等辟之是矣。而徐中舒犹断断持铃木《古诗十九首》出于东汉之说，且进一步断定五言成立尚在建安时代，其说曰："章和诗虽已有五言诗，但那不过文学家偶尔作一两首诗，在文学史上并无多大意义，我们也不能承认五言诗的成立便在那时。我以为五言诗的成立，要在'建安七子'与'魏三祖'。他们做了五言诗运动的中心。五言诗有了他们，才能兴盛，所以《续晋阳秋》说'自司马相如、王褒、扬雄诸贤，世尚赋颂，皆体则诗骚，旁综百家之言，及至建安，而诗章大盛'。这个论断，非常惬当。《诗品》也说'"去者日以疏"四十五首，虽多哀怨，颇为总杂。旧疑是建安中曹、王所制'，可见古诗有一大部分都是建安时代的产物。"（上海启智书局1933年版，第29—30页）

铃木虎雄的观点见于他在1920年发表的《魏晋南北朝时代的文学论》，后来收入《中国诗论史》。作为第一部中国文学批评史，该书在1925年由日本京都宏文堂书房刊行，对中国学术界产生了很大的影响。1927年，鲁迅（1881—1936）在《魏晋风度及文章与药及酒之关系》一文中说："用近代的文学眼光看来，曹丕的一个时代可说是'文学的自觉时代'，或如近代所说是'为艺术而艺术'的一派。"所谓"文学的自觉时代"，就是铃木《魏晋南北朝时代的文学论》一文中的杰出论断，鲁迅只不过是引用了铃木的说法而已。而铃木之所以"断定五言诗成立于后汉章和之际"，与他的这一论断也有密切关系。徐中舒对此说略加调整，将"五言诗的成立"落实"在建安时代"（《五言诗发生时期的讨论》，《东方杂志》24卷18期）。针对这种观点，朱偰先后撰写了《五言诗起源问题》（《东方杂志》23卷20期）和《再论五言诗的起源》（《天津益世报学术周刊》，1929年4月15日—22日）两篇论文。梁启超（1873—1929）认为《古诗十九首》"体格韵味都大略相同，确是一时代诗风之表现"，"估定《十九首》之年代，大概在西纪120至170约五十年间"，而从"内容实质上研究《十九首》"，认定其为"东汉安、顺、桓、灵间作品"（《中国之美文及其历史》，东方出版社1996年版，第123—131页）。梁氏对《十九首》的断代，距建安时代仅仅三十年左右。但我们读曹丕（187—226）《杂诗》："西北有浮云，亭亭如车盖。惜哉时不遇，适与飘风会。吹我东南行，南行至吴会。吴会非我乡，安能久留滞？弃置勿复陈，客子常畏人。"（《文选》卷二十九）以及曹植《杂诗》："西北有织妇，绮缟何缤纷。明晨秉机杼，日昃不成文。太息终长夜，悲啸入青云。妾身守空闺，良人行从军。自期三年归，今已历九春。飞鸟绕树翔，嗷嗷鸣索群。愿为南流景，驰光见我君。"（同上）以及同时代的诸多五言诗，都可以发现这些作品都明显带有《十九首》的痕迹（如"西北有高楼"）。这足以说明，《十九首》出现的时间要远远早于东汉后期，因为我们很难想象，出现时间如此短暂的作品会如此迅速地升格为经典，而其作者竟然是无名氏！但无论如何，《十九首》出自汉人的手笔，这一点是绝对没有问题的。但如果要论证其产生的具体时代和作者，凭借现有的文献根本不能解决问题，因此，我们更多地寄希望于地下文献以及文物的出土。尽管如此，我们仍不妨对《十九首》产生的背景加以推测：（一）这组诗不是一人、一时、一地之作；（二）这组诗有西汉人的作品，也有东汉人的作品；（三）这组诗不是群体创作，而出自具有高度文化修养和深厚文学功底的个体文人之手，这些文人属于贵族，而非平民；（四）这组诗以"无名氏所作"的状态流传，应当是作者为保护自己而有意制造的结果，因为诗中既抒发了对黑暗社会的不满，又涉及了具体的人事关系，更有对爱情的炽烈歌咏，这一切在"独尊儒术"、法网严酷的汉代社会是不宜公开张扬的；（五）这组诗很可能属于琴曲歌词，因为在音乐艺术中，歌词的作者最容易被忽略，同时，作者也最容易隐藏其作为歌词作者的事实。

从建安时代开始，《十九首》就已经成为我国的文学经典。上引《文心雕龙·明诗》"《古诗》佳丽"云云，在这段话之后，刘勰还说："暨建安之初，五言腾踊，文帝陈思，纵辔以骋节；王徐应刘，望路而争驱；并怜风月，狎池苑，述恩荣，叙酣宴，慷慨以任气，磊落以使才，造怀指事，不求纤密之巧；驱辞逐貌，唯取昭晰之能；此其所同也。"其用意正在于彰明《十九首》在五言诗史上的先导作用，在很大程度上，建安时代乃至曹魏前期的五言诗正是《十九首》的深度转化。《十九首》的经典地位是由其特殊的艺术成就和美学价值所决定的。在人类文学的宝库中，经典性的作品永远传达着人类深切的精神感动，永远揭示着人类心灵深处的痛苦，伟大的作家也总是能够深入到社会历史以及人类灵魂世界的深处去发掘去书写。钟嵘《诗品序》说："若乃春风春鸟，秋月秋蝉，夏云暑雨，冬月祁寒，斯四候之感诸诗者也。嘉会寄诗以亲，离群托诗以怨。至于楚臣去境，汉妾辞宫，或骨横朔野，或魂逐飞蓬；或负戈外戍，杀气雄边；塞客衣单，孀闺泪尽；又士有解佩出朝，一去忘返；女有扬娥入宠，再盼倾国：凡斯种种，感荡心灵，非陈诗何以展其义，非长歌何以释其情？"人类之所以需要文学，正是因为真正的文学作品忠实于一切被谎言被社会被权力所压抑所分解所摧残的鲜活的个体生命，关注人们的情感、愿望和生活处境，关注人类整体的前途命运。《十九首》正是这样的文学经典。诗人向我们呈现的是黑暗中的光明，是枷锁下的自由，是痛苦中的甜蜜，是冷酷中的热烈，是孤寂中的呐喊，所以锺嵘《诗品》称《十九首》："文温以丽，意悲而远，惊心动魄，可谓几乎一字千金！"诗人那高度纯熟的语言艺术以及那流溢在诗中的令人震撼的人性光辉造就了其在人类诗史上的永恒价值。在这种意义上，我们有充分的理由认定《古诗十九首》出现的时代就是"文学的自觉时代"。

（本文原载《中华读书报》2012年8月8日第15版"国学"）

谁是"幽并游侠儿"？
——说《白马篇》：曹植的一首"政治微言诗"

"白马饰金羁，连翩西北驰。"一匹装饰华丽的骏马向辽阔的西北大地飞驰。这骏马奔向何方？是西北的高原，还是西北的草原，抑或是高原之上的草原？不得而知。总之，骏马之所向，乃是苍莽、粗犷的大西北。随后，诗人将驾驭骏马的主人公轻轻托出："借问谁家子？幽并游侠儿。"原来这是来自幽并二州的游侠之士。曹植《白马篇》开篇的这四句诗，真是发唱警挺，气韵高迈，吸人眼球！这仿佛是一支轻骑兵进行曲的序曲，节奏明快，风格豪迈，全曲随之而展开。 诗中的壮士，相当于现在所说的职业军人，"名在壮士籍，不得中顾私"正是军人的当行本色语（《木兰辞》所谓"军书十二卷，卷卷有爷名"就是"名在壮士籍"的意思）。真正的军人都是拥有崇高理想的人，他们苦练武功，爱国爱家，以服从命令、听从指挥为天职，以捍卫国家利益和民族尊严为原则。为挽救国家的危难，他们可以远离父母，可以抛妻别子，可以慷慨赴死，而壮烈牺牲之日也就是衣锦还乡之时。那么，《白马篇》究竟是写实之作，还是虚构之作，抑或是写实与虚构兼有之作？1979年，徐公持先生在《文史》杂志第六辑发表了题为《曹植诗歌的写作年代问题》的论文，他指出："此诗的创作原型确实存在的,他就是曹植的亲兄弟——曹彰。"随后,他分段列举《白马篇》全诗,同时把《魏志·任城王彰传》的有关记载附志于后,以印证其间的联系:

(1)白马饰金羁,连翩西北驰。借问谁家子?幽并游侠儿。/(建安)二十三年,代郡乌桓反,以彰为北中郎将,行骁骑将军。……彰北征。

(2)少小去乡邑,扬声沙漠垂。宿昔秉良弓,楛矢何参差。控弦破左的,右发摧月支。仰手接飞猱,俯身散马蹄。狡捷过猴猿,勇剽若豹螭。/少善射御,膂力过人,手格猛兽,不避险阻。数从征伐,志意慷慨。……彰谓左右曰:"丈夫一为卫、霍,将十万骑驰沙漠,驱戎狄,立功建号耳……"

(3)边城多警急,虏骑数迁移。羽檄从北来,厉马登高堤。长驱蹈匈奴,左顾陵鲜卑。/彰北征,入涿郡界……虏乃退散。彰追之,身自搏战,射胡骑,应弦而倒者前后相属。战过半日,彰铠中数箭,意气益厉,乘胜逐北……时鲜卑大人轲比能将数万骑观望强弱,见彰力战,所向皆破,乃请服。北方悉平。

(4)弃身锋刃端,性命安可怀!父母且不顾,何言子与妻!名在壮士籍,不得中顾私。捐躯赴国难,视死忽如归。/太祖曰:"为将奈何?"对曰:"被坚执锐,临难不顾,为士卒先……"

在第(1)段"代郡乌桓反"一句下,徐公有按语说:"代郡属并州;在今山西省北部,自邺出发,则正当'西北驰'。"这是正确的历史地理解说。针对以上情况,徐公又指出:"应当说,《白马篇》全诗的内容基本上都包含在曹彰传里了,若把'幽并游侠儿'换成曹彰的名字,此诗也能够读通。……在曹操的诸多公子中,曹植人缘颇好。不过与他最相知的就属曹彰。史载曹操临终时曾驿召彰,彰自长安驰赴洛阳,未至而操已崩。后彰谓植曰:'先王召我者,欲立汝也。'……清楚地显示了在曹植与曹丕的夺宗斗争中,曹彰是站在曹植一边的,他们间的关系非比寻常。曹植写首诗颂扬一下他的战功,原无足怪。若再考虑到曹彰此次北征,在当时确实影响很大,还曾得到曹操本人的夸奖,说'黄须儿竟大奇也',那么此诗之作,就更是平常事了。"对于这种观点,我极表赞成,曾经向徐公面陈此意,而徐公充满深情地回忆说,当年余冠英先生对这篇论文也非常欣赏,并推荐到《文史》杂志发表。当然,陈寿的《魏志》成书于西晋时代,《魏志·任城王彰传》也不是根据曹植《白马篇》来写的,但这种诗、史文本的高度吻合,足以表明《魏志》相关记载的真实性以及《白马篇》与汉魏易代之际政局的关系。曹植作为历史的亲历者和曹彰的亲兄弟,当然熟知曹彰其人其事,而陈寿则有丰富的历史文献作为依据。但在这里,我最关注的是曹植创作《白马篇》的真实用意。徐公说:"如果以上说法可以成立的话,那么此诗的写作时间自可确定在曹操北征之年——建安二十三年。"而我认为,《白马篇》当作于黄初四年（223）六月任城王曹彰于京都洛阳暴薨之后,因为只有此时曹植才"不便直写曹彰,把他的名字隐匿了,化之以'幽并游侠儿'"（徐公语）。子建和曹彰的感情是非常深厚的。在曹彰暴卒之后,子建作《任城王诔》云:

> 王虽薨殂,功著丹青。人谁不没,德贵有遗。乃作诔曰:心存建业,王室是匡。矫矫元戎,雷动雨徂。横行燕氏,威慑北胡。奔虏无窜,还战高柳;王率壮士,常为军首。宜究长年,永保皇家;如何奄忽,景命不遐。

这篇诔文也极赞曹彰的忠勇和武功,认为他本来可以是一位可以"永保皇家"的英雄,实可与《白马篇》对读。在这里,曹植既为曹彰鸣不平,又寄托了自己的哀思。曹操去世之后,曹氏兄弟之间的关系一度非常紧张,一些汉朝老臣为曹丕登基而积极密谋,尽管在建安十六年曹丕就被立为太子,但是,在曹操去世的前夕,曹丕似乎露出了致命的破绽——很可能是他与曹操身边的女人有染的问题被发现了。譬如,后来取代甄氏之位而成为曹丕皇后的郭氏,本来就是曹操身边的女人。《魏志·后妃传》说她:"太祖为魏公时,得入东宫。后有智数,时时有所献纳。文帝定为嗣,后有谋焉。太子即王位,后为夫人,及践阼,为贵嫔。甄后之死,由后之宠也。"可见曹丕成为阿瞒的接班人，她是谋划者之一，历史上最美丽最善良的皇后之一甄氏的惨死，也是她一手制造的。《世说新语·贤媛》第四条载：

> 魏武帝崩，文帝悉取武帝宫人自侍。及帝病困，卞后出看疾。太后入户，见直侍并是昔日所爱幸者。太后问："何时来邪？"云："正伏魄时过。"因不复前而叹曰："狗鼠不食汝余，死故应尔！"至山陵，亦竟不临。

"伏魄"就是"复魄"，通常称为叫魂，这是古时人刚刚死去时举行的一种仪式。对于曹丕的"低等动物行为"，卞氏在盛怒之际迸发了极端的诅咒：你死了活该！你死了，连狗和老鼠都不会去吃！因为老鼠和狗都会觉得你恶心！这是一代贤明的皇后，一位善良的母亲对自己亲生儿子的诅咒，不仅诅咒，甚至连他的葬礼都不参加：不是母亲太无情了，而是儿子太丑恶了！而对这种丑恶，曹操在病入膏肓之际可能有所察觉，尽管此时他可能试图更改遗命，但已经被曹丕控制，回天无力了。《魏志·任城王彰传》裴注引《魏略》：

> 彰至，谓临淄侯植曰："先王召我者，欲立汝也。"
> 植曰："不可。不见袁氏兄弟乎！"

曹彰之作如此说，一定有确实的依据，否则，就是故意编造违逆父亲遗命之言，无论作为曹操之子，还是作为侯王,这都是不可想象的事情。曹操在去世之前急召曹彰入朝,很可能是希望曹彰以武力协助曹植取代曹丕的位置。然而,曹植毕竟能够顾全大局,他以袁氏兄弟自相残杀的教训作为警示,终于使曹彰冷静下来。但是,曹丕并没有放过曹彰。《世说新语·尤悔》第一条说"魏文帝忌弟任城王骁壮",并趁下围棋之机,用毒枣毒死曹彰。《魏志·任城王彰传》裴注引《魏氏春秋》:

> 初,彰问玺绶,将有异志,故来朝不即得见。彰忿怒暴薨。

看来,曹彰的暴薨与曹丕的继位确实另有隐情。曹彰是一个令平庸之辈畏惮的英雄,他有过人的武功,还有熟悉的军队,加之他又关注代表皇权的玺绶的所在,以曹丕之为人,必然要暗下杀手。曹丕在《短歌行》一诗中感叹道:"人亦有言,忧令人老。嗟我白发,生亦何早。"他身为国家最高领导人,天天都在搞阴谋,搞女人,不干正事,自然是老得快了。其实,曹彰本来希望得到曹丕的重用,《魏志·任城王彰传》裴注引《魏略》:

> 太子嗣立,既葬,遣彰之国。始彰自以先王见任有功,冀因此遂见授用,而闻当随例,意甚不悦,不待遣而去。

他奉献给兄长的是忠诚、信赖,而兄长回赠给弟弟的却是阴谋和毒药!因此,为一代豪杰鸣冤,揭露曹丕的罪恶,乃是《白马篇》的首要出发点，而本诗的另一层寓意则是对曹丕的讽刺和挖苦。《魏志·文帝纪》裴注引曹丕《典论·自叙》：

> 后军南征次曲蠡，尚书令荀彧奉使犒军，见余谈论之末，或言："闻君善左右射，此实难能。"余言："执事未睹夫项发口纵，俯马蹄而仰月支也。"

这是曹丕自吹自擂，对荀彧说自己武功高强，技压群雄，而《白马篇》"宿昔秉良弓……俯身散马蹄"等六句，实际上正是对曹丕此文的转化，此即陈寅恪所谓"今典"。借助这个"今典"，曹植意在表明曹彰才是真正的英雄，曹丕杀害曹彰，乃是自毁长城，不仅残酷，而且愚蠢。如果说曹彰作为一介武夫未免幼稚的话，那么，曹植则始终都是一位头脑清醒的理想主义者。在皇权的专制之下，在世俗的困厄之中，他从未丧失独立思考的倾向和能力。他一生苦苦追求的是真理、正义和自由，而不是小集团的利益与哥们儿义气。任何政治，任何政治家，任何权力，如果不能捍卫大多数人的利益，那么，他就注定是真理、正义和自由的死敌，迟早要走上覆亡的道路。因此，对于曹丕的罪恶与腐败，曹植一方面深恶痛绝，另一方面，又希望他能够幡然悔悟，重用宗亲，但这一切又不便明言，因而以"政治微言诗"的形式进行隐性的表达，借"幽并游侠儿"的形象暗写曹彰。需要说明的是，有关"政治微言诗"

的理论是由我的师兄邓小军教授率先提出的,这一理论确实比较深刻地揭示了朝代更迭、江山易主之际诗人的心态、创作乃至生活的实情。曹子建的《白马篇》正是"政治微言诗"的一篇典范之作。

(本文原载《中华读书报》2014年9月24日第15版)

北国地名之南迁与中古诗人之流寓

"流寓"是人类历史中共有的文化现象:从屈原到曹植,从杜甫到苏轼,从维吉尔到但丁,从"十二月党人"到格罗斯曼、索尔尼仁琴,无不如此。惟其漂泊天地之间,远离其生命的文化的本根,遭际种种人生苦难与挫折,故有深沉的悲怆之感,故能发而为诗文,创写永恒的文学经典。"路漫漫其修远兮,吾将上下而求索。"(屈原《离骚》)"万里悲秋常作客,百年多病独登台。"(杜甫《登高》)"小楼昨夜又东风,故国不堪回首月明中。"(李煜《虞美人》)流寓之路是真正的文学之路。流寓是诗人从人生的低谷走向精神高原的途径,流寓是伟大的精神创造的原动力,流寓的人们创造了不朽的文化功业,所以,俄罗斯的诗圣普希金的《叶甫盖尼·奥涅金》为"十二月党人"树立了五座十字架,以表达其对这些流寓诗人的最崇高的敬意。就现代性的学理而言,流寓也是一个富有诗意的文化与文学的概念和切合古典文学实际的研究视角。这里我们试以北国地名之南迁及其在南朝文学中的渗透为例,重新审视中古诗人之流寓,借以彰显其文化精神。

公元4世纪初,永嘉之乱导致了西晋王朝覆亡,由此拉开了大批中原世族纷纷南迁的序幕。在金戈铁马中,人们带着巨大的心灵悲怆跨过浩荡的长江,奔向陌生的土地。

"寄人国土，心常怀惭"（《晋书·元帝纪》）的浩叹，风景不殊、新亭泣泪的苍凉，以及"神州陆沉，百年丘墟"（《晋书·桓温传》）的悲愤，皆由此而产生。浓郁的黍离之悲与桑梓之情，随着士人之南迁，在文学作品中被挥洒得淋漓尽致，并深深积淀在南朝文学之中，其中之一端就是对北方地名之南迁及其诗意呈现。

实际上，以北国中原地区的山川乃至城邑来比拟南国的山川和城邑乃是南朝四代常见的一种文学现象。我们试读以下诗作：

  1. 鼓枻浮大川，延睇洛城观。洛城何郁郁，杳与云霄半。前望苍龙门，斜瞻白鹤馆。（南朝梁刘孝标《自江州还入石头诗》）

  2. 终南邻汉阙，高掌跨周京。复此亏山岭，穹隆距帝城。当衢启珠馆，临下构山楹。南望穷淮溆，北眺尽沧溟。（南朝梁陆倕《奉和昭明太子钟山解讲》）

  3. 余春尚芳菲，中园飞桃李。是时乃季月，兹日叶上巳。既有游伊洛，可以祓溱洧。得性足为娱，高堂聊复拟。（南朝陈后主《春色禊辰尽当曲宴各赋十韵》）

  4. 周王兴路寝，汉后成甘泉。共知崇壮丽，迢遰与云连。抗殿疏龙首，峻陛激天泉。东西跨函谷，左右瞩伊瀍。百常飞观竦，三休复道悬。（南朝陈张正见《重阳殿成金石会竟上诗》）

5.沧波壮郁岛,洛邑镇崇芒。未若兹山丽,岧峣擅水乡。地灵侔少室,途艰象太行。……(南朝陈张正见《从永阳王游虎丘山》)

6.翠渚还銮辂,瑶池命羽觞。千门响云跸,四泽动荣光。玉轴昆池浪,金舟太液张。……洛宴谅斯在,镐饮讵能方。(南朝陈江总《秋日侍宴娄苑湖应诏》)

7.昔日谢安石,求为淮海人。仿佛新亭岸,犹言洛水滨。南冠今别楚,荆玉遂游秦。倘使如杨仆,宁为关外人。(北周庾信《率尔成咏》)

例1,以洛城比石头城;例2,以终南山比钟山,以"周京"比"帝城";例3,以"游伊洛"比南国"高堂"的娱戏;例4,以周王的路寝宫和汉后的甘泉宫比陈朝的"重阳殿";例5,以少室山和太行山比虎丘山;例6,以"洛宴""镐饮"比陈朝帝王之宴会;例7,以"洛水滨"比"新亭岸"。由此可见,生发于苍茫北国的自然地理观念在南渡士人的心中是根深蒂固的,并且深深地积淀在诗歌作品中。梁元帝《金楼子》卷五引《丹阳尹传》序曰:

自二京版荡,五马南渡,固乃上烛天文,下应地理。尔其地势可得而言,东以赤山为成皋,南以长淮为伊洛,北以钟山为华阜,西以大江为黄河。既变淮海为神州,亦即丹阳为京尹。(严可均《全梁文》卷十七)

而产生这种文化现象的根本原因就在文化本身。正如

《陶渊明集》卷二《赠羊长史》诗所言："贤圣留余迹，事事在中都。"对南朝人而言，中原地区的文化积淀是最深厚最具魅力的，在他们的心目中，中原的山川、城邑也是最浩大最有气魄的；因此，南朝人对自己所创造的文化，乃至对南国的山川、城邑的地理文化界定，也常常是以中原为审美标准和参照对象的。

"恨心终不歇，红颜无复多。枯木期填海，青山望断河。"（庾信《拟咏怀》）流寓的时代已经结束了，但流寓的文化魅力却是永恒的。

（本文原载《名作欣赏》2020 年第 12 期）

《洛阳伽蓝记》概说

《洛阳伽蓝记》（以下简称为《伽蓝记》），东魏杨（或作"羊""阳"）衒之（499？—550？）撰。衒之，北平（今河北遵化）人，杰出的地理学家、历史学家和文学家。北魏及东魏时，历任奉朝请、抚军府司马、秘书监、期城郡守等职，曾作《上东魏王启》（见唐释道宣《广弘明集》卷六《叙列代王臣滞惑解》，下引释道宣语，出处同此）批评佛教。又清人严可均谓衒之"齐天宝中卒于官"（《全北齐文》卷二，杨衒之小传），不知何据。

《伽蓝记》是一部地记之书，按照现代历史地理学的分类方法，此书属于记述宗教地理的著作。从文学角度看，它又是一部上乘的散文著作，与郦道元的《水经注》和颜之推的《颜氏家训》并称为"北朝三书"。此书在文学、历史、地理、民俗、考古以及语言等方面，皆具有重要的价值。

《伽蓝记》作于东魏武定五年（547）之后。杨勇师称《伽蓝记》"乃杨衒之晚年捃摭旧闻，搜集故迹，纂叙成书"（《洛阳伽蓝记校笺》，页248），所言极是。而所谓"伽蓝"，乃是梵语"僧伽蓝摩"的省称，也就是佛寺（Buddhist Monasteries）的别名。关于此书的创写背景，《伽蓝记·自叙》云："……逮皇魏受图，光宅嵩洛，笃信弥繁，法教愈盛。王侯贵臣，弃象马如脱屣；庶士豪家，舍资财若遗迹。

于是招提栉比,宝塔骈罗;争写天上之姿,竞摹山中之影。金刹与灵台比高,广殿共阿房等壮。岂直木衣绨绣,土被朱紫而已哉!暨永熙多难,皇舆迁邺,诸寺僧尼,亦与时徙。至武定五年,岁在丁卯,余因行役,重览洛阳。城郭崩毁,宫室倾覆,寺观灰烬,庙塔丘墟。墙被蒿艾,巷罗荆棘。野兽穴于荒阶,山鸟巢于庭树。游儿牧竖,踯躅于九逵,农夫耕老,艺黍于双阙。《麦秀》之感,非独殷墟;黍离之悲,信哉周室!京城表里,凡有一千余寺,今日寥廓,钟声罕闻。恐后世无传,故撰斯记。"可见寄托怀念故国的情思,乃是衒之创作《伽蓝记》的宗旨。拓跋氏崛起于北方的广漠之间,后来占据中原。孝文帝雄才大略,建都嵩洛,用夏变夷,声明文物,极盛一时。至世宗而忘其国恤,崇尚释氏,太和政教,为之一衰。及胡太后临朝,宦官当道,外藩首祸,变故迭起。先有尔朱氏之变,后有贺六浑兴兵。至永熙三年(534),京师迁邺,北魏王朝,由盛变衰。这一切历史变化,衒之皆亲眼目睹。他眷怀故国,情系北魏,于是有《伽蓝记》之作,正如唐晏《洛阳伽蓝记钩沉·序》所言:"衒之良史也。盖彼身丁元魏之季,见夫胡后贪权,废长立少,诸王酣豢,纵欲养骄,大臣无元良之佐,宦寺逞城社之威,文士优柔,武夫跋扈,遂以酿成河阴之祸。故此书于尔朱之乱,三致意焉。逮夫鸾辂西行,邦圻迁邺,元氏之局告终,渤海之基方肇,而衒之又所目睹。黍离之悲,无可寄慨,乃于《洛阳伽蓝记》托其怀旧之思焉……"

与对故国的怀念相联系，衙之还着意总结北魏衰亡的经验教训，为统治者提供历史的借鉴。释道宣谓衙之："见寺宇壮丽，损费金碧，王公相竞，侵渔百姓，乃撰《洛阳伽蓝记》，言不恤众庶也。"在作者的笔下，佛门修行之地，竟是铺玉贴金之所，其土木之功与世俗中的王侯相比有过之而无不及。就此种意义而言，《伽蓝记》堪称为一篇佛陀世界的《阿房宫赋》。

《伽蓝记》以记述洛阳寺庙为主，全书分城内、城东、城南、城西、城北五卷，记载寺庙七十余座。就内容而言，《伽蓝记》以地志为经，以史事为纬，"凡夫朝家变乱之端，宗藩废立之由，艺文古迹之所关，苑囿桥梁之所在，以及民间怪异、外夷风土，莫不巨细并陈，本末可观，足以补魏收所未备，为拓跋之别史。"（吴若准：《洛阳伽蓝记集证·序》）它不仅具体描写殿堂屋宇的形制规模和建立寺庙的始末兴废，而且叙述了有关的政治历史事件、社会经济情况以及当时社会的风俗人情。如尔朱荣之乱，皇室诸王的奢侈贪婪，北朝与南朝的交往，北魏全盛时期洛阳手工业、商业的繁荣，民间艺人的卓越技艺和演出盛况，等等，故深受历代史家的推重。《四库全书总目》卷七十"史部·地理类三·古迹之属·《洛阳伽蓝记》"条："……以城内及四门之外分叙五篇，叙文之后，先以东面三门、南面三门、北面二门各署其新旧之名，以提纲领，体例绝为明晰。……其兼叙尔朱荣等变乱之事，委曲详尽，多足与史传参证。

其他古迹艺文，及外国土风道里，采摭繁富，亦足以广异闻。唐代著名学者刘知几《史通》云：'秦人不死，知苻生之厚诬；蜀老犹存，知葛亮之多枉。'蜀老事，见《魏书·毛修之传》，秦人事，即用此书赵逸一条。知几引据最不苟，知其说非凿空也。他如解魏文之《苗茨碑》，纠戴延之《西征记》，考据亦皆精审。……"（下引此条不注）所论颇为中肯。

杨衒之在《伽蓝记》中创造了一种由正文与注语合体构成的独特文体，开创了史家自注的先例。此种新文体源于六朝时期的"合本子注"体佛学著作，也是彼时之学林流行"合本子注"体著作的具体表现，更与我国传统文化有密切关系。具体言之，我国的史官文化和经学训诂作为"合本子注"文章体式的原始胚胎，乃是其真正的渊源所自。刘知几在《史通》卷五《补注篇》中指出："亦有躬为史臣，手自刊补，虽志存该博，而才缺伦叙，除烦则意有所吝，毕载则言有所妨，遂乃定彼榛楛，列为子注。若萧大圜《临海乱离志》，羊衒之《洛阳伽蓝记》，宋孝王《关东风俗传》，王劭《齐志》之类是也。"据此可知，知几所见《伽蓝记》原书，正文与注语了了分明。杨氏著书时，既要广纳材料，详述史实，又要畅其文气，美其语言，为了解决"除烦"与"毕载"之间的矛盾，他便采取了文注分列、合体施行的撰述方式。然而自宋朝以来，《伽蓝记》在流传转写的过程中，正文和注语逐渐混为一色，不复分别，殊失风神。四库馆臣甚至认为："衒之此记，实有自注，世所行本皆无之，不知何时佚脱,然自宋以来,未闻有引用其注者,则其刊落已久,今不可复考矣。"经过清代以及现代许多学者的艰苦努力(详后),《伽蓝记》之旧貌得以彻底恢复。今捧读此书,知其布置有序,法度缜密,用字下句,分寸不移,不愧为我国中古时代的散文杰作。清代批评家刘熙载说:"文章蹊径好尚,自《庄》《列》出而一变,佛书入中国又一变。"(《艺概》卷一《文概》)《伽蓝记》之新文体,正是后一变的典型例证。

《伽蓝记》之叙事,主要采用散文,偶尔夹杂骈体文句,文词雅洁,语言秀丽,条理清晰。如卷一写永宁寺九级浮屠,"浮图有九级,角角皆悬金铎,合上下有一百二十铎","至于高风永夜,宝铎和鸣,铿锵之声,闻及十余里"。其雄伟庄严的情状,如在目前。书中穿插了许多历史故事和神怪传闻,如卷四"法云寺"条写军乐家田僧超的吹笳,陈白堕的酿酒、孙岩的娶狐女,其情节虽不复杂,文字也简练省净,但趣味横生,引人入胜,颇有六朝小说气韵。有时为了说明城市建置的情况,衒之还不时援引古代诗句,加以形容、描绘。如卷四"冲觉寺"条自注曰:"西北有楼,出凌云台,俯临朝市,目极京师,古诗所谓'西北有高楼,上与浮云齐'者也。"从而使文境更加形象、生动,令人耽味。"其文秾丽秀逸,烦而不厌,可与郦道元《水经注》肩随。"足见作者深厚的文学修养。

《伽蓝记》之版本,以明代如隐堂本为最早,此本系嘉靖间长洲人陆采所刻，今常见者有董康刻本及《四部丛刊》三编影印本。此外，明万历间吴琯所刻之《古今逸史》本，也是较早的版本。此后，有毛氏汲古阁所刻之《津逮秘书》本，清乾隆间王谟辑校之《汉魏丛书》本，嘉庆间张海鹏所刊之《学津讨源》本及吴自忠所刊之《真意堂丛书》活字本，凡此皆为陆采、吴琯刻本之支裔。自道光年间吴若准《洛阳伽蓝记集证》首先为此书分列文、注以后，又有多种校刊、整理之本出现（详后），读者称便。

关于《伽蓝记》的研究，清人首开先声。如吴若准的《洛阳伽蓝记集证》、唐晏的《洛阳伽蓝记钩沉》和张宗祥的《洛阳伽蓝记合校》，率先为之廓清面目，恢复旧貌。嗣后现代学者徐高阮的《重刊洛阳伽蓝记》、范祥雍的《洛阳伽蓝记校注》、周祖谟的《洛阳伽蓝记校释》、田素兰的《洛阳伽蓝记校注》和杨勇的《洛阳伽蓝记校笺》，对于此书的整理、笺释及研究，亦颇多贡献。美国匹兹堡大学王伊同教授的英文译本《洛阳伽蓝记》（*A Record of Buddhist Monasteries in Lo-Yang*）和日本学者入矢义高的日文译本《洛阳伽蓝记》，也具有重要的学术价值。陈寅恪先生在其早年撰写的《支愍度学说考》《读〈洛阳伽蓝记〉书后》和《徐高阮〈重刊洛阳伽蓝记〉序》等三篇论文中，深入阐释了这部名著的体例渊源，令人耳目一新。这些学人的卓越工作为《伽蓝记》的研究奠定了坚实的基础。此后，陆续发表的论文，主要有神田喜一郎《〈洛阳伽蓝记·序〉札记》

（日本：《东洋史研究》，第9辑，页71—94，1947年7月），畑中净圆《〈洛阳伽蓝记〉诸版本之传承系统》（日本：《大谷学报》，第30卷，第4期，页39—55，1951年6月），罗根泽《〈洛阳伽蓝记〉试论》（北京：《光明日报·文学遗产》，第298期，1960年1月31日），周一良《〈洛阳伽蓝记〉的几条补注》（北京：《文献》，1980年第3期，页111—115），康韵梅《〈洛阳伽蓝记〉的叙事》（《魏晋南北朝文学与思想学术研讨会论文集》第三辑，页309—348），郑骞《〈洛阳伽蓝记〉丛谈》（《景午丛编下集》，页456—457，台北：中华书局，1972年），林文月《〈洛阳伽蓝记〉的冷笔与热笔》（台北：《台大中文学报》创刊号，页20—22，1985年11月），王伊同《诠释〈洛阳伽蓝记〉志余》（台北：《清华学报》，第15卷，页37，1983年12月），以及范子烨的《〈洛阳伽蓝记〉的文体特征与中古佛学》（北京：《文学遗产》，1998年第6期，页74—81），《评杨勇〈洛阳伽蓝记校笺〉》（西安：《中国历史地理论从》，1994年第4期，页235—243），《杨衒之姓氏家世小考》（西安：《中国历史地理论从》，1994年第4期，页206），《论杨衒之及其〈洛阳伽蓝记〉的创作主旨》（齐齐哈尔：《齐齐哈尔师范学院学报》，1995年第3期，页40—46），等等。

（本文原载香港中文大学《华夏文库》网站）

《世说新语精粹解读》导言

《世说新语》（以下简称为《世说》）是中国古典文学园林中的一朵奇葩，具有经久不衰的艺术魅力，它对于中国知识分子在精神品格的塑造方面也产生了深远的影响。明代学者胡应麟（1551—1602）对这部文学名著给予高度评价，他说："刘义庆《世说》十卷。读其语言，晋人面目气韵，恍忽生动，而简约玄淡，真致不穷，古今绝唱也。"（《少室山房集》卷102"读《世说新语》"条，下文引胡氏之语出处同此）在这里，我们先将《世说》的基本情况向各位读者加以介绍。

一

《世说》是一部纂辑旧文、成于众手的志人小说。其主编刘义庆（403—444）为彭城（今江苏省徐州市）人，南朝刘宋之宗室，袭封临川王，历任平西将军、荆州刺史、南兖州刺史以及都督加开府仪同三司。他去世后，被朝廷追赠为司空，谥号康王。他一生简素寡欲，爱好文学，编纂了《典叙》《集林》《宣验记》《后汉书》《幽明录》《徐州先贤传》《江左名士传》和《宋临川王义庆集》等多种著作，这些书大都已经亡佚了。他的平生事迹在《宋书》和《南史》本传中有比较详细的记载。

《世说》一书大约在元嘉十六年（439）四月至元嘉十七年（440）十月间编成于江州（今江西省九江市）。参与编纂者有著名的文学家袁淑（408—453）、鲍照（？—466）、何长瑜（？—445？）和陆展（？—453）等人，他们当时在刘义庆的幕府中工作。

《世说》的基本特点是采取分门隶事的体制。该书共有三十六门，各门之名称和意义如下：《德行》——道德、品行；《言语》——言谈、谈话；《政事》——行政事务；《文学》——文章、学术；《方正》——端方正直；《雅量》——气量宏阔；《识鉴》——赏识、辨别；《赏誉》——赏识、赞誉；《品藻》——品评、鉴定；《规箴》——规谏、告诫；《捷悟》——敏疾、迅速；《夙惠》——早慧、早熟；《豪爽》——豪放、爽快；《容止》——形貌、举止；《自新》——自我革新；《企羡》——欣羡、仰慕；《伤逝》——哀念逝者；《栖逸》——隐居、退隐；《贤媛》——贤明女士；《术解》——解悟技艺；《巧艺》——技巧、技艺；《宠礼》——宠爱、礼遇；《任诞》——任达、放纵；《简傲》——简慢、高傲；《排调》——嘲戏、调笑；《轻诋》——轻视、诋毁；《假谲》——虚伪、诡诈；《黜免》——黜退、罢免；《俭啬》——吝啬、小气；《汰侈》——骄奢、奢侈；《忿狷》——忿怒、狷急；《谗险》——诽谤、邪恶；《尤悔》——过失、悔恨；《纰漏》——错误、疏忽；《惑溺》——迷惑、沉溺；《仇隙》——仇怨、嫌隙。以上各门的排列大致遵从由褒到贬的次序：褒在前，贬居后，愈往前愈褒，越往后越贬。《世说》每一门中的故事，性质相似，所写人物有同有异；每个人物的言行，散见于各门之中。由此其所写人物与各门互为经纬，形成一个蕴含六百多人的人物画廊。读者既可以由其具体的门类加强对某一方面内容的认识，又可以将每个人物在各门中的故事综合起来，窥见其完整的艺术形象。这就是这部古典名著皮里阳秋的艺术奥秘之所在。

其次，《世说》长于记言记事。鲁迅先生说它"记言则玄远冷隽，记行则高简瑰奇"（《中国小说史略》第七篇《〈世说新语〉及其前后》），所论十分中肯。此书主要记载东汉后期至晋宋间的一些名士的言行逸事，表现了魏晋世族社会的波谲云诡和士林精英的心灵悸动。其记言的成分多于记事。《世说》的人物每发言遣词，无不毕肖其声口，寥寥数语，往往使其神情毕现，跃然纸上，堪称鬼斧神工。书中既没有绝对的好人，也没有绝对的坏人，呈现在读者面前的是性格丰满、情韵生动的活生生的人。

书中通俗的方言、口语与典雅的书面语汇珠联璧合，语言丰富而生动。作者采用富于当代性的语言来表现当时人物的生活形态和思想感情，从而实现了对中国古代文章语体的一次重要变革，在中国文学史上独树一帜。《世说》的语言斑斓绚丽，多姿多彩：时而美艳华丽，时而冷隽玄远，时而清婉疏雅，时而幽默风趣，尤其富于"纤余委曲"的含蓄美、"排沙简金"的简洁美和"韶音令辞"的音乐美，空灵要眇,真致不穷。其渊懿丰厚的审美情味,千载以下,仍然使人耽味不已。

《世说》虽为文学宝典,而具史传特性,故而在文化方面极富价值。书中广泛反映了汉末魏晋之际的社会风气,诸如清谈玄学、人物品藻以及饮酒服药等等。在书中我们还可以窥见潇洒自信的女性、富于智慧的儿童、能征善战的将军、运筹帷幄的政客、隐居避世的名士和优游朱门的高僧等诸多人物的活动。所以,它的价值已经远远超出了小说的范围。有人说它是魏晋文化的百科全书,这是有一定道理的。

《世说》的语言和故事,有许多已经成为我国古典诗词中常用的典故,成为汉民族文学语言的有机组成部分。书中的某些故事,又成为后代文学题材的重要渊薮。后世的戏曲和小说多有从此书取材者。而后世文人从体例结构到语言风格,常常蹑其步武,刻意模拟,因而形成了代代不绝的"《世说》体"文学。

二

《世说新语》,原名《世说》,梁陈则有称《世说新书》者,至唐则此两名并行,间名《世说新语》,唯见唐人刘知几(661—721)所著《史通》一书。五代以后,《世说新语》成为定名。

《世说》今本为三卷，原本为八卷，见《隋书·经籍志》小说家类。梁朝刘孝标（462—521）为之注释，而成十卷本，亦见《隋志》。刘氏的注本，征引浩博，或驳或申，足以映带本文，增其隽永，前人评为注家之冠；而其所征引的四百多种文献又多已失传，故后人莫不宝重之。如宋代学者高似孙（南宋淳熙十一年进士）说："宋临川王义庆采撷汉晋以来佳事佳话，为《世说新语》，极为精绝，而犹未为奇也。梁刘孝标注此书，引援详确，有不言之妙。如引汉魏吴诸史及子传地理之书，皆不必言；只如晋氏一朝史及晋诸公列传、谱录文章，皆出于正史之外，记载特详，闻见未接，实为注书之法。"（《纬略》卷九"刘孝标《世说》"条）胡应麟也说："孝标之注，博赡精核，客主映发，并绝古今。"在刘孝标之后，梁朝之顾野王（519—581）重新整理刘注本《世说》，分为上、中、下三卷。此本为南宋董弅刻本所踵承，亦为后代《世说》诸本之法式。除刘本和顾本外，《世说》在南朝还有其他一些抄本流行，如刘宋时代的陈扶本、宋末齐初的史敬胤注本和梁代的潋东卿本。此外，《世说》还有二卷本、九卷本、十一卷本，三十八篇本、三十九篇本和四十五篇本，今皆无传。唐世传本，《隋书·经籍志》《南史》、两《唐志》所著录者，今皆不得见。现存之最早版本为古抄本"《世说新书》残卷"，一般认为这是唐人写本（但此本不避李唐皇帝名讳，所以我认为它是唐人收藏过的六朝写本），乃是十卷本之残卷。此本制度大方，字体古雅，与《世说》原本最为接近。其次是南宋刻本《世说》，现藏日本金泽文库，1956年由文学古籍刊行社影印出版，王利器断句、校订。此宋刻本系北宋学者汪藻（1079—1154）之后裔依据南宋董弅刻本翻雕者。案南宋绍兴八年（1138），广川董弅于严州翻刻北宋晏殊（991—1055）校本。后来陆游（1125—1210）两次翻刻董本，一为淳熙戊申（1188）新定刻本，一为淳熙己亥（1189）湘中刻本。明嘉靖十四年（1535），袁褧嘉趣堂又据陆本翻雕。民国上海涵芬楼影印其书，这就是《四部丛刊》本。太仓曹氏沙溪刻本、周氏博古堂刊本、凌濛初刻三色套印本，皆属于袁本之遗族。清道光戊子（1828），浦江周欣如又据袁本重雕，此即纷欣阁刻本。光绪十七年（1891），王先谦（1842—1917）据袁、周两本，为之校订重雕，此即思贤讲舍刻本，1982年由上海古籍出版社影印出版。明清之季的流行本，还有王世贞（1526—1590）、王世懋（1536—1588）兄弟的《世说新语补》。韩国学者金长焕发现的古朝鲜活字本《世说新语姓汇韵分》即以此书为底本。

今日《世说》的通行本，在香港、台湾地区有杨勇的《世说新语校笺》（台北：宏业书局，1969年）。在大陆有余嘉锡的《世说新语笺疏》（北京：中华书局，1983年）、徐震堮的《世说新语校笺》（同上，1984年）和张万起、刘尚慈的《世说新语译注》（同上，1998年）等等。

《世说》的外文译本，有布鲁诺·贝莱佩尔（Bruno

Belpaire）的法文译本（1974年）、马瑞志（Richard B. Mather）的英文译本（1976年）、金长焕（Kim Janghuwan）的韩文译本（1996、1997和1999年）和多种日文译本。

三

《世说》一直深受历代文人学子的喜爱。清代学者刘熙载（1813—1881）在《艺概·文概》中指出："文章蹊径好尚，自《庄》《列》出而一变，佛书入中国又一变，《世说新语》成书又一变。此诸书，人鲜不读，读鲜不嗜，往往与之俱化。惟涉而不溺，役之而不为所役，是在卓尔之大雅矣。""与之俱化"，是说读书能入而不能出；如鲁迅先生说明清以来的一些文人有"《世说》癖"，常常模拟《世说》人物的言行，这就是"与之俱化"的结果。笔者虽然对明清文人的标榜习气不以为然，但也有"《世说》癖"，这一点则是毫无疑问的。那是很多年以前，还在初三读书的时候，一次偶然的机会使我见到了我国著名语言学家吕叔湘先生编写的《笔记文选读》（上海古籍出版社，1979年）一书。吕先生说："笔记作者不刻意为文，只是遇有可写，随笔写去，是'质胜'之文，风格较为朴质而自然。"（《笔记文选读·序》）他称《世说》："其书记魏晋间事，尤详于渡江以后；以'德行''言语'等别为三十六门，一事多者百余言，少或十数字。着墨不多，而一代人物，百年风尚，历历如睹，盖善于即事见人，所谓传神阿堵者。"所以，我被他选录的《世说》作品深深地吸引了。后来读大学在中文系学习时，我反复披览《世说》全书，并撰写了我的毕业论文《论〈世说新语〉的语言美》。而后来我的博士论文也是以《世说》为研究课题的。

《世说》确实是一部值得广大青少年阅读的好书。记得鲁迅先生给他的挚友许寿裳先生的儿子许世瑛开列的为数不多的几种必读书中就有这部书。1987年的秋天，我有幸在商务印书馆见到著名学者、辞书专家刘叶秋先生。当时刘先生审读了我的一篇关于《世说》的论文，并且对我说："少年人读《世说》，觉其浅而易；老年人读《世说》，觉其深而难。因为少年人读书往往如走马观花，不加深思，而老年人捧卷则细致认真，疑必求解，不同的读书态度自然会产生不同的感觉。"而他在《邺下风流在晋多——读〈世说新语〉散记》一文中自称："《世说新语》为魏晋轶事小说的代表作，自少喜读，至老不衰。"（南开大学出版社，1985年）由此可知，刘先生所言乃是他平生阅读《世说》的真切体会。刘先生早已辞世了，但每想起他对我说过的话，先生的卓识与亲切都令我感动。我们读书确实应该像老一辈学者那样，细大不捐，探赜求实，否则只能是入宝山而空回，临华筵而虚腹。

2003年5月28日于哈尔滨竹林轩

（《世说新语精粹解读》，中华书局2004年版）

经典中的经典:《世说新语·言语》"过江诸人"条疏解

在中国古代文学的浩浩洪流中,《世说新语》(以下简称为《世说》)是一部出类拔萃的杰作:千余年来,影响深远,仿作不绝,后世之儒雅学子、倜傥骚人,无不仰其隽秀、挹其清芬。书中之佳事佳话,风流绵邈,至今传之不衰。而在《世说》的缤纷世界中,《世说·言语》第三十一条堪称经典中的经典:

> 过江诸人,每至美日,辄相邀新亭,藉卉饮宴。周侯中坐而叹曰:"风景不殊,正自有山河之异!"皆相视流泪。唯王丞相愀然变色,曰:"当共戮力王室,克复神州,何至作楚囚相对!"

虽然人们对这一经典故事耳熟能详,但是,其中所蕴蓄的极其丰厚的历史文化内涵却常常为人所忽略。有鉴于此,本文拟对《世说》此条进行专门的考察,以揭示其成为经典中的经典的多重原因。

一

五胡乱华,中原扰攘,西晋覆亡,家国沦没。这一系列沧桑巨变使南渡士人流溢出无可奈何的悲愁和对昔日美好风物的追怀。因此，南渡士人的心态自然呈现，是《世说》此条的第一个亮点。清李慈铭（1829—1894）《越缦堂读书简端记》引孙志祖之语曰："《通鉴》卷八十七作'举目有江河之异'，胡三省注云：'洛都游宴多在河滨，而新亭临江渚也。'解江、河二字最为明晰，《世说》改'江河'作'山河'，殊无义。"[①] 这条注作得确实好。一个字的准确甄别，使那段令人黯然神伤的历史和南渡士人的在东晋初期的心态，得到了真实的还原与再现。紧随此条之后的是《世说·言语》第三十二条：

> 卫洗马初欲渡江，形神惨悴，语左右云："见此茫茫，不觉百端交集。苟未免有情，亦复谁能遣此！"

面对浩荡的长江，卫玠的心灵受到强烈的震撼，"有情"人自然不免发出声声叹息，卫洗马直面大江的深情呼唤，千古传响，而潇洒美少年任瞻（字育长）更是一位南渡后的"情痴"，我们读《世说·纰漏》第四条：

> 任育长年少时，甚有令名。武帝崩，选百二十挽郎，一时之秀彦，育长亦在其中。王安丰选女婿，从挽郎搜其胜者，且择取四人，任犹在其中。童少时神明可爱，时人谓育长影亦好。自过江，便失志。王丞相请先度

---

① 王利器纂辑：《越缦堂读书简端记》，天津人民出版社1980年版，第229页。

时贤共至石头迎之,犹作畴日相待,一见便觉有异。坐席竟,下饮,便问人云:"此为茶?为茗?"觉有异色,乃自申明云:"向问饮为热,为冷耳。"尝行从棺邸下度,流涕悲哀。王丞相闻之曰:"此是有情痴。"

可知育长自幼神明可爱,少年时代更是人好影亦好,故被列入挽郎之俊彦,一时人才之高选,但在南渡之后,他却仿佛变了一个人似的。王导是敏锐的,尽管他对任育长的欣赏态度丝毫不变,却发现他已经大不同于从前了:满面春风、聪慧隽秀的少年已经被言语错乱、哭哭啼啼的"情痴"取代了。"茶"与"热","茗"与"冷",在中古时代属于同一韵部,发音相近,育长借此掩饰其口失,少年时代的灵秀聪颖恍然重现出来。

对于南渡士人的心态,后来的沈约(441—513)在《宋书》卷十一《志·序》中作了非常精辟的概括:

> 自戎狄内侮,有晋东迁,中土遗氓,播徙江外,幽、并……之境,幽沦寇逆。……人伫鸿雁之歌,士蓄怀本之念,莫不各树邦邑,思复旧井。

所谓"鸿雁之歌"与"怀本之念",不仅与"江河"有关,也与"人物"有关。《世说·赏誉》第三十八条:

> 庾太尉在洛下,问讯中郎,中郎留之,云:"诸人当来。"寻温元甫、刘王乔、裴叔则俱至,酬酢终日。

一次胜流的交游——引人入胜；一场优雅的清话——动人心弦。但此文后复云：

> 庾公犹忆刘、裴之才隽，元甫之清中。

谜底揭破，美境消失：原来这一切都是庾公对中朝名士生活的追忆。我们读南宋词人刘过（1154—1206）的《唐多令》：

> 芦叶满汀洲，寒沙带浅流。二十年重过南楼。柳下系船犹未稳，能几日，又中秋。　黄鹤断矶头，故人曾到否？旧江山浑是新愁。欲买桂花同载酒，终不似，少年游。

此词写尽了遗民之恨，所谓"旧江山浑是新愁"，正是"风景不殊"式的浩叹。

历史总是这样惊人地相似。

二

按照胡三省的观点，周颛"风景不殊，正自有山河之异"之"山河"，本文应当是"江河"，即是指长江与黄河。这意味着，当时的南渡士人一方面发现了长江与黄河在自然景色上的一致之处，另一方面也感觉到了地理空间的巨大差异。对后者自不必论，而于前者则可作进一步申说。梁元帝萧绎（508—554）《丹阳尹传序》曰：

自二京版荡，五马南渡，固乃上烛天文，下应地理。尔其地势可得而言，东以赤山为成皋，南以长淮为伊洛，北以钟山为华阜，西以大江为黄河。既变淮海为神州，亦即丹阳为京尹。虽得人之盛，颇愧前贤，而眄遇之深，多用宰辅。皇上受图负扆，宝历惟新。制礼以告成功，作乐以彰治定。岂直四三皇、六五帝、孕夏陶周而已哉。[①]

产生这种文化现象的根本原因就在文化本身。正如《陶渊明集》卷二《赠羊长史》诗所言："贤圣留余迹，事事在中都。"对六朝人而言，中原地区的文化积淀是最深厚最具魅力的，在他们的心目中，中原的山川、城邑也是最浩大最有气魄的，六朝人对自己所创造的文化，乃至南国的山川、城邑的地理文化界定，常常是以中原为审美标准和参照对象的。实际上，以北方中原地区的山川乃至城邑来比拟南国的山川、城邑乃是六朝时代常见的一种文化现象。在这一以北比南的六朝文化的传统中，周伯仁的那一声浩叹无疑开其先河。尤其值得重视的是由南入北的著名诗人庾信，其《率尔成咏》诗通过对新亭往事的追怀，深刻而生动地表现了他的乡关之思：

昔日谢安石，求为淮海人。仿佛新亭岸，犹言洛水滨。南冠今别楚，荆玉遂游秦。倘使如杨仆，宁为

---

① 严可均辑校：《全梁文》卷十七，《全上古三代秦汉三国六朝文》第三册，中华书局1958年版，第3049—3050页。

关外人。

诗中"南冠"一句,即化用了王导丞相之言,而对"昔日"等四句,清倪璠注曰:

> 谢安,字安石,"求为淮海人"者,安本放情丘壑,不获已,乃出,故云;新亭,桓温止处,晋都洛阳,在洛水之滨也,滨,水际也。桓温新亭陈兵,将移晋室,安石得承顾命,尽忠匡翼,终能辑穆,犹言洛水滨者,言其能存晋祚也。

倪氏对此诗旨意的注解是非常准确的。《世说·识鉴》第二十六条:

> 谢公在东山,朝命屡降而不动。后出为桓宣武司马,将发新亭,朝士咸出瞻送。高灵时为中丞,亦往相祖,先时多少饮酒,因倚如醉,戏曰:"卿屡违朝旨,高卧东山,诸人每相与言:'安石不肯出,将如苍生何?'今亦苍生将如卿何?"谢笑而不答。

这就是庾信诗"求为淮海人"的历史依据。而桓温新亭陈兵和安石顾命的历史事件,见于《世说·雅量》第二十九条:

> 桓公伏甲设馔,广延朝士,因此欲诛谢安、王坦之。王甚遽,问谢曰:"当作何计?"谢神意不变,谓文度曰:"晋祚存亡,在此一行。"相与俱前。王之恐状,转

见于色。谢之宽容，愈表于貌，望阶趋席，方作洛生咏，讽"浩浩洪流"。桓惮其旷远，乃趣解兵。王、谢旧齐名，于此始判优劣。

又本条刘孝标注：

《晋安帝纪》曰："简文晏驾，遗诏桓温依诸葛亮、王导故事。温大怒，以为黜出其权，谢安、王坦之所建也。入赴山陵，百官拜于道侧，在位望者，战栗失色。"或云自此欲杀王、谢。按宋明帝《文章志》曰："安能作洛下书生咏，而少有鼻疾，语音浊。后名流多学其咏，弗能及，手掩鼻而吟焉。桓温止新亭，大陈兵卫，呼安及坦之，欲于坐害之。王入失措，倒执手版，汗流沾衣。安神姿举动不异于常。举目遍历温左右卫士，谓温曰：'安闻诸侯有道，守在四邻，明公何有壁间著阿堵辈？'温笑曰：'正自不能不尔。'于是矜庄之心顿尽，命却左右，促燕行觞，笑语移日。"

对于这些历史人物、历史事件以及其中的细节，庾信都是非常了解的，他对新亭也是非常熟悉的。《初学记》卷十引南朝梁庾肩吾《新亭送刘之遴诗》曰：

车转黄山路，舟缅白马津；送轮时合憾，分骖各背尘。常山喜临代，陇头悲望秦；欲持汉中策，还以赠征人。

庾肩吾是庾信的父亲，由此可知庾氏父子都曾经流连于新亭。庾信入北后所作《望渭水诗》，更委婉地表达了他对新亭的眷怀：

> 树似新亭岸，沙如龙尾湾。犹言吟暝浦，应有落帆还。

其故国之思，极为动人，倪璠说此诗"言望长安如江南也"（《庾子山集注》卷四），解释非常精准。由此可见，尽管庾氏家族属于南阳新野人，但庾信常常以南方士人的眼光来审视北方的自然风物，与晋人以北方士人的眼光来解读南方自然地理的倾向正好相反。这是一种非常有趣的文化现象。

三

《世说》此条记述的新亭雅集与魏晋清谈之风有密切关系。

新亭本来是吴国的旧亭，为东晋时代的"京师三亭"之一。《太平御览》卷一百九十四《居处部》二十二引《丹阳记》曰：

> 京师三亭。新亭，吴旧亭也，故基沦毁，隆安中，有丹阳尹司马恢移创今地。谢石创征虏亭，三吴缙绅创冶亭，并太元中。

随着东晋的建立,这里成为名士胜流的雅集之地。在"相视流泪"的悲凉氛围中,王导以铿锵激越的洪钟之音振聋发聩,由此,开启了"王与马,共天下"的历史格局。尽管如此,王导的心态与多数南渡士人还是颇有共同之处的。《世说·企羡》第二条:

> 王丞相过江,自说昔在洛水边,数与裴成公、阮千里诸贤共谈道。羊曼曰:"人久以此许卿,何须复尔?"王曰:"亦不言我须此,但欲尔时不可得耳!"

过江之后的王导,仍然不断回忆往昔在洛水之滨与名士们清谈的情景。其实,王导本人就是清谈家,《世说·文学》第二十一条:"旧云:王丞相过江左,止道'声无哀乐''养生''言尽意'三理而已,然宛转关生,无所不入。"其清谈的意旨无疑与西晋时代洛水之滨的名士雅集密不可分。《世说·言语》第二十三条:

> 诸名士共至洛水戏,还,乐令问王夷甫曰:"今日戏,乐乎?"王曰:"裴仆射善谈名理,混混有雅致;张茂先论《史》《汉》,靡靡可听;我与王安丰说延陵、子房,亦超超玄著。"

这是在洛水之滨进行的一场关于玄学名理、史学名著和历史人物的清谈盛会,王衍对此津津乐道,显然这次清谈雅会是非常成功的①。其中的王戎是"竹林上贤"之一，他常与嵇、阮等名士"集于竹林之下，肆意酣畅"（《世说·任诞》第一条）。七贤畅饮之时，亦当进行清谈。但是，对于王导而言，使他永远难以忘怀的并非清谈本身，而是那一段业已消逝的美好时光，所谓"但欲尔时不可得耳"，正是南迁士人的普遍心态。从清谈文化史的角度看，以王导为首的这次新亭雅集，原本也是一场清谈盛会，而不是徒然地观赏风景，发出慨叹。《世说·任诞》第三十三条刘《注》引宋明帝《文章志》曰：

> 尚性轻率，不拘细行。兄葬后往墓还。王濛、刘惔共游新亭，濛欲招尚，先以问惔曰："谢仁祖正当不为异同耳？"惔曰："仁祖韵中自应来。"乃遣要之。尚初辞，然已无归意；乃再请，即回轩焉。其率如此。

王濛、刘惔和谢尚都是著名的清谈家。由此可知，新亭乃是东晋时代清谈家经常聚会的场所，是进行学术交流的自然道场。

从清波演漾的洛水，到浩浩汤汤的长江，晋人的清谈正似江河一样奔流不息，其对于真理的热情与执着，确实令人敬佩，他们对江南文化确有开疆奠基之功。清谈果真

---

① 李审言《世说新语笺释》云：《晋书·王戎传》作"或问王济"，云云。《太平御览》三十引《竹林七贤论》："王济尝解襫洛水，明日或问王"，云云。两书皆属济，与此不同。见李详：《李审言文集》，李稚甫编校，上册，江苏古籍出版社1989年版，第185页。

误国吗？如果说清谈误国的话，东晋乃至后来一系列王朝又是因何而亡？

四

由于地处建康附近长江之滨的龙尾湾，六朝时代的交通又以水路为主，故新亭成为六朝人的送别之地，这是新亭最主要的文化功能。《世说·仇隙》第四条：

> 应镇南作荆州，王修载、谯王子无忌同至新亭与别。坐上宾甚多，不悟二人俱到。

所举正是其例。而在中国古典文学的传统中，离情别绪的书写是最恒定的主题之一，故新亭之别常见于诗人的笔下。著名的诗作如谢朓的《新亭渚别范零陵云诗》：

> 洞庭张乐地，潇湘帝子游。云去苍梧野，水还江汉流。停骖我怅望，辍棹子夷犹。广平听方籍，茂陵将见求。心事俱已矣，江上徒离忧。

范零陵就是零陵太守范云，他也有一首《之零陵郡次新亭诗》：

> 江干远树浮，天末孤烟起。江天自如合，烟树还相似。沧流未可源，高飘去何已。

谢诗宏阔，范诗清丽，而俱见功力。又如徐陵的《新亭送别应令诗》：

> 凤吹临伊水，时驾出河梁。野燎村田黑，江秋岸荻黄。隔城闻上鼓，回舟隐去樯。神襟爱远别，流睇极清漳。

阴铿的《晚出新亭诗》：

> 大江一浩荡，离悲足几重。潮落犹如盖，云昏不作峰。远戍唯闻鼓，寒山但见松。九十方称半，归途讵有踪。

以上所举都是六朝诗中的上品之作。澎湃的大江，为诗人的万千别情增添了壮阔的自然背景，人的渺小与长江的阔大，人生的短暂与江流的永恒，形成了鲜明的对照。与这些贵族诗人相比，六朝俗乐中普通人的歌唱似乎更为动人，更近本真：

> 闻欢远行去，送欢至新亭。津逻无侬名。（《清商曲辞·西曲歌·杨叛儿》其六）

> 石头龙尾弯，新亭送客渚。酤酒不取钱，郎能饮几许。（《清商曲辞·西曲歌·白附鸠》）

这是两首缠绵婉转的情歌。六朝时期，江南人称情人为"欢"。这种称呼在吴歌、西曲中极为常见。在清一色的恋歌中，"欢"是一个出现频率极高的字眼。但任何语言的表达都是有具体情境的。"欢"字所带有的亲昵、亲密、柔婉、缠绵乃至妩媚的情调，已经随着吴歌、西曲的袅袅歌声消逝在历史的长空，我们在今日已经很难体会到了。需要特别说明的是，六朝时期江南人在夫妇之间是不称"欢"的，互相称"欢"、道"欢"的男女，可能是婚前恋，也可能是婚外恋，甚至是妓女与嫖客的关系，他们一定是没有缔结正式的婚姻关系的情侣（有人称其婚姻形式为"阿柱婚"），当然，这种关系也往往并不固定，如《读曲歌》：

计约黄昏后，人断犹未来。闻欢开方局，已复将谁期。

欧阳修《生查子》的名句"月上柳梢头，人约黄昏后"（一说为朱淑珍所作，见《断肠集》），即由"计约黄昏后，人断犹未来"二句脱化而出。"已复将谁期"的"期"，与"棋"是谐音字，上句诗说"闻欢开方局"，乃是痴心的绮年女儿怀疑情人另觅新欢的隐语。明乎此，可知新亭也是六朝时代民间的风情之地，这与当时长江流域商业贸易的发达是有关系的。

总之，新亭，积淀了极其丰厚的历史文化，由于在两晋之交，它与社会历史的变迁以及南渡的中原士人密切相关，便成为宫廷之外的大自然中的一个小小的历史舞台。种种鲜活的音容笑貌在此匆匆而过，无数的喜怒哀乐在此随生随灭，新亭成为历史记忆的永恒载体。今日我们重读《世说新语·言语》"过江诸人"条，对此当有切实的体认。

（本文原载《流寓文化研究》第四辑，张学松主编，中国社会科学出版社2018年版）

中国古代第一部文章总集
——华廙《善文》考略

从东汉末年到魏晋时期，平原高唐（今山东禹城县）华氏家族由华歆（156—231）开疆奠基，历代簪缨，颇有显宦[1]，而在文化建树方面尤其不同凡响。《晋书》卷四十四《华表传》附《子廙传》：

> 廙字长骏，弘敏有才义。……廙栖迟家巷垂十载，教诲子孙，讲诵经典。集经书要事，名曰《善文》，行于世。……太康初大赦，乃得袭封。……

据此可知，《善文》是一部纂辑经书旧文的著作，主要是出于家庭教育的实际需要而编纂的，成书于太康初年以前。《晋书》说华廙（公元291年前后在世）有子三人，即华混、华荟和华恒。前二子英年早逝，华恒的情况是：

> 恒字敬则，博学以清素为称。……恒清恪俭素，虽居显列，常布衣蔬食，年老弥笃。死之日，家无余财，唯有书数百卷，时人以此贵之。……

有这样优秀的孩子，足以说明华廙的家庭教育工作是

---

[1] 参见王伊同：《五朝门第·高门权门婚姻世系表》（五六）《平原高唐华氏》，中华书局2006年版。

很成功的。《善文》在晋宋时代仍然流传于世。我们读宋刻递修本《陶渊明集》[①]卷第九《集圣贤群辅录》上"河西五守"和"五处士"两条:

> 右河西五守。是时更始已为赤眉所害,隗嚣密有异志,统等五人共推窦融为河西大将军,内抚吏民,外御寇戎,东伐隗嚣,归心世祖,克建功业。见《后汉书》及《善文》。

> 右太傅汝南陈公时为尚书令,与诸尚书悉名士也,共荐此五人,时号五处士。见《续汉书》及《善文》。

可知陶渊明也是熟悉华廙所编《善文》一书的。"河西五守"条中的《后汉书》,当指华廙次弟华峤所撰《后汉书》。《晋书·华表传》附《廙弟峤传》:

> 峤字叔骏,才学深博,少有令闻。文帝为大将军,辟为掾属,补尚书郎,转车骑从事中郎。泰始初,赐爵关内侯。迁太子中庶子,出为安平太守。辞亲老不行,更拜散骑常侍,典中书著作,领国子博士,迁侍中。……后以峤博闻多识,属书典实,有良史之志,转秘书监,加散骑常侍,班同中书。寺为内台,中书、散骑、著作及治礼音律,天文数术,南省文章,门下撰集,皆典统之。初,峤以汉纪烦秽,慨然有改作之意。会为台郎,

---

[①] 《中华再造善本》,集部,北京图书馆出版社 2003 年影印。

典官制事，由是得遍观秘籍，遂就其绪。起于光武，终于孝献，一百九十五年，为帝纪十二卷、皇后纪二卷、十典十卷、传七十卷及三谱、序传、目录，凡九十七卷。峤以皇后配天作合，前史作外戚传以继末编，非其义也，故易为皇后纪，以次帝纪。又改志为典，以有尧典故也。而改名《汉后书》奏之，诏朝臣会议。时中书监荀勖、令和峤、太常张华、侍中王济咸以峤文质事核，有迁固之规，实录之风，藏之秘府。后太尉汝南王亮、司空卫瓘为东宫傅，列上通讲，事遂施行。……元康三年卒，追赠少府，谥曰简。峤性嗜酒，率常沈醉。……

当时的四位文化名人称赞华峤的《后汉书》，文风质朴，叙事准确，有司马迁和班固的"实录之风"，所以成为国家认可的正史。《善文》和《后汉书》出于华氏兄弟之手，所以陶渊明有意将其并列在一起，也有表彰华氏家族的文化业绩的用意。陶渊明没有写他们的名字，是因为这两部书在当时是非常流行的历史文化读本，大家都很熟悉。华廙的《善文》早就亡佚了，我们今天只能找到一条佚文。《史记》卷八十七《李斯列传》"余子莫从"句下，裴骃（公元465—472年前后在世）《史记集解》曰：

  辩士隐姓名，遗秦将章邯书曰"李斯为秦王死，废十七兄而立今王"也。然则二世是秦始皇第十八子。

此书在《善文》中。①

尽管如此，华廙的《善文》仍然具有重要的意义，因为这部书是我国古代第一部文章总集。我国文章总集的编纂，不始于挚虞（？—311）的《文章流别集》，而始于华廙的《善文》。

但是，从《隋书·经籍志》开始，《善文》一书的著作权却被杜预（222—284）一家独占了：

《善文》五十卷，杜预撰。

这未必是张冠李戴之误，而极可能是杜预在华廙的基础上加以增补、修订的产物。但无论如何，华廙的开创之功几乎被彻底埋没了。清姚振中《〈隋书·经籍志〉考证》第五十卷：

《善文》五十卷，杜预撰

《唐书·经籍志》：《善文》四十九卷，杜预撰

《唐书·艺文志》：杜预《善文》四十九卷

《玉海》艺文类：《唐志》：杜预《善文》四十九卷；

《隋志》五十卷。《史记·李斯传》注：辩士隐姓名，

---

① 第八册，中华书局1959年版，第2548页。清严可均（1762—1843）《全秦文》卷一《辨士隐姓名遗秦将章邯书》："李斯为秦王死，废十七兄而立今王也。《史记·李斯传》《集解》引杜预《善文》。"见《全上古三代秦汉三国六朝文》，第1册，中华书局1958年版，第124页。今检《史记·李斯传》，裴氏《集解》无"杜预"二字。

遗秦将章邯书，在《善文》中。①

宋王应麟《玉海》卷五十四《艺文·总集·文章》：

《晋文章流别集》《文章志》《善文》

《唐志》：杜预《善文》四十九卷，《隋志》五十卷。《史记·李斯传》注："辨士隐姓名，遗秦将章邯书在《善文》中。"

志丁部总集七十五家，九十九部，四千二百二十三卷。始于《挚虞文章流别集》，杜预《善文》。

宋章如愚《群书考索续集》卷十七《文章门·总集文集》：

总集者，编类古今众作为一集也。《唐志》有《虞挚文章流别》，杜预《善文》……之类是也

清丁国钧《补〈晋书·艺文志〉》：

《善文》五十卷杜预 谨按：见《隋志》。②

清黄逢元《补〈晋书·艺文志〉》：

《善文》五十卷，杜预撰

本《隋志》《新唐志》四十九卷。《史记·高祖本纪》《索隐》，《后汉书·皇后纪》，《群辅录》"五处士"均引存。晁《志》云："晋挚虞始作《文章流别》，后世祖之，而为总集，如萧统所选是也。"据杜预撰

---

① 《二十五史补编》，第4册，中华书局1955年版，第5896页。
② 《二十五史补编》，第3册，第3690页。

《善文》五十卷，则荟萃文章自预始。①

清秦荣光《补〈晋书·艺文志〉》：

《善文》五十案：《唐志》并作四十九。卷上二种并杜预撰案：《玉海》云：……②

凡此等等，皆是其例。吴士鉴《补〈晋书·经籍志〉》：

华廙《善文》　本传云：集经史要事，名曰《善文》。③

他将《善文》一书归属于华廙名下，可谓颇具眼光。清文廷式《补〈晋书·艺文志〉》：

杜预《善文》五十卷

《唐志》四十九卷《齐书》：《晋安王子懋传》：赐子懋杜预手所定《左传》及《古今善言》。是此书一名《古今善言》也。《玉海》五十四云：《史记·李斯传》注：辩士隐姓名，遗秦将章邯书，在《善文》中。《困学纪闻》卷十二同。廷式案：陶渊明《圣贤群辅录》，章怀太子《后汉书·皇后纪》注并引《善文》，当出此书。《御览》四百三十一引《古今善言》曰："灵帝时欲用羊续为三司，而中官求赂，续出黄纸补袍以

---

① 《二十五史补编》，第 3 册，第 3963 页。
② 同上书，第 3846 页。
③ 同上书，第 3873 页。

示使者。"①

此文之后，文氏将"华廙《善文》"单列一目，似乎表明《善文》一书有两种，一出于杜预之手，一出于华廙之手，这已经非常难能可贵了。其所引晋安王子懋之事见《南齐书》卷四十《武十七王传·晋安王子懋传》：

> 晋安王子懋字云昌，世祖第七子也。……初，子懋镇雍，世祖敕以边略曰：……先是启求所好书，上又曰："知汝常以书读在心，足为深欣也。"赐子懋杜预手所定《左传》及《古今善言》。

这里的记载是有错误的，因为《古今善言》的作者是刘宋时代的著名学者范泰，而不是杜预。《宋书》卷六十《范泰传》："范泰字伯伦，顺阳山阴人也。祖汪，晋安北将军、徐兖二州刺史；父宁，豫章太守。……泰博览篇籍，好为文章，爱奖后生，孜孜无倦。撰《古今善言》二十四篇及文集传于世。"《隋书·经籍志》："《古今善言》三十卷，宋车骑将军范泰撰。"可见萧子显把此书和《善文》弄混了，这一错误被文廷式沿袭了，他竟然把《古今善言》视为《善文》的别名，可谓错上加错②。

---

① 《二十五史补编》，第3册，第3795页。
② 范泰《古今善言》有三条佚文，分别见郦道元《水经注》卷三十六和《太平御览》卷六百九十三，又《册府元龟》卷六百七："宋范泰撰《古今善言》二十四篇，位至侍中、左光禄大夫。"可知宋人编纂各大类书时所见者确系此书。

华廙的《善文》作为第一部文章总集,事关我国古代文学史的一个绝大关节,故为考辨如上,期能引起人们的注意。

(本文原载《书品》2010年第1期)

江东"二俊"与邺城"三台"

在西晋太康时期（280—289）的作家中，张华（232—300）堪称元老，他不仅取得了突出的文学业绩，而且积极扶植、荐拔优秀的文学人才，成为当时的文坛领袖。如陆机（261—303）、陆云（262—303）兄弟的成就，就与张华有密切关系。据《晋书·陆机传》记载，陆氏兄弟拜访时任太常的张华，而张华"素重其名"，所以对他们"如旧相识"，而且说："伐吴之役，利获二俊。"公元280年，东吴被晋军所灭，从此三分归一统，陆机、陆云从江东来到洛阳做官，张华认为这是伐吴之战最大的收获，并以"二俊"称之。他的评价虽然有些溢美，但也显示出他对这两位青年作家的重视，客观上也表明了当时国家文化建设对人才的实际需要。"二俊"果然没有辜负张公的厚望，后来刘勰在《文心雕龙·时序》中说"机、云标二俊之采"，正是对其文学成就的充分肯定。曹操在建安二十五年（220）去世，此时距"二俊"入洛之时已有六十年之久。但是，魏武帝的流风遗韵依然回荡在历史的时空当中。陆机在《吊魏武帝文并序》中写道："元康八年，机始以台郎出补著作，游乎秘阁，而见魏武帝遗令，慨然叹息伤怀者久之。"元康八年就是公元298年，陆机在秘阁见到了曹魏的机密档案，"魏武帝遗令"也就是曹操的临终遗言，他提到了曹操的

四条遗言,其中的一条是:

> 吾婕妤妓人,皆著铜雀台。于台堂上施八尺床、繐帐,朝晡上脯糒之属,月朝十五日,辄向帐作妓。汝等时时登铜雀台,望吾西陵墓田。

据此,陆机写道:"悼繐帐之冥漠,怨西陵之茫茫。登雀台而群悲,矤美目其何望。"铜雀台正是著名的邺城"三台"之一。从地理方位看,这里距离西高穴二号汉代大墓(曹操墓)也就十几公里,所以,曹操才有"登铜雀台,望吾西陵墓田"的说法。此外,邺城"三台"还包括金凤台(原名金虎台)和冰井台。"三台"的建筑规模是非常宏伟的,其中铜雀台和金凤台是主体建筑,而冰井台则是储藏各种物资的仓库,所谓"冰井"相当于现在所说的"冷库",当然,其制冷的方式与现在是完全不同的。

邺城三台遗址　　邺城三台下的转军洞

陆云在《登台赋并序》中说:

> 永宁中,参大府之佐于邺都,以时事巡行邺宫三台。登高有感,因以言崇替,乃作赋云:承后皇之嘉

惠兮,翼圣宰之威灵。肃言而述业兮,乃启行乎北京。巡华室以周流兮,登崇台而上征。……曲房荣而窈眇兮,长廊邈而萧条。于是迥路逶夷,遂宇玄芒,深堂百室,曾台千房。

永宁年间(301—302),陆云任职于邺都(今河北临漳县)。根据他的描写,"三台"是非常雄伟壮丽的,其中长廊回绕,栋宇萧森,有成百上千的房间,不仅如此,他在这里还亲眼看到了曹操的许多遗物,他在给陆机的信中说:

一日案行,并视曹公器物床荐席具、寒夏被七枚,介帻如吴帻,平天冠、远游冠具在。严器方七八寸,高四寸余,中无鬲,如吴小人严具状,刷腻处尚可识。蹀批、别齿、纤縰皆在。拭目黄絮二在,有垢黑,目泪所沾涔。手衣、卧笼、挽蒲、棋局、书箱亦在。奏案大小五枚。书车又作歧案,以卧视书。扇如吴扇、要扇亦在。书箱,想兄识彦高书箱,甚似之。笔亦如吴笔,砚亦尔。书刀五枚,琉璃笔一枚,所希闻,景初三年七月,刘婕好析之,见此期复使人怅然有感处。器物皆素,今送邺宫大尺间数。前已白其穗帐及望墓田处,是清河时台上诸奇变无方……

一日上三台,曹公藏石墨数十万斤,云烧此消复可用,然烟中人不知,兄颇见之不?今送二螺。省曹公遗事,天下多意长才乃当尔。

近日复案行曹公器物,取其剔齿签一个,今送以见兄。(《与兄平原书》)

"曹公遗事"就是曹操每日工作的备忘录,相当于现在的日记。而他提到的一系列物品都是曹操生前"常所用"的,如石墨可用于书写,现在的铅笔芯就是用石墨制成的。陆云还特别提到"其穗帐及望墓田处",这意味着,在"三台"之上有一个绝佳的位置可以眺望曹操的西陵墓田,那就是曹操当年的卧室。从陆云这不厌其烦的叙述中,我们可以窥见他对一代风云人物的崇敬之情。他似乎感觉自己接近了伟人,接近了历史,他也希望兄长能够与他共同分享这种令人激动、令人遐想的感觉,于是就顺便拿点曹操的遗物送给陆机。当然,如果现在有人这么做,那就是盗窃国家文物,肯定是要受法律制裁的。

(本文原载《中国社会科学报》2012年4月6日A-08版"后海")

邺下风流与北国"六朝文学"

"邺下风流在晋多，壮怀犹见缺壶歌。"金代著名诗人元好问的论诗绝句向我们传达了一座古都的文明气质对后世所发生的深刻影响。这就是著名的邺城——在峥嵘的历史岁月中，它先后经历了曹魏（220—265）、后赵（319—351）、冉魏（350—352）、前燕（337—370）、东魏（534—550）和北齐（550—577）六个朝代的历史变迁（曹魏虽然定都于洛阳，但邺都作为其王业之根本，一直被当作陪都来使用），雄踞黄河流域将近四个世纪。公元580年，随着隋文帝杨坚的一声号令，这座古都的巍峨身躯在熊熊烈火中轰然倒下，于是在燕赵大地上出现了一个巨大的空缺。可喜的是，近三十年来，中国社会科学院考古研究所邺城考古队所取得的丰硕成果，使我们得以重新领略这座历史名城曾经拥有的壮丽与辉煌。而邺城在文化上的深厚积淀及其在我国文化史上的重要意义，更由古代邺城的文学创作得以彰显。如果说以建康（今南京市）为中心的王城地区，曾经孕育了旖旎、绚烂的南国"六朝文学"的话，那么，在以邺城为中心的王城地区，也诞生了壮美、刚健的北国"六朝文学"。

产生于汉魏易代之际的建安文学代表了北国"六朝文学"最辉煌的业绩。建安九年（204），曹操攻占邺城，建安十年（205），平定冀州，统一了北方。相对和平稳定的社会环境为文化的发展提供了契机，一度衰微的文学在邺下复兴了。建安时代，以曹操、曹丕和曹植父子三人（史称"三曹"）为核心，形成了邺下文人集团，其主要成员有"建安七子"，包括孔融、陈琳、王粲、徐幹、阮瑀、应玚和刘桢等七位著名诗人。"七子"之外，还有邯郸淳、繁钦、路粹、丁仪、丁廙、杨修和吴质，他们可称为"建安外七子"。蔡琰（即蔡文姬）和甄氏（即甄皇后）是当时著名的女诗人。建安文人雅好慷慨，志深笔长，具有开阔的胸襟和远大的理想，在诗歌创作方面，他们既秉承了《诗经》的现实主义精神和汉代乐府诗的写实风格，又融会了屈骚的浪漫主义传统和《古诗十九首》的抒情艺术，重点描写黑暗的社会现实，咏叹悲凉的人生，高扬个人的理想，形成了慷慨悲歌、高亢激越的思想情调和刚健爽朗、清新自然的艺术风格，文学史家称之为"建安风骨"。曹植是建安诗坛以及曹魏前期诗坛最杰出的作家，他的诗文"骨气奇高，辞采华茂，情兼雅怨，体被文质"（钟嵘《诗品》），达到风骨与文采的完美结合，故有"绣虎"的美誉。"临漳川之长流兮，望众果之滋荣。仰春风之和穆兮，听百鸟之悲鸣。"（曹植《登台赋》）在一片铜雀春深的景色中，诗人淋漓尽致地抒写着生命的意绪。他的《洛神赋》描绘了诗人对洛神的追求与幻灭的过程，借以抒发作者个人政治上的失意和理想的破灭，是我国古代最美的文学经典之一。

曹植是一位超越了自己时代的文学巨匠,在六朝时代享有"诗圣"的崇高地位。建安文学对我国古代文学的发展产生了深远的影响。邺城作为建安文学的发源地,具有重要的历史意义。

在"永嘉之乱"以后,随着世族的大举南迁,我国文学的中心也逐渐移到江南地区。但后赵的建立者石勒对仍然留在北方的世族知识分子非常重视。《晋书·卢谌传》说:"谌名家子,早有声誉,才高行洁,为一时所推。值中原丧乱,与清河崔悦、颍川荀绰、河东裴宪、北地傅畅,并沦陷非所,虽俱显于石氏,恒以为辱。"清河崔氏、颍川荀氏、河东裴氏和北地傅氏,都是汉晋以来北方最典型的世家大族。《晋书·石勒载记》称石勒于建国之初,"从事中郎裴宪、参军傅畅、杜嘏并领经学祭酒,参军续咸、庾景为律学祭酒,任播、崔浚为史学祭酒"。这一切都反映了这位羯族政治家对文化建设的热情,可谓功不可没。后赵时期的著名诗人有卢谌、张骏、韦謏、徐光、尹弼、傅畅、荀绰、裴抱、刘群、续咸、王度和辛谧等。佛图澄作为西域来华之高僧,他在邺城的佛学研究与传播活动,对中古文化史也产生了重要的影响,著名法师释道安就是他的弟子,而慧远法师又是释道安的弟子。冉魏不仅立国短暂,且轻视文人,因而在文学上少有建树,这与东吴非常相似。前燕的作家有慕容廆、慕容皝、慕容儁、封弈、宋该、皇甫岌、皇甫真、缪恺和韩恒等等,他们的作品大都已经亡佚,所以影响甚微。

东魏文学踵承北魏文学的传统，为北齐文学的发展奠定了基础。东魏武定四年（546）八月，著名的洛阳汉魏石经被迁移至邺城，这是东魏立国之初的重要文化举措。武定五年（547）以后，杨衒之撰写了著名的《洛阳伽蓝记》。

北齐文学是北国"六朝文学"发展的又一座高峰，正如《北齐书·文苑传》所言，"有齐自霸图云启，广延髦俊，开四门以纳之，举八纮以掩之，邺京之下，烟霏雾集"。北齐武平三年（572），文林馆设立，这与纂修《御览》的皇家文化工程有密切关系。当时朝廷"召引文学士，谓之待诏文林馆"，先后入馆的文人和官员有魏收、徐之才、崔劼、张雕、阳休之、韦道逊、陆乂、王劭、李孝基、魏澹、刘仲威、袁奭、朱才、眭道闲、崔子枢、薛道衡、卢思道、崔德、诸葛汉、郑公超、郑子信、萧放、萧悫、颜之推、封孝琰、郑元礼、杜台卿、王训、羊肃、马元熙、刘珉、李师上、温君悠，等等。以文林馆为依托，北齐的文学创作取得了不凡的业绩。首先，从作家队伍的构成看，既有北魏、东魏时代的老作家，也有北齐文坛的新秀；既有北方本土的作家，也有由南入北的作家。前朝及本土作家，如《北齐书·文苑传》所说："河间邢子才（邵）、巨鹿魏伯起（收）、范阳卢元明、巨鹿魏季景、清河崔长孺（㥄）、河间邢子明（昕）、范阳祖孝征（珽）、乐安孙彦举（搴）、中山杜辅玄（弼）、北平阳子烈（休之）并其流也。复有范阳祖鸿勋亦参文士之列。天保中，李愔、陆邛、崔瞻、陆元规并在中书，参掌纶诰。其李广、樊逊、李德林、卢询祖、卢思道始以文章著名。"此外，还有杜台卿、刘逖、魏骞、韦道逊、睦豫和古道子等人。由南入北的作家有萧祇、萧放、萧悫、萧毂、江旰、朱才和荀仲举等人。其次，北齐的诗坛有三个非常活跃的诗派，那就是以鲜卑军人为创作主体的"六镇兵歌"诗派（代表作如高昂《征行诗》），由南入北的齐梁文人诗派和北国本土文人诗派，北方文学的慷慨奔放与南方文学的清丽俊美珠联璧合，呈现出瑰奇、绚丽的艺术特质。如萧悫工于诗咏，曾秋夜赋诗，其中"芙蓉露下落，杨柳月中疏"的妙句，受到南北诗坛的一致赞赏。"江左宫商发越，贵于清绮；河朔词义贞刚，重乎气质。"（《隋书·文学传论》）文林馆的设置为南北诗风的融合提供了一个有效的文化平台。再次，北齐作家在散文创作方面也取得了突出的业绩。颜之推入邺之后，完成了他的巨著《颜氏家训》，可视为一部结构恢宏、文理细密的议论、叙事兼备的大散文。而郑述祖、祖鸿勋和尹义尚的游记和书札，不仅文辞优美，而且意境纯深，具有较高的审美价值。最后，草原游牧文化对中原文化的渗透，也在北齐诗中有非常突出的显现。最显著的例证是公元 546 年十一月，在与北周的惨烈战争中，北齐神武帝高欢命斛律金用鲜卑语即兴高歌一曲：

敕勒川，阴山下。天似穹庐，笼盖四野。天苍苍，野茫茫，风吹草低见牛羊。

这首《敕勒歌》是一首境界阔大、风格雄浑的草原牧歌，短短 27 字的篇幅极为生动、形象地描绘了天空、高山、草原、牛羊和大地的苍茫景象，给人以壮美怡人的无限美感。斛律金是高车人，他在北齐天保年间（550—559）出任太师，后升迁为左丞相。高欢是鲜卑化的汉人，故取名贺六浑。游牧民族的文化属性使得这位"少有人杰之表"、性格"深密高岸，终日俨然"（《北齐书·神武高欢本纪下》）的俊杰在《敕勒歌》的声中感慨泣下。北方游牧民族的草原之音回荡在中原大地，北方的民族文学也由此而融入了华夏文学的血脉。

以邺下为中心的北国"六朝文学"给我们留下了丰厚的精神财富。南国的诗风与北国的诗风在这里交融、碰撞，彼此促进，共同成长，而游牧文明与农耕文明也在这里悄然地融汇。在邺下的历史天空中，我们依稀看见了那气象万千的大唐诗国的雄伟姿影。

（本文原载《中国社会科学报》2012 年 8 月 17 日第 344 期"特别策划"《千年邺城探秘》）

后记：长安的我，我的长安

"终南之巅月华升，松江之滨慕大庭。秦天砺羽仰泽辉，远公庐阜遐照明。荏苒三秋锥刺苦，礼乐未东叹海溟。斑骓萧萧自兹去，倚剑横空铭师情。自信人生八百岁，浩荡乾坤任我行。先生介眉归来日，更喜灞柳万条青。"1994年6月，当我在古城长安完成博士学业，即将辞别导师霍松林教授的时候，我怀着十分激动的心情写下了这首《别霍师》，并呈送给他老人家。这首诗大约在1995年刊载于哈尔滨的新诗专刊《诗林》为旧体诗特别开设的栏目里，本来是事过境迁，无暇念及的。然而，当我完成本书的时候，忽然又想起了它。于是，翻箱倒箧，可还是没有找到那本杂志；幸好我的记忆力不太坏，否则它就要"亡逸"了。这首平淡无奇的七古，固然难登大雅之堂，不过它足以显现我个人的一段美好的青春时光，一段使我眷怀不已的求学生涯。而实际上，我在学术道路上每向前迈进一步，都是以长安的苦读为基点的。

长安的读书生活，为本书的完成奠定了坚实的基础，而我的另一部颇受同行专家好评的学术专著《〈世说新语〉研究》也是那一时期的作品。不仅如此，我后来发表的数十篇学术论文，以及目前正在润色中的

《人物志详解》一书所使用的材料，也都是那时积累的。确实，如果没有长安的三载苦修，如果没有霍公的谆谆教诲，也就没有我现在的一切。此时此刻，我是多么想念古色古香的长安城，多么想念循循善诱的霍老师啊！

乐游园还是那样青葱吗？大雁塔还是那样巍峨吗？灞桥的杨柳还是那样萧疏吗？杏园的风物还是那样凄迷吗？

永难忘终南山的登临纵目，永难忘楼观台的携手恣歌，永难忘樊川胜境的佳气葱茏，永难忘长安城头的晓阳初照……

几多勤勉，几多清谈，几多波澜，几多浩叹！

长安的我，我的长安，岁月悠悠，永驻心间。

以上是我在1999年2月3日在哈尔滨家中写下的一段文字，其风格自然可以视作学术随笔式的，包括本书的代序，也可以作随笔观。这段文字是为庆贺先师霍松林教授八十华诞而写的，后来陕西人民出版社于2000年8月推出《霍松林先生八十寿辰纪念文集》，即收录了这篇小文。在我完成这本学术随笔的纂辑工作之时，忽然想起了它，于是干脆把它作为后记的一部分纳入进来，以呼应开篇的代序。其实，我很希望人们了解我的心灵意绪，了解我的思想理念，也愿意与读者一同分享我个人学术生涯中的一些诗性感悟。

这本随笔集是应商务印书馆之邀而纂辑成书的。全书分为四卷：卷一9篇文章，是谈陶渊明的；卷二7篇文章，是谈音乐文化史的，侧重于对中古诗人和中古诗歌的音乐学解读；卷三5篇文章，侧重于历史和宗教文化；卷四9篇文章，侧重于经典与作家。以上总计30篇文章。本来随笔应该写得短小精悍，但是，本集中却有几个长篇大论，但是，我的文风不至于遭人厌倦，对选题的趣味性也有自信，所以不仅未予割弃，甚至当作了建构本书的基石，如第一篇便是。因为与知识相比，我相信思想更有力量。

本书有9篇文章与陶渊明有直接的关系，所以，本书也是国家社科基金重大项目"陶渊明文献集成与研究"（项目批准号：17ZDA252）的阶段性成果。

范子烨
2020年1月20日写于北京五柳斋